Business Communication

U0747361

21世纪高等院校经济管理类规划教材

商务沟通
——策略、方法与案例

□ 莫群俐 主编

人民邮电出版社

北 京

图书在版编目（CIP）数据

商务沟通：策略、方法与案例 / 莫群俐主编. --
北京：人民邮电出版社，2021.6（2022.8重印）
21世纪高等院校经济管理类规划教材
ISBN 978-7-115-56328-6

Ⅰ.①商… Ⅱ.①莫… Ⅲ.①商业管理－公共关系学
－高等学校－教材 Ⅳ.①F715

中国版本图书馆CIP数据核字(2021)第062607号

内 容 提 要

　　本书分为两部分，共十四章，主要介绍了商务环境中职场人士所需的常用沟通技巧和方法，不仅包括一些基本的商务沟通理论和策略，也包括一些重要的实务，如自我沟通、求职沟通、冲突沟通、危机沟通以及跨文化沟通等，重在培养读者的商务沟通技能。

　　为了便于学生学习以及教师教学，各章章首都设置了"导入案例"，正文内穿插了"案例阅读与思考"等栏目，章后设置了"知识巩固与技能训练"。此外，每章还以二维码的形式设置了"微视频""视野拓展"等栏目，分别展示相关拓展视频和阅读材料，以进一步丰富本书的内容、增强趣味性并拓宽读者的视野。

　　本书配有电子课件、电子教案、教学大纲、模拟试卷、习题答案等教学和学习资料（部分资料仅限用书老师下载），索取方式参见书末的"更新勘误表和配套资料索取示意图"，或向编辑咨询（QQ：602983359）。

　　本书可作为高等院校商贸类、经济类、管理类专业的教材，也适合用作一般企业的培训教材及职场人士的自学参考书。

◆ 主　　编　莫群俐
　　责任编辑　万国清
　　责任印制　李　东　胡　南

◆ 人民邮电出版社出版发行　　北京市丰台区成寿寺路 11 号
　　邮编　100164　电子邮件　315@ptpress.com.cn
　　网址　https://www.ptpress.com.cn
　　北京天宇星印刷厂印刷

◆ 开本：787×1092　1/16
　　印张：14.25　　　　　　　　2021 年 6 月第 1 版
　　字数：372 千字　　　　　　2022 年 8 月北京第 4 次印刷

定价：49.80 元

读者服务热线：(010) 81055256　印装质量热线：(010) 81055316
反盗版热线：(010) 81055315
广告经营许可证：京东市监广登字 20170147 号

前　言

商务沟通在每个人的职业生涯中都扮演着重要的角色，在当今瞬息万变的商务环境下，人们更需要依赖商务沟通以在复杂多变的商界取得成功。近年来，越来越多不同层次的院校开始为大学生开设"商务沟通"课程，这反映了社会对商务沟通人才的巨大需求。

我们在编写本书时注重通过大量生动、具体的案例为读者学习以及掌握商务沟通技能提供具有可操作性的建议和指导。具体表现在以下四个方面。

（1）理论讲述深入浅出、毫不晦涩。在阐述理论方法的同时，处处与现实生活中的案例相结合，从而确保读者能够及时吸收并消化所学知识。

（2）在讲述具体的商务沟通技巧的基础上，强调案例教学是整个教学活动的重要环节。每一章都从具有实际应用背景的案例开始导入，然后再介绍相关的基本理论、方法和技巧。正文内容穿插了"视野拓展""案例阅读与思考""拓展游戏"等栏目，用来说明商务沟通的理论、方法和技巧在实际中的应用。

（3）每章都以二维码的形式提供了丰富的拓展材料，包括相关的视频案例、文字案例、理论研究等。其目的一为加强读者对理论知识的理解，二为读者搜集资料提供便利，三为提高读者的学习兴趣。

（4）每章末尾提供了三类基本训练材料：思考与讨论，让学生对全章的基本内容有一个全面的总结与回顾；活动与演练，要求学生深度参与训练活动并通过教师与学生之间的互动来提升学生的沟通技能和技巧，同时兼有游戏性和趣味性的特点，能提高学生对理论学习的兴趣；案例分析（或情景讨论），要求学生在掌握基础知识的基础上分析实际问题。

本书紧跟时代步伐，汇集了商务沟通的新观点和新方法，体现了商务沟通的发展动向和趋势。

本书配有电子课件、电子教案、教学大纲、模拟试卷、习题答案等教学和学习资料（部分资料仅限用书老师下载），索取方式参见书末的"更新勘误表和配套资料索取示意图"，或向编辑咨询（QQ：602983359）。

在编写过程中，我们吸收和借鉴了国内外很多专家的研究成果，以及有关的教材、专著、案例等资料，但因篇幅有限，未能全部列明，仅在本书末尾列举了主要参考书目。在此，编者谨向有关专家表示深深的谢意，向吸纳了其思想观点又因故未能在参考文献中注明的作者表示诚挚的歉意。最后，感谢宁波工程学院给予的大力支持。

由于编者水平所限，书中难免有不足之处，敬请广大同行和读者批评指正。

编者

2021 年 3 月

目 录

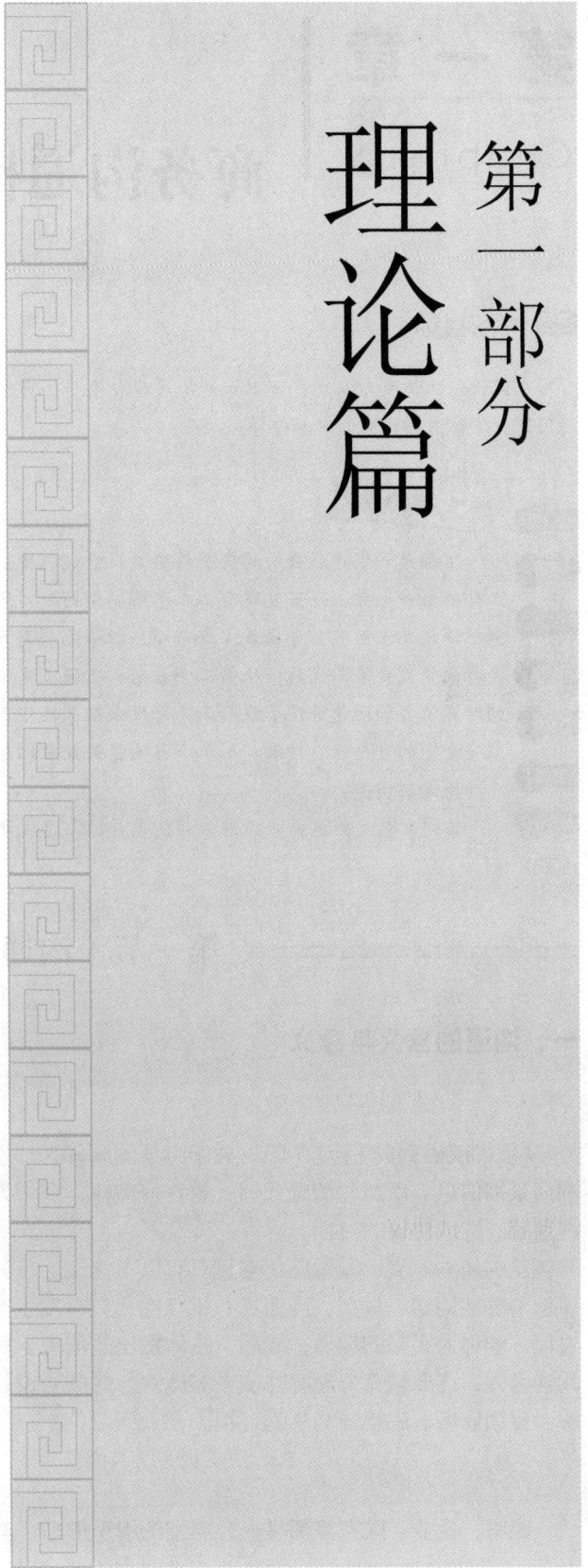

第一部分

理论篇

第一章

Chapter 1

商务沟通概论

📖 学习目标

　　了解沟通的含义与意义；认识沟通的过程与类型；理解商务沟通的重要作用；掌握商务沟通需解决的问题；了解商务沟通的发展趋势。

> **📎导入案例**
>
> 　　丁强是一家建筑公司的安全检查员，督促工地上的工人佩戴安全帽是他的职责之一。在他工作的第一个月，每当发现有工人不戴安全帽时，他便会严肃地要求工人改正。其结果是，受到批评的工人虽然会勉强戴上安全帽，但等他一离开，有的工人就会把安全帽摘掉。发现第一个月的督促效果不佳后，从第二个月起，丁强决定改变工作方式。当他再看见有工人不戴安全帽时，便会询问是否帽子戴起来不舒服或帽子尺寸不合适，他还用令人愉悦的语调给工人分析戴安全帽的重要性。结果，第二个月的督促效果比第一个月好了很多。
>
> **思考与讨论：**
> 你是如何理解这两种沟通效果的差异的？这说明了什么？

第一节　沟通概论

一、沟通的含义与意义

（一）沟通的含义

　　《现代汉语词典》（第7版）关于沟通的解释为"使两方能通连"。我们可以将沟通定义为：沟通是指信息、思想与情感凭借一定符号载体，在个人或群体间从发送者传递到接收者，并获得理解、达成协议的过程。

　　从沟通的定义可以看出，沟通具有以下含义：首先，沟通的传递要素包括中性信息、理性思想与感性情感；其次，沟通具有相互性，只有发生在两个及两个以上个体或群体之间的传递过程才能称为完整的沟通；最后，主体发出的信息、思想与情感不仅要传递到特定的对象，即沟通客体，还要被充分理解并使主客体双方达成协议。总之，沟通是主客体双方准确传递、理解、反馈信息、思想与情感的过程。

（二）沟通的意义

　　家庭、企业、国家等都是十分典型的组织形态，沟通是组织的基本活动之一。沟通是维系组织存在、创造和维护组织文化、提高组织效率和效益、支持和促进组织不断进步与发展的重要途径。善于沟通的人懂得如何维持和改善与他人的关系，能更好地展示自我、发现他人的需要，从而建立良好的人际关系。

有效沟通的意义可以总结为以下几点。

1. 传递和获得信息

信息的采集、传递和交换，都需要进行沟通。通过沟通，双方才能交换有价值的信息，生活中的事务才能得以开展。有效地传递信息能提高办事效率，积极地获得信息会提升人们的竞争力。在沟通中，好的沟通者善于保持注意力，能获得所需要的重要信息，并节省时间与精力，从而拥有更高的沟通效率。

2. 满足个体的需要

从心理学角度分析，人们的情绪需要沟通来加以调节；从社会学与经济学的角度分析，人们沟通的目的是满足各自的需要，减少内部冲突，调节情绪与促进情感交流，增进相互理解。

3. 改善人际关系

社会是由人们所维持的关系组成的网络，人们需要同周围的社会环境相联系。沟通与人际关系两者相互促进、相互影响。有效的沟通可以使人们建立和谐的人际关系，进而使沟通更加顺畅。

4. 实现组织的目标

从管理学的角度分析，良好的沟通可以使组织成员的行为协调一致，通过彼此的信息交流，高效率地实现组织的目标。

电影《荒岛余生》中，汤姆·汉克斯扮演的男主人公被困在孤岛上。因为孤独，他把一个排球作为最好的朋友和精神寄托。当他的"排球朋友"掉落在大海中，他奋力去救，但没办法救回来，他大喊："I'm sorry！"这镜头让人感动得落泪。我们离不开别人，更离不开沟通。

二、沟通的过程

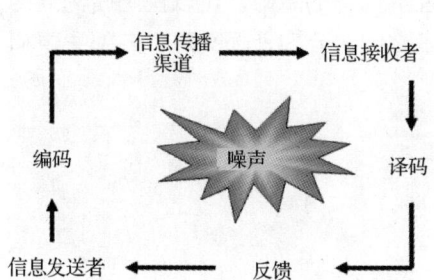

图 1.1 沟通过程

沟通的过程是信息发送者通过选定的信息传播渠道将信息传递给信息接收者的过程。图 1.1 所示的沟通过程包括信息发送者、编码、信息传播渠道、信息接收者、译码、反馈等要素，此外，在这个过程中还可能存在妨碍沟通的因素，即噪声。

1. 信息发送者

信息发送者是沟通过程的主要要素。信息发送者是利用生理或机械手段向预定对象发送信息的一方。信息发送者可以是个人，也可以是组织。信息发送者的主要任务是信息的收集、加工及传播。

2. 编码与译码

编码是指信息发送者将信息的意义符号化，编成一定的文字等语言符号及其他形式的符号的过程。译码则恰恰与之相反，是指信息接收者在接收信息后，将符号化的信息还原成思想，并理解其意义的过程。

完美的沟通应该是：信息发送者的思想 1，经过编码和译码后，与信息接收者形成的思想 2 完全吻合，即编码和译码完全"对称"。对称的前提条件是收发双方拥有共同的经验；如果双方对信息符号及信息内容缺乏共同的经验，即缺乏共同语言，编码、译码过程就不可避免地会出现偏差。

3. 信息传播渠道

不同的信息内容要求使用不同的渠道传播。例如，工作总结报告多采用正式文件的形式而很少采取口头形式。再如，邀请朋友吃饭如果采取备忘录的形式就显得不伦不类了。有时根据需要也可以使用两种或两种以上的渠道传递信息。在各种沟通方式中，影响力最大的是面对面的沟通方式。

4. 信息接收者

信息接收者是信息发送者的信息传递对象。人们通过沟通分享信息、交流思想和感情，这种分享和交流是可以双向进行的。在大多数情况下，信息发送者与信息接收者在同一时间既发送信息又接收信息。因此，信息接收者的主要任务不仅是接收信息发送者的信息、思想和情感，还要及时地把自己的信息、思想和情感反馈给对方。

视野拓展
刘总的一天

5. 反馈

反馈是指信息接收者接收信息发送者所发出的信息，经过消化吸收后，将自己的理解传达给信息发送者的过程。沟通实质上不是行为而是过程，这意味着在沟通的每一个阶段都要寻求受众的支持，更重要的是给予他们回应的机会。通过反馈，双方才能正确把握沟通的过程。在沟通过程中，反馈可以是有意的，也可以是无意的。例如，演讲者在演讲时就存在与观众沟通的过程，观众可能会以喝倒彩表示他们的不满，也可能会显得疲惫或精力不集中，观众这种无意间的情绪流露，可以反映出他们对演讲的内容或方式不感兴趣。在沟通中，反馈是非常重要的一环，它可以让信息发送者得知对方是否接收与理解自己发出的信息，并了解对方的真实感受。

6. 噪声

噪声是指沟通过程中的干扰因素。它是准确解释和理解信息的障碍，可以说妨碍沟通的任何因素都是噪声。噪声存在于信息发送者和信息接收者之间，分为外部噪声、内部噪声和语义噪声等。

三、沟通的类型

依据不同的划分标准，可以把沟通分成不同的类型。

（一）语言沟通和非语言沟通

根据沟通符号的不同，沟通可分为语言沟通和非语言沟通。语言沟通建立在语言文字的基础上，又可分为口头信息沟通和书面信息沟通。语言可以帮助人们获得他人的理解，人们大多时候也是通过语言使他人对自己产生印象的。

非语言沟通指通过某些其他的媒介而不是讲话或文字来传递信息。非语言沟通的内涵十分丰富，包括身体语言、时间、沉默和空间等。非语言沟通与语言沟通同样重要，有时作用会更加明显。

　　最有效的沟通是语言沟通和非语言沟通的结合。

　　美国加利福尼亚大学洛杉矶分校的研究者发现，在面谈中，55%的信息来自身体语言，38%来自语调，仅有 7%来自真正的语言。正如管理学大师德鲁克所说："人无法只靠一句话来沟通，总是得靠整个人来沟通。"人们控制要说的话比较容易，而控制身体语言却不容易，身体语言会将人的思想暴露无遗。

（二）口头沟通和书面沟通

　　根据语言载体的不同，沟通可分为口头沟通和书面沟通。最常用的信息传递方式是口头沟通。在生活中，我们可以通过面谈、小组讨论、演讲、打电话、电话会议等方式与他人进行口头沟通，也可以通过电视、电影、录像来获得信息。口头沟通的优点在于快速传递和反馈，缺点在于失真的潜在可能性较大。当信息经过多人传递时，涉及的人越多，越可能出现信息失真的情况。正如大家熟知的"传话"游戏，每个人都以自己的方式去解释模糊的信息，当信息到达终点时，其内容常常与原始信息大相径庭。

视野拓展
不该发出的部门联系函

　　书面沟通是指利用信函、出版物、传真、平面广告、网页、电子邮件、备忘录、报告和报表等书面文字或符号载体进行沟通。书面沟通有形而且可以核实，对于复杂或长期的沟通来说，这一点尤为重要。但是书面沟通比较耗费时间，花费 1 小时写出的东西，如果采用口头表达只需 10～15 分钟就能说完。同时，缺乏反馈是书面沟通的另一个缺陷。口头沟通能使信息接收者对于自己听到的信息及时进行回应，而书面沟通则不具备这种内在的反馈机制。

（三）正式沟通和非正式沟通

　　根据是否具有结构性和系统性，沟通可分为正式沟通和非正式沟通。正式沟通是指按照组织所规定的路线和程序进行的信息传递和交流，如组织间的信函往来，组织内部的文件传达、汇报等。沟通越正式，对内容的精准性和对听众定位的准确性要求就越高。但是正式沟通往往比较刻板，速度比较慢，信息经过层层传递之后存在失真或被扭曲的可能。

　　非正式沟通是指运用组织以外的渠道进行的信息传递与交流，如员工私下交谈、朋友聚会时的议论等。非正式沟通相对迅速、反馈直接，且具有较强的交互性、创造性、开放性、流动性和灵活性等特点，可以提供"内幕消息"。其缺点是沟通难以控制，信息容易失真，可能导致小集团、小圈子的产生，影响组织的凝聚力和向心力。

（四）向上沟通、向下沟通和平行沟通

　　根据信息在群体或组织中传递的方向，沟通可分为向上沟通、向下沟通和平行沟通。向上沟通是指居下者向居上者表达意见，即通常所说的下情上传。在向上沟通中，"下"是主体。积极的向上沟通可以给员工提供参与管理的机会，减少员工不能理解下达的信息造成的失误，营造开放式氛围，提升企业创新能力。

　　向下沟通是指居上者向居下者传达意见、发号施令等，即通常所说的上情下达。在向下沟通中，"上"是主体。要想沟通顺畅，上司要摆正心态，不要高高在上，否则会使下属产生畏惧心理或不愿沟通的反感情绪。

　　平行沟通是指处于同等地位人员的横向联系。平行沟通的目的是交换意见，以求心意相通。向上、向下沟通比较容易找到合理的平衡点，平级人员之间容易产生"谁怕谁"的心态。我们

常说"你敬我一尺，我敬你一丈"，尊重对方，对方也会以礼相待，这样才能更方便地沟通。

案例阅读与思考

王宏该怎么办

王宏的投资公司是在政府支持下成立的窗口公司。在国内经济形势好的时候，公司集资成立了两家子公司，王宏委派自己的老同学沈文和林立担任两个子公司的经理。两人在担任经理后，又投资成立了多家"孙公司"，且双方业务有重叠。沈文和林立管理不善，与王宏和中层干部都缺乏沟通。"孙公司"又擅自做投资决定，使公司蒙受损失。王宏决心整顿子公司，但他十分纠结，不知该如何进行整顿。

思考与讨论：

（1）本案例涉及的是什么样的沟通问题？（2）与沈文和林立的老同学关系是否会影响王宏的决策？（3）如果你是王宏，你会怎么做？

（五）单向沟通和双向沟通

根据是否进行反馈，沟通可分为单向沟通和双向沟通。单向沟通是指在沟通过程中，信息发送者负责发送信息，信息接收者负责接收信息，信息在沟通全过程中单向传递。单向沟通没有反馈，如做报告、发指示、下命令等。双向沟通是指信息发送者和信息接收者之间进行双向的信息传递与交流，在沟通过程中双方角色不断变换，沟通双方既是发送者又是接收者。双向沟通中的信息发送者以协商和讨论的方式与信息接收者交流，信息发出以后还须及时听取反馈意见，必要时双方可进行多次商谈，直到达成共识为止。双向沟通与单向沟通的比较如表 1.1 所示。

表 1.1 双向沟通与单向沟通的比较

项目	比较
时间	双向沟通比单向沟通耗费的时间更多
信息准确度	双向沟通中，信息发送与接收的准确性比单向沟通更高
沟通者的自信度	双向沟通的信息接收者会产生平等感和参与感，自信心和责任心较强；双方都比较相信自己对信息的理解
满意度	双向沟通的双方对沟通的满意度一般更高
噪声	双向沟通中，与主题无关的信息较易混入沟通过程，双向沟通的噪声比单向沟通要大得多

单向沟通与双向沟通各有优缺点，我们应学会在不同的情况下选择合适的沟通方式。一个组织如果只重视工作效率与管理秩序，宜用单向沟通；例行公事、上对下的命令传达，可用单向沟通。如果要求工作准确性高、重视成员间的人际关系，则宜采用双向沟通；如果是处理新的复杂问题，上层组织需要作出重大决策，双向沟通的效果更好。从领导者个人来讲，如果经验不足，或者想树立权威，则单向沟通较有利。

（六）自我沟通、人际沟通和群体沟通

根据沟通对象的不同，沟通可分为自我沟通、人际沟通和群体沟通。自我沟通也称内向沟通，即信息发送者和信息接收者为同一个人，个人自行发出信息，自行传递，自我接收和理解，自己是信息的唯一发送者和接收者，信息由思想和情感构成，大脑是渠道，自我沟通使自己的所思所想时刻都在发生改变。在自我沟通中，你不用直接与他人接触，你的经验就会使你懂得如何与自己"交谈"。

人们之间的信息交流过程，也就是人们在共同活动中彼此交流各种观念、思想和感情的过

程。这种交流主要通过言语、表情、手势、体态以及社会距离等来表示。它能满足人们心理上、社会上和决策方面的功能。心理上，人们为了满足社会性需求和维持自我感觉而沟通；社会上，人们为了发展和维持关系而沟通；在决策中，人们为了分享资讯和影响他人而沟通。人际沟通在形成组织规范、协调人际关系、实现组织目标和加强组织领导方面具有举足轻重的作用。

群体沟通指的是组织中两个或两个以上相互作用、相互依赖的个体，为了达到基于其各自目的的群体特定目标而组成集合体，并在此集合体中进行交流的过程。

🔱 拓展游戏

撕纸游戏

操作程序如下。

1. 给每位学生发一张纸。

2. 老师发出和以下类似的指令：大家闭上眼睛，全过程不许提问；把纸对折，再对折，继续对折；把右下部分撕下来；把纸旋转180°，把左上部分撕下来；睁开眼睛，把纸打开。

思考与讨论：

与周围的同学对比各自手中纸的形状，并讨论为什么会出现不同的结果。

第二节 商务沟通概述

任何组织和个人，为了生存和发展必然要参加社会活动，并从中获取物质、能量和信息，直接或间接地通过交换为社会提供产品或服务。其中与市场相关的活动，通常称为商务活动或商业活动。商务是指参与市场活动的主体（政府、厂商、家庭与个人等）围绕卖方以营利为目的的产品出售和买方以生存和发展为目的的商品购买所进行的相关经济活动的集合。在商务领域，沟通是否有效，很多时候直接决定了商务活动的成败。

商务沟通指商务组织为了取得经营的成功，通过组织大量的商务活动，凭借一定的渠道（也称媒体或通道），将有关商务经营的各种信息发送给商务组织内外既定对象（接收者）并寻求反馈，以求得与商务组织内外既定对象相互理解、支持与合作的过程。

一、商务沟通的作用

在现代商务活动中，商务沟通的作用主要体现在以下几个方面。

1. 商务沟通是实现信息共享的重要手段

沟通的基本特征就是实现信息共享。

英国大文豪萧伯纳曾经说过："如果你有一个苹果，我也有一个苹果，我们彼此交换苹果，那么，你我仍然各有一个苹果；如果你有一种思想，我也有一种思想，我们彼此交换思想，那么，我们每个人将各有两种思想。"

商务沟通最基本的作用是在商务活动中实现信息共享。任何个人要想在商务活动中取得成功，必须通过与同事，甚至是与公司外部的有关人员沟通以实现对有关信息的共享。公司想要保证经营活动顺畅、有序地进行，需要通过沟通保证内部不同部门之间，甚至内部部门与某些外部机构之间实现信息共享。

未来学家托夫勒在其著作《权力的转移》中曾提出，我们的社会中最重要的要素是知识，未来的财富创造主要依靠知识的开发与交流。这意味着员工必须掌握通过沟通实现知识共享的技能。能通过沟通更快地掌握更多所需信息的人和企业将比不善于沟通的人和企业创造更多的财富。

2. 商务沟通是在新环境中获取竞争优势的重要手段

在现代社会，原料、资本和劳动力已经不再是提升竞争力必需的要素。沟通正成为新的环境条件下企业和个人谋求生存和发展、增强竞争优势的重要手段。

从公司外部看，环境的变化越来越迅速，竞争越来越激烈。公司既需要利用沟通来把握竞争态势，也需要通过沟通了解市场需求，并让客户熟悉本公司及其产品，以促使客户作出有利于本公司的购买决定。公司需要通过沟通让利益相关者了解其目标，以便获得有关各方的支持。只有对外沟通良好的公司才能收集和成功地传递有关的信息，保持和增进与有关各方的关系，从而在激烈的市场竞争中处于有利的地位。由此可见，良好的沟通是增强外部竞争优势所必需的。

从公司内部看，要想在商务活动中取得成功，需要让员工了解公司的发展方向与策略，以便使他们更好地为公司服务，这需要良好的沟通来保证。全面质量管理、更快速的新产品开发、公司组织结构的扁平化、供应链和物流管理等方案的实施，都要求公司内部部门之间的信息传递更顺畅，相互之间更信任，这一切都依赖于良好的沟通。如果部门之间缺乏良好的沟通，人们就可能无法获得和传递需要的信息，也会缺乏合作需要的基本信任，公司就会在竞争中陷入困境。

公司的良好业绩依赖于员工之间的良好沟通。善于沟通的员工能比其他人更好地建立、维护和改善工作中的人际关系，获得更多的支持和合作机会，这也正是员工竞争能力的体现。

3. 商务沟通能力是企业招聘和调整员工职位的重要依据

对于个人而言，无论是即将参加工作的大学生，还是工作多年的公司员工，商务沟通能力都是决定其能否找到理想工作以及被选拔到重要岗位的关键因素。

随着科技的进步和社会的发展，很少有工作是不需要沟通的。即使是制造企业，招聘单位在选拔和录用新员工时，也会自觉或不自觉地考虑应聘者的沟通能力。应聘者在面试中给招聘人员留下的第一印象与自己的沟通能力密切相关。对于想要换工作的人来说，良好的沟通技能也是获得理想职位的重要条件。

微视频
乞丐与美女的对话（沟通技巧无处不在）

对于已经拥有固定工作的人来说，沟通能力同样重要。绝大多数企业在决定员工的升迁时都会把沟通能力作为重要的因素来考查和评估。具有良好沟通能力的人常常能获得更多的升迁机会，而缺乏沟通能力的人往往会痛失被提升的机会。随着一个人任职级别的提高，沟通能力会显得越来越重要。所以，培养良好的商务沟通技能是实现职业生涯目标至关重要的手段。

二、商务沟通需解决的问题

利用情境分析法可以实现有效的商务沟通。这种方法要求沟通者在进行商务沟通之前依次解决下列问题。

（一）沟通目的和对象分析

沟通的目的总是基于某种需要或解决某个问题。值得注意的是，沟通各方的需要往往不完全一致。沟通者既要考虑自己的需要，也要顾及客户、上司或下属的需要。为解决问题而沟通时，不仅要考虑能帮助公司解决什么问题，同时也要考虑能为自己或他人解决什么问题。更具体地说，是明确自己想要告知、影响、说服、解释、刺激、理解、感受，还是有其他目的。

案例阅读与思考

可口可乐的危机公关

1999 年 6 月初，比利时和法国的一些中小学生饮用美国饮料可口可乐后，发生了中毒事件。一周后，比利时政府颁布禁令，禁止在本国销售可口可乐公司生产的饮料。已经拥有一百多年历史的可口可乐公司，遇到了罕见的重大危机。1999 年 6 月 17 日，可口可乐公司首席执行官依维斯特专程从美国赶到比利时首都布鲁塞尔举行记者招待会。第二天，比利时的各家报纸上出现了有依维斯特签名的致消费者的公开信，信中仔细解释了中毒事件的原因，还做出了种种保证，并提出要向比利时每个家庭赠送一瓶可口可乐，以表示可口可乐公司的歉意。与此同时，可口可乐公司宣布，将比利时国内同期上市的可口可乐全部召回，尽快宣布调查和化验结果，说明事件的影响范围，并向消费者退赔。可口可乐公司还表示，要为所有中毒的消费者报销医疗费用。可口可乐其他地区的主管，如中国公司的主管宣布其产品与比利时事件无关，市场销售情况正常，从而稳定了事件地区以外的人心，控制了危机的蔓延。此外，可口可乐公司设立了专线电话，并在互联网上为比利时的消费者开设了专门网页，回答消费者提出的各种问题。整个事件的发展过程中，可口可乐公司都牢牢地把握住信息的发布源，防止危机信息的扩散，从而将企业品牌的损失降至最低。

随着公关宣传的深入和扩展，可口可乐公司的形象逐步恢复。不久，比利时的一些居民陆续收到了可口可乐公司的赠券，上面写着："我们非常高兴地通知您，可口可乐又回到了市场。"孩子们拿着赠券，高兴地从商场领回免费的可口可乐。在商场里，又可以看见人们在成箱地购买可口可乐。

中毒事件平息了下来，可口可乐重新出现在比利时和法国的商店货架上。

思考与讨论：
可口可乐公司的沟通故事对你有什么启发？

一般来说，沟通往往是多目标的。即使是一次简单的面谈，或者书写一封简短的信件，都可能包含多个相关的目标。但目标太多也会影响沟通效果。特别是当多个目标不完全均衡时，就要区分主要目标和次要目标，并从众多的目标中挑选出两个比较重要的目标作为指导沟通过程的依据。

沟通既然是一种双向互动的活动过程，那就必须对沟通对象进行深入的分析。首先，要明确沟通对象是谁，是外部的客户还是内部的同事，是上司、同级别的同事还是下属。对象不同，沟通的方式也应当有差别。要了解沟通对象与本次沟通有关的特征有哪些。当沟通对象为两人以上的群体时，还要了解对方成员间是否存在某些差异。其次，要了解沟通对象对沟通话题了解的程度。例如，他们是否熟知与沟通话题有关的专业术语、具备与话题相关的一般知识，是否需要为其提供关于沟通话题的背景材料。最后，要了解沟通对象对沟通话题的态度，以及对自己意见或观点的反应。沟通对象对沟通话题的态度是由他们所追求的利益决定的。所以，沟通者必须了解沟通对象追求的利益是什么、自己的意见或观点是否符合对方的利益要求等。

案例阅读与思考

三个商贩

一位老太太来到一个水果摊前问道："这李子怎么样？"小贩回答："我的李子又大又甜，特别好吃。"老太太摇了摇头。她又走到第二个水果摊前问："你的李子好吃吗？"小贩答："我这里专门卖李子，各种各样的李子都有。您要什么样的李子？""我要买酸一点儿的。""这种李子酸得咬一口就流口水，您要多少？""来一斤吧。"

老太太继续在市场中逛，她看到另一个水果摊上也有李子，又大又圆，非常抢眼，便问小贩："你的李子多少钱一斤？""阿姨您好，您想买哪种李子？""我要酸一点儿的。""别人买李子都要又大又甜的，您为什么要酸李子呢？""我儿媳妇怀孕了，想吃酸的。""阿姨，您对儿媳妇真体贴，她想吃酸的，说明她可能会给您生一个大胖孙子。您要多少？""我来一斤吧。"老太太很高兴。小贩一边称李子一边说："您知道孕妇最需要补充什么营养吗？""不知道。""孕妇特别需要补充维生素。您知道哪种水果含维生素多吗？""不清楚。""猕猴桃含有多种维生素，特别适合孕妇吃。""是吗？好啊，那我就再来一斤猕猴桃。""您人真好，谁有您这样的婆婆，真有福气。"小贩开始给老太太称猕猴桃，嘴里也不闲着："我每天都在这儿摆摊，水果都是当天从批发市场进的新鲜的，您儿媳妇要是吃了喜欢，您再来！"

思考与讨论：

这三个小贩的沟通效果有什么不同？是什么原因造成的？

（二）沟通环境分析

商务沟通的结果受到环境条件的巨大影响。影响商务沟通的环境因素很多，主要的是沟通地点和时间。

1. 沟通地点的影响

从大的方面讲，不同的地理区域往往是与不同的文化背景和区域特征联系在一起的。不仅不同国家居民间的沟通可能存在跨文化沟通的冲突，即使在我国国内，南方与北方、东部与西部的企业或个人之间，在商务沟通习惯上也存在着明显的差异。大、中、小城市以及农村的企业或个人之间，沟通习惯上的差别也很大。"入乡随俗"是成功沟通的前提条件。

从小的方面讲，商务沟通所选择的场所往往暗示着沟通者的身份和地位，安排在高档场所进行沟通表明沟通者比较重视对方。沟通场所的布局和陈设对沟通双方的心理也会产生一定的影响，某些布局和陈设会使人感到沟通双方地位悬殊，会给一方造成压力；某些布局和陈设则会使沟通双方感到平等，沟通会更加顺畅。

沟通地点往往决定人们如何理解信息的含义，同样的信息在不同的沟通地点会有不同的含义。如果沟通地点选择错误，有可能会使他人产生严重的误解，甚至导致沟通失败。

2. 沟通时间的影响

沟通时间对沟通效果的影响主要体现在以下几个方面。

首先，选择合适的沟通时间是沟通成功的重要条件。不同的人有不同的作息习惯，选择适合对方的时间是基本礼貌的体现。选择不恰当的时间进行沟通，会使遭到拒绝的可能性大大增加。

其次，选择不同的时间进行沟通会影响人们对信息的理解。同事之间在工作时间进行的沟通往往被理解为正式沟通，双方需要为此承担责任；而在下班后的休息时间所进行的讨论常常被理解为非正式沟通，双方一般不需要为此承担责任。

再次，不同的人时间观念不同。在商务沟通中，一方不能准时赴约，一般会使对方产生不被尊重的感觉。人们对迟到的宽容度会因所沟通的问题不同而产生差异。对于一般的面谈迟到，人们会比较宽容；但对于像应聘面试这样比较重要事情的迟到，人们的宽容度就会很低。

最后，沟通所花时间的长短应当合适。交谈或谈判的时间越长，人们的注意力就越难集中，继而会产生厌倦感。沟通时间过短，又难以引起对方的重视。沟通时间适度是很重要的，但有人也会通过延长交涉时间迫使对方做出让步。

拓展游戏
移水出圆

（三）沟通内容和方式分析

1．沟通内容

沟通者需要确定为达到沟通目的沟通究竟需要包含哪些信息。沟通应当包含的信息有两类：有关你自己观点的信息和促进对方接受你的观点的信息。

几乎所有商务沟通的目的都包括希望自己的观点被对方接受。为此，你的观点就必须足够明确。要把观点与某种行动联系起来，促使对方采取某种行动。无论是与客户沟通，还是与公司内部的上司或下属沟通，观点都应该明确。

与某种行动相联系是保证沟通有效的基本条件。如果商务沟通的内容仅是在成堆的资料与可能的解决办法之间徘徊，迟迟没有定论，这种沟通多半是没有价值的。

除了表明自己的观点外，沟通还应当包含的信息就是帮助对方理解沟通的话题，并给对方提供作出反馈决定的依据。沟通者必须围绕如何才能获得对方的赞同和支持、哪些理由能使对方感到信服来组织沟通的内容。有时，某些信息看似有价值，但经仔细推敲后会发现其对于实现沟通目的是没有作用的，这样的信息就不应该被包含进去。在确定必须包含哪些信息时，还要考虑对方可能会有哪些反对意见，如何才能使对方改变态度。只有考虑了所有这些问题后，仍然被认为具有必要性的信息才是值得放进沟通内容的。

2．沟通方式

选择合适的沟通方式主要应考虑两个问题：一是确定要通过哪种沟通渠道来进行沟通；二是要确定表达的方式、风格和语言。

商务沟通所选择的沟通渠道要合适。商务沟通中常常有多种沟通渠道可供选择。例如，打算向上司提出建议时，既可以给上司发电子邮件，也可以打电话，或者直接找上司面谈。沟通渠道的选择要以能最有效地进行信息传递、理解和处理为原则。为了保证沟通的及时性和有效性，有时也需要考虑沟通对象的习惯和偏好。例如，要想与经常在国外出差、既不喜欢写信又不常用传真的经理沟通，打电话或使用社交软件联系也许是较好的沟通方式。

从表达方式来看，商务沟通中的信息既可以采用文字、口头语言和肢体语言来传递，也可以用图片、多媒体，甚至是实物模型等形式来表达。沟通者在选择表达方式时，需要根据所要传递信息的特点，选择既便于表达，又便于理解，而且效率高、速度快的表达方式。

表面上看，表达风格在商务沟通中并不重要，但是实际上，表达风格在商务沟通中也同样应当引起重视。清晰而充满活力的表达风格会使信息易于理解并令人信服；晦涩和没有生气的表达风格会使信息变得难以理解并令人厌烦。选择表达风格的关键是表达风格必须适合沟通者本身、沟通对象以及沟通场合的特点。在某些场合沟通时，最好体现出幽默感；而在另一些场合则要求保持高度的严肃性。

关于沟通中语言的运用，首先，要求语气得体。即使表达风格清晰、生动和有活力，如果语气不当，沟通效果也会大打折扣。商务沟通中的语气应当尽可能和缓，避免使用带有优越感、傲慢的语气；更不应该采用指责的语气，因为指责只会促使对方做出防御性的反应。其次，沟通语言的选择要充分考虑对方的心理特点和知识背景。措辞要准确，要使用对方容易理解和接受的词句；陈述要条理清楚，言简意赅。

📖案例阅读与思考

一次失败的沟通

崔力在某公司担任市场部经理，年底公司为了奖励市场部的员工，制订了赴海南旅游的计划，名额限定为10人。可是市场部的13名员工都想去，崔力就去向上级申请再加3个名额。她对领导说："朱总，我们市场部的13个人都想去海南旅游，可只有10个名额，剩余的3个人会有意见。能不能再给3个名额？"朱总说："筛选一下不就完了吗？公司提供10个名额的花费已经不少了，你们怎么不为公司考虑呢？你们呀，就是得寸进尺，不让你们去旅游就好了，谁也没意见。我看这样吧，你们做领导的姿态高一点，明年再去。这不就解决了吗？"

思考与讨论：

（1）崔力这次的沟通失败了，可她却不知道自己错在哪里。请你帮她分析一下。（2）如果你是崔力，你会如何争取旅游名额呢？

有些社会学家把成功的沟通（包括商务沟通）的核心原则总结为换位思考。换位思考是人对人的一种心理体验过程。将心比心、设身处地，是获得理解不可缺少的心理机制。它客观上要求我们将自己的内心世界，如情感体验、思维方式等与对方联系起来，站在对方的立场上体验和思考问题，从而与对方在情感上进行沟通，为增进理解奠定基础。换位思考的沟通要求沟通者在沟通开始时思考并解决这样几个问题：第一，对方需要什么；第二，我能给他什么；第三，怎样将"对方需要的"和"我能给予的"有机结合起来。

第三节 商务沟通的发展趋势

随着商业竞争的日益加剧、经济全球化浪潮的掀起以及科技的不断进步，现代商务沟通也在不断发生着深刻的变化。一方面是商务沟通的重要性越来越突出，另一方面则是商务沟通也面临着日益严峻的挑战。因此，商务沟通无论在应用的广度上还是深度上都呈现出了新的发展趋势，主要表现在以下几个方面。

一、对质量和客户需求的重视

向客户提供高质量的产品和优质的服务是企业的生存之道。当今许多经营灵活、反应敏捷的公司通过关注客户的需求进行重新定位而成长起来。美国一家家具公司的总裁曾经说："别想着我们该卖什么。问问客户需要什么，我们来组织生产，满足他们。"现在，这家公司销售的产品和提供的服务的范围甚至已扩大到通过计算机辅助设计为客户设计办公室装潢装修方案等。

我们来看看惠普公司（HP）是如何走进关系营销时代的。1999年7月，惠普公司将分散的83个部门合并，形成了包括前端和后端的扁平化公司结构，用新的标准重新划分客户，以前更多是按地区和行业划分，现在则按照企业客户、全球客户、商用客户划分。惠普根据不同的目标市场将公司自身划分为四大集团，每个集团独立运作、自负盈亏，同时共享公司平台（包括人力资源、行政、财务管理、法律支持、企业发展、公关以及领导力发展中心、解决方案中心等）。2003 年年初，惠普公司在全球范围内将 PeopleSoft CRM（仁科的客户关系管理）用于客户服务。

在惠普公司的一系列变动之中，我们发现这样一个事实：惠普公司新的部门划分是以客户的性质为标准的，其建立了一套以客户为中心的营销策略，而它原来的组织结构设计和专业运作是以产品为中心的，新提出的口号 E-service（电子服务）和 Total Customer Experience（完全客户体验）不谋而合。这套营销策略透露了这样的信息：在同质化的竞争时代，客户资产变得越来越重要。

注重质量和客户需求，核心在于沟通。采用集思广益和团结协作等工作方法通常能收到事半功倍的效果。好主意、好办法通过沟通可以在公司广泛传播；提出创意者也能为大家所认识。要想真正了解客户的需要，管理者既要聆听他们有声的意见，也要关注他们那些无声的表示。

2008 年秋天，可口可乐公司通过自己的监测软件发现了一名沮丧的消费者在社交平台上发表的信息，该信息称其无法兑现某回馈活动的奖品。随即这名消费者的跟随者急剧增加了一万多人。

可口可乐公司的相关负责人立刻在该社交平台上对这名消费者表示歉意，并帮助其解决了问题。该消费者最终拿到了奖品并将其社交平台的头像更改成自己手拿一瓶可口可乐的照片。

二、现代信息技术被广泛运用于商务活动

技术领域的革命为商务活动提供了更多的沟通手段，如传真、电子邮件、视频会议等科学技术手段已经被广泛运用于商务活动中。新技术的应用可以使企业的每位员工平等地获取信息，也可以帮助企业在节省资金的同时更好地为客户服务。如美国运通公司为客户开通了在个人终端上进行电子查询的业务以后，核查每件包裹投递情况的费用由以前的 5 美元锐减到 5 美分，仅此一项每年就能够节约近 200 万美元。管理者须跟上时代前进的步伐，通过运用相关的信息技术实现高效沟通。

腾讯公司利用十余年的时间发展到了两万余员工的规模。而公司规模达到两万人时能不能和 200 人甚至 20 人时的公司保持一致的沟通效率和水平呢？据人力资源总监奚丹介绍，腾讯内部有很便捷的电子化沟通平台，即腾讯通。另外，腾讯公司内部的 BBS（Bulletin Board System，网络论坛）利用率也极高，员工习惯于把各种问题发在各个分论坛上，总办成员或者公司某一领域的专家会进行答疑，从如何快速有效地解决用户投诉到咖啡厅的饮料味道不好等问题都有。除了电子化沟通工具外，腾讯还有专业的团队与员工进行面对面的沟通，涉及的领域包括企业文化、身心健康、劳动关系等。每两周还有一次总办午餐交流日，员工可自由报名，公司通过抽签的方式选择 12 人和总办成员一起吃饭。腾讯办公楼的每一层都设有一个总办信箱，接受对越过公司规定的"高压线"行为的检举和投诉。

三、商务沟通呈多元化发展趋势

正如我们所看到的那样，商务活动已经变得十分国际化，跨国公司的不断涌现使越来越多的管理者必须面临跨越文化与国界的人际沟通问题。这对于管理者来说，是一个很大的挑战，因为具有不同文化背景的人很容易因文化差异而导致文化冲突。这就要求管理者必须更多地掌握跨文化沟通的知识，在尊重对方的基础上，灵活地与来自不同国家和文化的人沟通，并且帮助具有不同文化背景的员工做到相互理解。例如，在日本，沉默可以表示"我不喜欢你的观点"，但有时也可以表示"我还在考虑"。了解这一点对于从事国际商务谈判的人来说尤为重要。

有一位美国人想以 10 万美元/台的价格将某种仪器出售给日本客户。报价后，日本客户沉默地坐在那里。10 分钟后，这位美国人忍受不了这种沉寂，将每台仪器的价格下调了 1 万美元。从美国人的角度看，他或许会认为这位日本客户很满意，甚至认为其运用沉默达到了自己的谈判目的。其实不然。事实上，日本客户对谈判的结果大为失望，因为日本人更看重彼此建立的关系而非价格。

四、讲求团队精神

团队合作

为了提高产品质量，同时降低生产成本，越来越多的公司开始启用跨职能的项目小组。如在新西兰北岛海军航空站，由 10 位来自不同部门的中层管理人员组成的合作小组团结协作，改进了战斗机配件的加工工序。他们将加工、运送每个零件的时间减少了 42%，从而在一年半的时间内节约了近 170 万美元。

建立小组或形成团队的优势在于小组或团队成员之间能够互相学习，共同认识问题、解决问题，协同一致，建设性地处理矛盾。

罗主管在接手新产品研发工作时，意识到这是一项需要高度协作的工作。他请来技能培训老师、技术部人员、品质管理人员和物流部人员开会，将自己遇到的困难和目标诚恳地告诉了大家。相关部门的人员针对罗主管的问题提出了建设性的建议。会议很成功。大家决定以后定期交流，处理在协作中需要协调的事情。

不久后，在新产品批量生产后的庆功会上，罗主管发表了热情洋溢的讲话："通过这次新产品的成功研发，我由衷地感受到，这是我们所有部门协作的成绩！感谢技术部的技术人员，他们在产品试制阶段没日没夜地工作，解决了出现的大大小小的问题，批量生产才会这么顺利。感谢技能培训老师，他们培训出的这批作业人员技能素质都不错，为我们输送了合格的作业人员。感谢物流和品质管理人员，他们给予我们紧密的配合，常常为配合生产加班，物料配给都很及时，最大限度地保证了我们的生产和进度。是大家的协作让我们获得了成功。团队配合使大家的力量被发挥出来，这个新产品项目才能又快又好地启动。这是我们大家的成绩！"他们随后又成功地研发出了好几款新产品。

从上面的案例可以看出：通过沟通，团队成员能够在协调和合作上达成一致，从而能够尽快地调配资源，提高工作效率。商务沟通工作离不开各部门之间的相互协调，只有具备卓越的对内沟通能力，才能整合组织的资源来顺利完成既定的目标。沟通既可以促进领导改进管理方式，又可以调动广大职工参与管理的积极性，使职工增强主人翁责任感，积极、主动地为组织献计献策，从而增强组织内部的凝聚力，使组织蓬勃发展。

▶ 微视频
大雁的团队精神

📖 知识巩固与技能训练①

一、思考与讨论

1．沟通可以分为哪些类型？

2．沟通的过程可以分为哪些步骤？

3．简述商务沟通在现代商务活动和企业中的地位和作用。

4．进行有效商务沟通需要先解决哪些问题？

5．商务沟通发展的趋势是什么？

6．以自己的一次成功沟通为例，总结沟通成功的经验。

---

① 更多习题可从人邮教育社区本书页面下载。

7．回忆自己的一次失败的沟通，分析沟通失败的原因和应该采取的补救措施。

8．分析在大学期间需要与哪些对象进行哪些类型的沟通，每一类沟通的目的是什么，要想沟通成功需要注意哪些要点。

二、活动与演练

本章选择题

形式：全体人员，14～16人一组。

类型：问题解决方法及沟通。

材料：眼罩及贴纸。

场地：空地。

操作程序：所有人都戴上眼罩；给每人一个编号，但这个编号只有本人知道；让小组成员按编号从小到大的顺序排成一列；任何人都不能讲话，只要有人讲话或摘下眼罩则游戏结束。

相关讨论：

（1）你是用什么方法通知小组其他成员你的位置及编号的？

（2）你在沟通中遇到了什么同题？你是怎么解决这些问题的？

（3）你认为还有更好的方法吗？

三、情景讨论

你去一家医院看专家门诊。看病的人很多，大家都在那里排队。你等了一个多小时，前面还有一个人就轮到你了。然而，你前面的那个人就诊出来后，下一个进去就诊的人却不是你。原来是该医院一位护士的熟人没有排队就被直接领去了。此时你会选择以下哪种处理方式？

1．气愤地找护士和医生理论，扬言要找医院领导反映此事，要求有一个公正的答复。

2．大声嚷嚷："熟人就可以不排队吗？这家医院的职工素质太差了，再不到这家医院来看病了！"随即生气地转身就走，骂骂咧咧地离开这家医院。

3．自我沟通："现在的社会就是这样，忍忍算了，何必自找麻烦？！"或者："多待会儿也好，一来练练毅力，二来锻炼筋骨。想开点！"

问题与分析：

如果你遇到这种事情，会选择上述哪种沟通方式？你还有什么其他沟通方式吗？

第二章
Chapter 2

口头沟通

📖 **学习目标**

认识口头沟通的优点和缺点；了解口头沟通的种类；理解有效口头沟通的各种要素特征以及效果特征；掌握有效口头沟通的技巧。

导入案例

1990 年 1 月 25 日晚上 7:40 阿维安卡 52 航班起飞，晚上 9:52 飞机被迫在肯尼迪机场降落，在第二次试降时发生了空难。调查人员根据飞机上的"黑匣子"和与当事管理员的交谈发现导致这场悲剧的原因是沟通障碍，具体是"燃料状况"这一简单信息没有被清楚地表述。

52 航班出事之前飞行员说了"燃料不足"。因为"燃料不足"是飞行员们的常用语，管理员认为每架飞机可能都存在燃料问题，所以没有给予足够的重视，也没有及时批准飞机降落。后来，当机场人员指示飞机进行第二次试降时，机组成员再次提醒"燃料不足"，但飞行员却告诉管理员新分配的跑道可用于降落，于是悲剧发生了。

导致悲剧发生的主要原因有三个。首先，如果飞行员发出"燃料危急"的信号，管理员有义务和责任为其优先导航并尽可能迅速地允许其着陆。如果飞行员表明情况十分危急，那么所有的其他程序都可以不顾，管理员会以最快速度引导其降落。但令人遗憾的是，52 航班的飞行员从未说过"燃料危急"，所以管理员一直没能理解飞行员所面临的困境。其次，机组成员和飞行员之间的沟通也存在问题。最后，飞行员的语调也并未向管理员传递"燃料危急"的信息。许多管理员接受过专门训练，可以在这种情况下捕捉到飞行员声音中的极细微的语调变化。尽管 52 航班的机组成员和飞行员相互之间表现出对燃料问题的极大忧虑，但他们向肯尼迪机场管理员传达信息的语调却是冷静而职业化的。

思考与讨论：

（1）在这个案例的沟通中，你认为改善哪些方面就能避免这场悲剧？（2）你是否认同在我们的工作和生活中，表达不当往往带来麻烦，甚至会酿成悲剧？

第一节　口头沟通概述

口头沟通具有沟通对象的广泛性和沟通形式的多样性，因此，是应用最广泛的沟通形式。口头沟通的对象既可能是公司内的同事，也可能是公司外部的客户、其他商业机构、新闻媒体，甚至是政府有关部门的人员。

一、口头沟通的优点和缺点

（一）口头沟通的优点

与其他沟通方式相比，口头沟通具有以下优点。

第一，可以综合运用多种手段，适合对复杂问题的沟通。在口头沟通中，沟通者可以传递语言信息，也可以传递非语言信息；同时，还可以利用各种辅助手段，如投影仪和模型等，来提升沟通效果。特别是在双方对所讨论的问题知之甚少或分歧比较严重的情形下，口头沟通能取得其他形式的沟通无法达到的效果。

第二，可以迅速获得对方的反馈。口头沟通具有即时性，便于双方对对方的观点和行为做出反应。因此，沟通者可以迅速获得对方的反馈，从而决定新一轮沟通应采取的策略。所以，口头沟通能大大提高沟通效率，缩短解决问题的时间。

第三，口头沟通有利于培养感情。口头沟通会给人以亲切、自然的感觉，也表明双方比较重视。如果双方能取得一致意见，就能产生认同感，从而逐渐建立起友好关系。所以，口头沟通往往会提高沟通成功的可能性。

（二）口头沟通的缺点

口头沟通具有以下缺点。

第一，口头沟通失真的可能性较大，沟通的内容有时会"走样"。正如"传话"游戏：每个人都以自己的方式解释模糊的信息，当信息到达终点时，其内容常常与原意大相径庭。如果重要决策通过口头方式在组织金字塔中向下传递，则信息失真的可能性较大。

拓展游戏
苹果与凤梨

第二，口头沟通对时间和地点要求比较高。较正式的口头沟通（如面谈）需要事先对时间和地点进行磋商和安排。口头沟通过程中，必要的寒暄，甚至一再地强调某件事情或某种观点，都会使口头沟通需要花费相对比较长的时间才能完成；时间过短往往难以达到预期的沟通目的。

第三，口头沟通不利于控制情绪。口头沟通过程中，双方都会通过大量的非语言信息来推测对方的意图，因此，任何一方想要掩饰都是比较困难的。也正因为口头沟通中非语言信息比较丰富，所以肢体语言会比口头语言更容易冒犯对方。在双方意见分歧较大的情况下，双方往往不容易控制情绪，常会导致一方产生过激反应，从而使沟通陷入僵局。

二、口头沟通的种类

（一）面谈

对于两个或两个以上的人，面谈是最常见的口头沟通方式，也是口头沟通中最为重要的沟通方式。其他的沟通方式，包括发言、演讲，甚至书面材料的撰写都是由这一沟通形式演变而来的。商务人员如果不能掌握有效的面谈技巧，就可能无法胜任本职工作。

面谈形式多样，既包括比较随意的聊天，也包括比较正式的会见。根据目的和涉及内容的不同，面谈主要可以分为信息收集面谈、招聘和求职面谈，以及绩效评估面谈三种形式。

（二）发言

发言既包括事先做好充分准备的发言，也包括即兴发言。即兴发言是指在特定场合，为表达自己的意愿或应现场需要而临时进行的发言。即兴发言既可能是主动的，也可能是经邀请而进行的被动发言。发言可分为传递信息的发言、引荐发言，以及介绍、总结和汇报等性质的发言。

传递信息的发言要在短时间内向受众提供他们原来不知道的信息，因此，发言者事先必须清楚受众对相关信息的了解程度，从而避免说得太多或太少。为了更清楚、直观地说明问题，最好事先准备一些辅助性的道具，如图表、照片或模型等。

引荐发言是指为了激发受众聆听发言人讲话，而进行的发言。引荐发言应具体、有针对性、简短而吸引人。做好引荐发言的关键是，既要了解发言人，也要了解受众，要善于找出双方的共鸣点，强调受众将如何得益于发言人的讲话。

介绍、总结和汇报这类发言总是围绕某个项目、议题或活动进行。介绍性发言要求语言通俗易懂。总结和汇报性发言则要求发言包括的内容全面、完整，通常应包括执行过程、取得的成绩、存在的问题、解决方案和今后的计划等。

（三）演讲

演讲是一种事先经过充分准备的、正式的口头沟通，往往需要较高的艺术性和技巧性。演讲被广泛地应用于企业的内外部沟通之中。根据目的不同，演讲可以分为多种形式。演讲的特点要求演讲者掌握专门的演讲技巧。

有关面谈和演讲的详细讲解见本书的第十章。

第二节　有效口头沟通的特征

一、有效口头沟通的要素特征

要想进行有效的商务口头沟通，沟通的发起者要确保沟通具有以下基本要素特征。

（一）准确

如果对方发现你提供的信息有误，你就有误导之嫌，会引起对方的警觉，甚至会使你处于被动局面。如果对方认为你提供的信息不够充分，就不会产生你期待的回应，从而导致你的愿望落空。

在本章导入案例中，燃料不足、燃料危急、情况十分危急是三个程度不同的概念，"不足"的表述当然不可能引起"危急"对表述的回应，更不可能引起对"情况十分危急"表述的回应。可以看出，52航班的飞行员作为信息的发出者未能使发出的信息具备"准确"这一基本要素特征。

（二）清晰

"清晰"这一要素特征，是表达上的"公理"。即便是持"模糊派"观点的艺术家，也只是借用"模糊"的手法达到清晰地表达主题的目的。有些人认为清晰就是简单，主张在商务沟通中坚持简单易懂的原则。大多数商务业务并非简单地表达就可以被理解，简单要以信息被清晰地表达为前提。在导入案例中，"燃料不足"的表述非常简单，但并未清晰地说明实际情况。如果说"燃料只能维持 20 分钟""燃料最多只能维持 20 分钟",虽然相对"燃料不足"来说不太简单,却十分清晰。

要实现清晰的沟通,必须满足以下四个方面的要求。

1. 逻辑清晰

表达应当有逻辑,贯穿主线。切忌无谓地罗列,以免虽然每句话都很清晰,但对方不知道你到底要表达什么。

在导入案例中,如果飞行员能多次发出信息,由第一次的"燃料不足"或"燃料最多只能维持 20 分钟"递进到第二次的"燃料危急"或"燃料最多只能维持 10 分钟",让语言表现出具有逻辑性的进展,则这起空难应该是可以避免的。

2. 表达清晰

有声语言如果词不达意、前言不搭后语,就很容易被人误解,达不到交流的目的。因此在表达思想和感情时,应做到口音标准、吐字清晰,说出的语句应符合规范,避免使用似是而非的语言;去掉过多的口头语,以免语言冗杂;语句停顿要准确,思路要清晰;说话要缓急有度,从而使交流顺畅。

3. 简洁

清晰不等于简单,但是,我们要在清晰的基础上追求简洁。良好的商务沟通追求以少量的话传递大量的信息。无论是与上司、客户或一般员工进行沟通,简洁都是基本要求。每个人的时间都是宝贵的、有价值的,没有人喜欢不必要的、烦琐的沟通。鲁迅曾指责制造"长而臭"的文字无异于"谋财害命"。简洁不是指采用短句子,也不是指省略重要信息,而是指字字有力。

>
> 微视频
> 商务说服

4. 有活力

有活力意味着生动,从而易于被人记住。根据心理学的规律,人们通常对某个念头或信念只能保持短时间的关注;根据记忆的规律,人们只能保留对于接触到的信息的部分记忆。因此,沟通中的精神不集中或遗忘是很正常的现象。"有活力"的表达就是使你的表达让人难以忘怀。

> 李南是一位个子不高、戴眼镜的电视节目主持人。他是这样介绍自己的:"单看咱这形象,眼睛不大还有点儿近视,但这丝毫不影响我的睿智与远见。耳朵虽小,但它提醒我要耐心倾听观众的心声。嘴巴也不气派,正说明我不夸夸其谈,唢呐和号角的孔都不大,但同样能'怒吼'与'呐喊'。个子虽然矮了点,可潘长江先生说过:'浓缩的都是精华。'有人说缺点在一定条件下也会成为优点,这话难免有些夸张,但'缺点在一定条件下会成为特色'是毋庸置疑的。"
>
> 李南没有使用老掉牙的方式来做自我介绍,而是借自嘲容貌的方式,把一个形象生动、个性鲜明的自己推到了观众的面前,自然也就让人对他一"听"难忘。

二、有效口头沟通的效果特征

(一)有效沟通效果的具体表现

有效沟通的特征是能成功地说服他人。有效沟通的效果表现在三个方面:强化现有的积极观点、修改或转变现有的观点、产生新的观点。以上三点在口头沟通中表现得尤为突出。

1. 强化他人现有的积极观点

这里的"积极"观点指的是与你相同的观点。在劝说中,你的首要任务是强化赞同你的人的观点。这种强化不仅会有助于防止支持者的退却，还有助于增加帮你劝说不知情者的人的数量。

2. 修改或转变他人现有的观点

当从可靠的信息提供者处获得新证据后，人们的态度会朝着某个方向转变，但这是一个比较漫长的过程。不符合人们的参照框架的新证据可能会被其拒绝，但是经过一段时间，足够的基于可靠来源的新证据会打破平衡，会让人们重新考虑自己的立场。

3. 让他人接受新的观点

在劝说中最难实现的目标莫过于让他人接受全新的观点。这项任务的最好完成方式是，在我们想确立的新立场与他人现有信念之间建立联系。例如，广告商为了转移消费者对某产品的喜好，会向消费者展示新产品比现有产品更加经济实惠、更环保、更安全。尽管为了让他人接受新的观点需要做大量的指导性工作，但如果方法正确，就会产生比较持久的效果。

（二）如何具有说服力

说服力是取得商业成功重要的要素。许多商业上的失误不是因为缺乏资金、智慧和勤奋，而是因为缺乏说服力。在既具有频繁沟通特性又具有自由竞争特性的商业社会，每一次成功都是依靠协同效应取得的。具有说服力意味着企业的利润丰厚、个人的乐趣无穷与成就感巨大。如果没有说服力，上对上司、中对同级同事、下对下属，内对同行、外对顾客，都会失去影响力。

　　一个小女孩在宠物店逗玩一条宠物狗好一阵儿后，说："唉，我下不了决心是买还是不买。我有'选择困难综合征'。"宠物店老板和蔼地说："小姑娘，你不用现在做决定，你把小 Tony（宠物狗的名字）带回家养几天。如果你感觉好，就留下；感觉不好，就送回来。"小姑娘欣喜万分。

大家知道，人们一旦养了宠物，一般是舍不得与其分开的，因此，这桩交易的结果很可能是乐观的。一般的营业员能任凭小女孩逗玩小狗，报以微笑，就已是难能可贵了。这位老板使用一流的说服技巧取得了强行推销难以达到的推销效果。

　　为了使自己的沟通具有说服力，要注意以下几点。

视野拓展
肉店老板的说服

1. 诱之以利，让对方感到满足

没有利益的诱惑，是难以说服对方的。例如，对方是你的顾客，为了使对方获得利益，你必须确保你的产品品质优良，不是次品；你要对自己的产品有十足的信心，不推销自己都怀疑其品质的产品；你要善于发现顾客的意图，使之感到满足和快乐，绝不能漠视顾客的购买欲望，或者只顾自己获取利润。

2. 投其所好，让对方感到亲切

微视频
说服销售示例

当对方处于警觉状态时，你是不可能说服他的。面对顾客，你需要付出努力来赢得对方的信任。人们在决定接受某个产品或某项服务时，会事先确定其中不存在风险，所以你必须耐心地说明产品或服务的安全性，使对方打消疑虑。

拓展游戏
总经理下达命令

3. 动之以情，让对方消除心理障碍

情感是说服活动的媒介。当对方处于不信任的状态时，你的话是不可能产生说服力的。对待顾客，你必须展示友好的态度。当他拿不定主意时，你要表现得善解人意，要以诚相待。

4. 善于折中，让对方感到双赢

当对方感到自己无法获得利益时，你的话自然不会有说服力。当对方感到只是他获利，你无利可图时，你的话也不可能有说服力；因为他觉得你不会做无用功，他不可能遇到"天上掉馅饼"的好事。你要善于谈判，审时度势地让价，让对方感到自己减少了支出，你确实也接近了价格底线，这时，双方往往就能愉快地成交。

一大早，丁一就被房东的电话吵醒了。房东说他们夫妻俩经过商量，决定暂时不卖房子了，继续租给丁一。这就意味着丁一将不会再被每周来几次的看房人打扰了，也意味着他不用再为找房子搬家而操心了。丁一很高兴自己做了充足准备的沟通收到了回报。他当时是这样做的：首先，丁一询问了房东卖房的近况，并且从为她考虑的角度给出一些建议，以博得房东的好感；其次，丁一告诉房东看房给自己的生活带来了不便；最后，丁一承诺房东自己还要住一年之久，并且表示房东对他一直很好，因此他对房东要上涨 10% 的租金也理解和接受。

这个的租客与房东沟通的普通案例，是运用沟通技巧的一个成功案例。租客既得到了自己想要的结果，又博得了房东的好感，实现了双赢。

第三节　有效口头沟通的技巧

一、基本的讲话技巧

1. 保持良好的说话神态

在面对面的口头沟通中，人们能从说话人的神态中领悟其本意。因此，保持良好的说话神态是口头沟通的重要手段之一。要想保持良好的说话神态，要注意以下几点。

（1）外表形象干净整洁并符合环境要求。商务沟通中，外表形象会影响对方对你的看法。对方甚至在听你讲话之前就会根据外表形象对你形成某种看法，不适当的外表形象容易令对方产生误解。商务沟通对外表形象的要求是干净整洁并符合环境要求，刻意地追求时尚或保持正统的做法都是不可取的。

主持人杨澜当年留学英国时，由于穿着随意被面试官拒之门外，回到家又被房东嫌弃穿着打扮不精致，她心情极度抑郁，直接在睡衣外面裹了一件厚外套，愤怒地冲进了一家咖啡店。被侍者引到空位后，她发现对面坐着一位衣着得体的老太太，正举止优雅地喝着咖啡。老太太起身离开时悄悄给她塞了一张小纸条，上面写着：洗手间在你的右边转弯处。杨澜瞬间羞红了脸，暗自反思："自己这样打扮显得不尊重自己，以致让别人觉得也不尊重他们。"从此以后，杨澜很注意让自己穿戴得整洁又美观，也正如大家所看到的那样，她后来一直是大众眼中聪慧、干练又精明的女强人。杨澜后来经常说一句话："没有人有义务通过你邋遢的外表，去发现你优秀的内在。"

（2）良好的姿势。说话人的姿态会影响对方的情绪，并直接影响讲话的效果。讲话时，斜靠或没精打采的姿态会给人疲倦和厌烦的感觉。坐姿和站姿给对方留下的印象也会大不相同。特别要注意避免因情绪和心理而失态，以免严重影响沟通效果。

（3）保持礼貌、友好和自然的态度。口头沟通时人的态度容易受情绪的影响。无论面临什么样的情境，控制情绪、保持礼貌和态度友好都是必要的。要做到这一点，关键是懂得换位思考，站在对方的角度看问题，理解对方的感受。这样，即便面对负面情绪，也能保持礼貌和友好的态度。无论是面对上司还是下属，态度都应当自然。不自然的态度表明讲话者缺乏自信，会影响话语的可信度。态度自然是说服对方的基本条件，也体现了说话人的真诚。

（4）保持机敏和愉快的情绪，富有激情。机敏表现为视野开阔、反应灵敏；愉快表现为语调动人、富有情趣。这两者都能对对方产生很大的吸引力。说话充满感情，声音富有激情，能大大增强说服力。要富有激情，自己就应该对所讲的内容充满兴趣，关心受众的感觉，并做到全身心地投入。

（5）保持目光接触和交流。讲话的人与受众保持目光接触，表示一种友好的愿望和重视对方的态度。讲话时不看对方则表示对对方不感兴趣，也反映出对自己缺乏自信。目光接触要适度，既要避免目光不接触，也要避免目不转睛地凝视。

案例阅读与思考

最近工作忙不忙

假设你入职不久，在公司遇到领导，领导问你："最近工作忙不忙？"

思考与讨论：

（1）碰到类似情况（如新的老师和朋友问你："最近学习忙不忙？"），你以前通常是怎样回答的？（2）你认为领导有哪些意图？你应该如何回答？（3）如果你不知道领导的意图，应该如何回答？

2．提高声音质量

声音质量主要包括音调、音量、语速和语调等四个方面。

（1）音调。音调高会给人以细、尖、刺耳的感觉；音调低会给人以粗犷、深沉的感觉。选择适当的音调对于保证沟通效果是至关重要的。

（2）音量。音量大小要与环境相适合。音量的大小主要是由场地大小、受众人数的多少以及噪声大小等三个因素决定的。

（3）语速。语速快会给人紧迫感，对促使受众理解有一定的帮助，但长时间语速过快会影响受众的理解。通常，公共场合讲话的语速要快于平时讲话的语速；语速应随句子重要性的变化而改变；要适当地使用停顿。

（4）语调。语调是音调、音量和语速的组合。语调的变化常常与讲话者的兴趣和强调的重点密切相关。因此，撇开所讲的内容不谈，语调本身就可能流露出讲话者的态度。

3．确保语言清晰和准确

（1）清晰。首先是思维清晰，讲话者要清晰地表达自己的想法，做到条理明晰、表达流畅、语言简洁。其次是讲话者所使用的词语要含义明确，是受众熟悉和容易理解的。

（2）准确。要确保用词能够准确地表达自己的意思，避免使用易产生歧义的词句。引用的依据要恰当，避免没有事实依据的空谈。

有一位秀才去买柴，他对卖柴的人说："荷薪者过来！"卖柴的人听不懂"荷薪者"（担柴的人）三个字，但是听得懂"过来"两个字，于是把柴担到秀才面前。秀才问："其价如何？"卖柴的人听不太懂这句话，但是听得懂"价"这个字，于是就告诉秀才价钱。秀才接着说："外实而内虚，烟多而焰少，请损之（你的木材外表是干的，里头却是湿的，燃烧起来，会浓烟多而火焰小，请便宜些吧）。"卖柴的人听不懂秀才这句话，于是担起柴走了。

我们平时要使用简单的语言来传达信息，要根据谈话的对象灵活运用沟通方式，有时过分修饰反而达不到预期目的。

二、掌握语言礼仪的技巧

社交圈子的扩大是一个人进步的表现，一个人的社交水平取决于其思想、品德、知识、语言表达等因素。语言表达是诸多因素中最重要的一个因素。

语言表达包含许多紧密联系的方面。语言所传递的信息是语言的内核，语言的艺术表达是语言的外衣，语言的礼仪是语言通向外界的桥梁。合理的内核穿上华丽的衣裳就如同一个美丽的姑娘。但若没有透明的窗户，人们就看不到她；没有畅通无阻的桥梁，人们就无法走近她。她会因此表现不出特质，得不到赏识，乃至郁郁寡欢。因此，有效的口头沟通离不开语言礼仪。

（一）打招呼的语言艺术

见面打招呼早已成为众人皆知的常识。见面不打招呼、不理人，是难以与他人保持正常关系的。打招呼在社交场合中的重要性就更不用说了。小品演员冯巩在好几届的春晚表演中都用"观众朋友们，我想死你们了！"来和观众打招呼，拉近了和观众的距离，温暖了大家的心。他在春晚中的每次小品表演都受到了众多观众的喜爱，甚至有观众说："有了冯巩这句'我想死你们了'才叫过年呢！"

微视频
称呼的变化与沟通效果

1. 称谓

打招呼的第一步是要给对方一个恰当的称谓，这是十分重要的开始。社交场合中，人们对别人如何称呼自己是十分敏感的。称呼得当，会让对方对自己产生良好的第一印象，创造出良好的氛围，沟通就会变得顺利。称呼不当，会使气氛不融洽，不得不花费力气做补救工作，给沟通平添不必要的麻烦，严重时甚至会导致刚刚认识便不欢而散。一般而言，恰当的称谓取决于这些方面：双方的身份、年龄，双方关系的性质、深度和所处的交际场合。特别情况下，应在有一定了解后，考虑对方的特殊喜好。例如，有的人年龄较大，但不喜欢被人尊称为"老李""老刘"等；有的人本来年龄不大，却不愿被人称呼为"小李""小王"等。

称谓有泛称和尊称两种。泛称是一般的称呼，常用的有以下几种形式。①姓+职称、职务或职业，如王教授、王厂长、王老师。②直呼姓名。③泛尊称，如适用于女性的"小姐"，适用于男性的"先生"，男女性都可用的"同志"等。④受尊敬或令人羡慕的职业+泛尊称，如大使先生等。此外，还有适合非正式场合的一些形式：老或小+姓，如老王、小王；姓+辈分，如王伯伯、王阿姨；名+同志，如旭东同志。这些形式各有各的适用场合，如形式①和形式③适用于初次交往，形式②适用于交往者较多的情况。不恰当的称呼会给人留下无礼的印象或适得其反地使人产生疏远的心理。尊称是对人表示尊敬的称呼，常用以下形式表示：贵——贵姓、贵人、贵公司；大——大名、大作；您——使用率最高、应用范围最广的称呼。泛称的使用要注意把握分寸，尊称的使用要注意界限。例如，师傅通常是对某些行业里有专长的人的尊称，这些行业主要指传统意义上的工、商、戏剧等行业，如果对教师、医生、记者等泛称为"师傅"，则往往会引起对方的不快。

2. 寒暄

视野拓展
语言的禁忌

打招呼的第二步是在称呼对方后进行简单的对话，我们一般称之为寒暄。只有称呼而无寒暄就好像在文件上只签字，而无具体批示，会使人感到别扭。寒暄的作用有多个层次，最低的层次是应酬，即说一些并非完全

没有意义的话；较高的层次是沟通感情，营造和谐的氛围；最高的层次是升华亲和需求，逐步进入人际交往的佳境，达到预期的交际目的。

寒暄的常用形式有三种：第一种是典型的"你好！""早上好！""春节好！"等简单、直接的问候；第二种是商界或文人常用的"幸会！""幸甚！"等正式用语；第三种是传统的问句，如"吃了吗？""上哪儿去呀？"等，这种貌似提问的话语并不表示真的想知道你的起居行为，只不过是传达说话人的友好态度而已。这三种寒暄形式各有各的作用，要注意运用得当。例如，在国际场合一般不要使用我国传统式的寒暄方式，因为外国人不一定了解我国的民情风俗。又如，在商界常用的"幸会"也并非在一般场合下禁用；在一般交往中，它有时也能创造出一定的氛围。

要想更好地拉近关系，一般可以采取两种寒暄形式。第一种寒暄形式是攀谈型。只要愿意，人们之间总可以找到这样或那样的"亲""友"关系，如"同乡""同学""同事"等沾亲带故的关系，这些关系在初次见面时往往能成为发展友谊的契机。第二种寒暄形式是敬慕型，即用敬重、仰慕表示自己的热情和礼貌。如"王先生，久仰大名""大作已拜读，受益匪浅"。

不论采取何种寒暄形式，使用都不宜过多，否则会使人厌烦；寒暄的使用要恰到好处，过分吹捧会显得虚伪。

打招呼有时可辅以体语式。体语式指的是使用面部表情和身体姿势等作为招呼语的方式，最常见的是微笑和点头。体语式招呼的含义因发出人本身的社会特征和交际双方之间关系的不同而异。例如，女士使用这种方式表现出稳重、端庄；男士使用这种方式表现出随意、矜持。双方关系疏远或进行洽谈时可用这种方式，一时想不起对方的姓氏、身份时，也可借用这种方式来掩饰。

（二）自我介绍的语言艺术

人与人的相识离不开自我介绍，自我介绍是展示自己形象和价值的重要方法与手段。从某种意义上说，自我介绍是进入社会进行人际交往的一把钥匙。运用得好，可助你在社交活动中一帆风顺；运用得不好，会使你在社交活动中麻烦不断。因此，在社交活动中学习自我介绍的语言艺术是至关重要的。自我介绍要注意四个方面。第一，保持自信。要镇定自如，能够清晰地表述自己的特点，眼神平和、坦然。人们会对从容不迫的人产生好感，对局促不安的人产生怀疑。第二，繁简有度。自我介绍包括姓名、年龄、籍贯、职业、职务、单位、住址、履历、特长、兴趣等要素。要素的选取和内容繁简的确定要适合交往的目的。第三，掌握分寸。介绍自己的长处时不可流露出自得之意，介绍自己的弱点时可配合自谦、自嘲的语气。第四，特殊情况下，在语言之外，可辅以证明材料，如工作证、获奖证书等，以提高对方对自己的信任程度。

（三）提问的语言艺术

提问是使对方开口讲话的有效手段。高明的提问，不仅能起到投石问路的作用，还能使交谈沿着自己希望的轨道向更深的层次展开，从而达到沟通的目的。有的人提问，便能立即打开对方的话匣子；而有的人提问后，却令对方生气和难堪。提问应注意以下几个方面的问题。

1. 提问要区分对象

要看所问的问题是否适合对方。一般情况下要问对方知道的内容，最好是问对方内行的问题。如果你的问题对方回答不出，对双方都是一件尴尬的事。最高明的提问是，提出问题就能引起对方的极大兴趣，进而引导对方滔滔不绝地与自己交流。

2. 提问时态度要谦逊

提问的时候要注意态度谦恭、友好，语气温和，彬彬有礼。如"能向您请教一个问题吗？"这类开场白能使对方愉快地表达自己的意愿。当把事情陈述完后，可这样问："想听听您的看法，行吗？""您对这个问题是怎么看的，可以谈谈吗？"。这样的问话语气平和、谦逊，对方会很乐于作答。

3. 提问要讲究方法

提问时，问题不能过于抽象和简单，以免对方无从回答，或只能用"是"或"不是"等来笼统作答。为了获得需要的答案，要讲究提问的技巧。要做到问得好、问得妙，要营造气氛，引导对方，并选择恰当的语句。

例如，某酒吧有些顾客喝饮料有加鸡蛋的习惯。酒吧老板教服务生这样接待顾客："先生，您是加一个鸡蛋，还是加两个鸡蛋？"把顾客"引导"到加"一个"或"两个"鸡蛋的选择，而不是"是否加鸡蛋"。

这种"猝不及防"的提问技巧，往往会诱使顾客毫不犹豫地作出选择，从而成功推销产品。

第二次世界大战结束后，日本有许多商店因人手奇缺，想减少送货任务，有的商店就将问话顺序进行了调整，将原来的"是您自己带回去，还是给您送回去呢？"改为"是给您送回去，还是您自己带回去呢？"顾客听到后一种问法，大都会说："我自己带回去吧。"

如果在提问时采用陈述语气搭配疑问语气的方式——在陈述语气中提炼出问题，则可以使对方拓宽思路，从而实现获取信息的目的。

（四）拒绝的语言艺术

高超的拒绝方法能使对方高兴地接受你说的"不"，或者至少让对方的不快保持在最低限度之内，从而使和谐的气氛不受影响。常用的拒绝的语言艺术有以下三种。

第一种是在倾听中保持沉默，把无言的"不"传达给对方。首先，必须让对方感受到你是在倾听。其次，要让对方感觉到你在该说话时却保持沉默。第二种是让对方自我否定，放弃原来提出的问题。你在对方提出问题后，不正面回答，只是提出一些看法或条件，让对方心领神会或者产生新的认识。第三种是形式上肯定而实质上否定。先予以肯定，再用"然而……"作实质性的否定。这样做，可使对方处于开放状态，容易接受你的拒绝。

艾伦·金斯伯格是美国著名的诗人。在一次宴会上，他向一位中国作家提出一个谜语，请这位作家回答。谜面是："把一只 2.5 千克的鸡装进一个只能装 0.5 千克水的瓶子里，用什么办法把它拿出来？"中国作家沉思片刻，回答道："您怎么把它装进去的，我就怎么把它拿出来。您用语言把鸡装进了瓶子，那么我就用语言这个工具再把鸡拿出来。"

三、提升语言艺术的技巧

在沟通过程中，常常会遇到一些矛盾的情况，针对这些情况，产生了各种各样的语言表达艺术。这些语言表达艺术从表面上看，似乎违背了有效口头沟通清晰、准确的要求，但实际上是对清晰、准确要求的必要补充，是在全面考虑各种情况之后的清晰和准确。

提升语言艺术的具体方法因人、因事、因时、因地而异，没有绝对适用任何情况的方法。下面介绍一些常用提升语言艺术的技巧。

（一）直言不讳

直言不讳是最简单的表达方式。在许多场合，直言不讳是最合适的表达方式。首先，直言是真诚的表现；反之，委婉可能会造成心理上的阻隔感，使对方产生"见外"的感觉。其次，直言是说话人自信的表现，自信是交往的基础，缺乏自信的人很难与人打交道。在真诚和自信的情况下，直言不讳往往具有很好的效果。

直言不讳绝不等于粗鲁和不讲礼貌。在采用直言不讳的表达方式时，要注意配合适当的语调、语速、表情和姿态等，这样就较容易使人接受。采用直言不讳的方式来表示拒绝、制止、反对的意见或态度时，如果能诚恳地陈述原因和利害关系，效果会更好一些。

（二）委婉

在不便直言的情况下，宜采取委婉的表达方式。适合采用委婉表达方式的情形有两种：一是因不便或不雅等而不能直说的事，借用相关事物来表达本意；二是对方在接受意见上可能存在情感障碍，只有使用婉转的语言才能促使对方接受。

通常，委婉的表达方式是用相关事物本身、相关事物的特征或相关事物间的关系来代表或类推本来所要说明的事物、特征或关系等。

（三）模糊

模糊就是以不确定的语言来描述事物，以达到既不为难别人，又保护自身的目的。模糊的表达方式主要用于不便直说或想使所说的话留有余地等情形。

例如，有人问："你说广州产品好还是上海产品好？"一位富有经验的商务人士回答："各有各的特点。"

又如，相传，王安石的小儿子从小就口齿伶俐、智慧超凡。有人故意为难他，指着一个关着一只鹿和一只獐的笼子问他："哪个是鹿？哪个是獐？"孩子根本就不认识这两种动物，思索片刻便答道："獐旁边是鹿，鹿旁边是獐。"

（四）反语

当说话的人言不由衷，采用与心里想的完全相反的语言来表达自己的意思时，其所用的语言就是反语。采用反语或者是因为有难言之隐，或者是因为忌讳而不能直说。

在《晏子春秋》中，烛邹不慎让一只捕猎用的鹰逃走了，酷爱打猎的齐景公下令将之斩首，晏子用下面的一段话救了烛邹。

晏子："烛邹有三大罪状，哪能这么轻易就杀了呢？请让我一条条地列出来再杀他。可以吗？"齐景公说："当然可以。"晏子指着烛邹的鼻子说："你为大王养鹰，却让鹰逃走，这是第一条罪状；你使得大王为了鹰而要杀人，这是第二条罪状；把你杀了，天下诸侯都会责怪大王重鹰轻士，这是第三条罪状。"齐景公说："不杀他了。我明白你的意思了。"

晏子用的反语表面上是在列举烛邹的罪状，实际上却是在批评齐景公重鹰轻士，并指出了这样做的危害；既达到了批评的效果，又没使身居高位的君王难堪，可谓使用反语策略成功的典型案例。

（五）沉默

沉默有多种含义：既可以表示无言的赞许，也可以表示无声的抗议；既可以代表欣然接受，也可以代表保留己见；既可以用来说明自己决心已定，无须多言，也可以用来说明自己附和众议，别无他见。

俗话说："沉默是金。"在适当的场合、合适的时候，沉默是自信的表现，既是让对方接受你的观点的有效办法，也给了对方改变态度的机会。沉默也是巧妙地表达拒绝的方法。在无法满足别人的请求时，如果简单地回答"不"，会让对方认为你的态度强硬，但是只要你一直保持倾听的姿态，在对方要你发表意见时保持沉默，或笑而不语，别人就会明白你的意思了。

谈话中间的停顿是一种特殊形式的沉默。

美国前总统林肯经常在谈话中利用停顿来增强沟通的效果。当他说到重要的地方，希望听众产生深刻印象时，他就会身体前倾，看着对方的眼睛，这种凝视甚至会保持一分钟之久，却一句话也不说。

这种谈话中间突然的停顿所造成的沉默，能够促使对方集中注意力，全力倾听下面要说的内容。

> 📹 **微视频**
> 谈判专家与轻生男子舌战
> （说服）

（六）自言自语

这里所说的自言自语，指的是在公共场合时的自言自语。商务活动中的自言自语，尽管表面上看是自言自语，但实际上是说给别人听的。在公共场合适当地自言自语，具有多种功能：有可能引起别人的注意；赢得交谈的机会；获得帮助；等等。例如，你在办公室焦虑地自叹："这可怎么办呢？"，常常会引起同事的注意，从而得到关心和帮助。

（七）幽默

幽默的表达方式有以下作用。

1. 幽默可以化解难堪和尴尬

生活中难免会出现各种尴尬情况，让人手足无措。恰当地运用幽默可以让周围紧张的气氛变得轻松，从而起到意想不到的沟通效果。

有一个人因为生意失败，迫不得已变卖了新购的住宅，而且连他心爱的跑车也脱手了，改以电单车代步。有一天，他和太太一起，与几对私交甚笃的夫妻相约出外游玩。一位朋友的新婚妻子不知内情，见他们夫妇共乘一辆电单车而来，便脱口而出："为什么你们骑电单车来？"众人一时错愕，场面变得很尴尬。这时那人的妻子不急不缓地回答："是因为我想抱着他。"

> 📹 **微视频**
> 幽默化解尴尬示例

2. 幽默可以化解矛盾

我们在日常生活中经常会与他人产生各种矛盾，这时可以用幽默的语言、洒脱的态度，巧妙地把矛盾化解掉。

有人在公交车上不小心踩了别人的脚，连忙向对方道歉。被踩的人风趣地说："不怪你，是我的脚放错了地方。"被踩的人难能可贵之处，不是无视生活中的矛盾，而是用大度和幽默成功地化解矛盾。

3. 幽默可以含蓄地表示拒绝

拒绝别人是令人遗憾的事，但又是无法回避的事。拒绝别人常常让人感到难以启齿，一是

怕语言生硬会伤害对方，二是怕不恰当的拒绝会破坏两人的关系。那么是否有两全其美的方法，既不会伤别人的面子，还可以巧妙地拒绝呢？回答是肯定的。纵观中外历史，许多名人、伟人都善于使用特别的"语言武器"，机智地拒绝对方，这种特别的"语言武器"就是"幽默"。

美国的一位女士读过《围城》后，给钱锺书先生打电话，希望见一见钱锺书先生。钱锺书先生向来淡泊名利，他在电话中说："假如您吃了一只鸡蛋，觉得不错，您有必要见那只下蛋的母鸡吗？"

钱锺书先生以其特有的幽默和机智，运用新颖别致而又生动形象的比喻，拒绝了那位美国女士的请求。钱锺书先生的回答不仅维护了这位女士的自尊，还使自己避免了不必要的麻烦。

第二次世界大战期间，一位好友询问当时的美国总统罗斯福关于美国潜艇基地的情况。罗斯福反问那位好友："你能保密吗？"好友回答："能。"罗斯福笑着说："你能，我也能。"好友也就知趣地不再问了。

4. 幽默可以用来针砭时弊

幽默具有针砭时弊、揭露黑暗、激浊扬清的作用。

例如，领导问："大家对我今天的报告有什么看法？"一位听众说："很精彩。"领导说："真的？精彩在哪里？"这位听众说："最后一句。"领导说："为什么？"这位听众说："你说'我的报告完了'时，大家热烈鼓掌。"这位听众用幽默的方法讽刺了这位领导长篇大论式的空头报告。

5. 幽默可以作为有力的反击武器

我们提倡人与人之间互相友爱、尊重，但实际上并不是每个人道德修养水平都很高。对以伤害别人为乐趣的人不能姑息养奸。对于别人蓄意挑衅的举动，也可以运用幽默予以回击。

萧伯纳的剧本《武器与人》演出时，剧院举行了隆重的首演式，邀请了各界知名人士参加。演出很成功，许多观众在剧终时要求萧伯纳上台，接受大家的祝贺。正当萧伯纳走上舞台，准备向观众致谢时，观众席上突然站起一个人大声喊道："萧伯纳，你的剧本糟透了！谁要看？！收回去，停演吧！"观众们大吃一惊，以为萧伯纳肯定会气得发抖。谁料，萧伯纳笑着对那个人深深地鞠了一躬，彬彬有礼地说道："我的朋友，你说得好，我完全同意你的意见。但遗憾的是，我们两个人反对这么多观众有什么用呢？我们能让这剧本停演吗？"几句话引起全场响亮的笑声，紧接着是暴风雨般的掌声。掌声中，那个寻衅的人低头走出了剧场。

又如，德国大文豪歌德有一次在公园的林荫小路上散步，迎面走来一位经常恶意攻击他的批评家。那位批评家不给歌德让路，并傲慢地说："我从不给傻瓜让路。"歌德立刻回答："我完全相反！"说完，立刻侧身让对方通过。

幽默方法的运用要自然，切忌牵强、做作，避免因运用不当而带来副作用。值得注意的是，幽默并不等同于开玩笑或滑稽。幽默是一种风格和行为特征，幽默是智慧、教养和道德处于优势水平的自然表现。所以，幽默的正确运用是需要积累和磨炼的。

（八）含蓄

对于只可意会不可言传的事情，适合采用含蓄的表达方式。含蓄是指采用暗示的方式表达。含蓄的语言耐人寻味，因此是一种既能让人感受到尊重，又能让人得到启示的表达方式。

某个班级上课时，因为进修生和旁听生多，时常挤得本班学生没有座位。为了改变这种情况，班长在上课前宣布："为了尽可能地让来我们班听课的进修生和旁听生有座位，请本班同学坐前六排。"

这实际上暗示了进修生和旁听生不可坐前六排。

与其他同样也能给人启示的表达方法相比，含蓄的表达方法还具有以下两个特点。

1. 含蓄既可以起到暗示作用，又可维护说话人的自尊

有一位男生想向一位心仪已久的女生表白，但又怕遭到拒绝而难堪。于是他找了个机会对女生说："听说有缘的男女，各拔一根头发放在一起可以打成结；无缘的男女，头发打不成结。你愿意用我们的头发试一试吗？"那位女生非常大方地说："那你就从我头上拔一根头发试试吧。"

这对年轻人运用含蓄的表达方式，巧妙地完成了相互间的表白。

2. 含蓄的表达方式可以不伤和气

有时在某种情境中，如之前发生的不愉快的事是双方都清楚的，在问题解决之后不想旧事重提而引起大家的不愉快，但又必须意有所指，这时可以含蓄地说："由于大家都知道的原因……"再如，有时碍于第三者在场，有些话不方便说，这时也可采用含蓄的方式。

使用委婉含蓄的语言时要注意，委婉含蓄不等于晦涩难懂。其表现技巧首先要建立在让人听懂的基础上，同时还要注意使用范围。如果说话晦涩难懂，便没有委婉含蓄可言；如果不分场合使用委婉含蓄的说话方式，可能会引起不良后果。

> 微视频
> 你害怕当众
> 演讲吗？

（九）比喻

比喻手法的运用，可以将抽象的"假大空"、堂皇的文字转化成新颖独特的内容，这会让听众耳目一新。

下面，我们来看一位老首长的讲话初稿。

亲爱的同志们：

大家好！

长江后浪推前浪，恭喜你们作为有为的一代能够担此重担。此岗位非同小可，所以我临别之前，给各位提三点建议！

第一，希望你们要时刻保持清醒的头脑。头脑清晰，思路明确，统筹安排，我们就能作出科学的决策。决策科学，我们才能少走弯路，才能长远、合理地规划。兼听则明，偏听则暗。希望你们能够多搜集信息，整体规划，时刻保持清醒的头脑。

第二，希望你们能够廉洁奉公，以身作则。在各种利益面前慎出手，面对种种诱惑莫伸手，努力打造风清气正的干部队伍。把党风廉政建设作为重点工作来考核，增强每个同志的责任感和危机感。不为名利失心，不为权欲熏心，不拿群众一针一线。时刻保持公正廉明，真正做到为人民服务！

第三，希望你们勤下基层，与群众打成一片，走群众路线，多倾听群众的心声，解决群众的实际困难。不要总是高高在上，脱离群众。一定要心为民所系，权为民所用，利为民所谋，一切以人民为本，做人民的公仆。

以上三点建议，希望同志们切记。

谢谢大家！

这篇讲话稿，条理清楚，"三点论"逐一叙述，明明白白，用语也非常简练。但给人的感觉是什么呢？不生动，难以给人留下深刻印象。这也是我们常见的讲话类型。

> 视野拓展
> 提高口头沟通能
> 力的训练方法

但是，运用比喻的手法进行形象化处理后，这篇讲话稿就换了一个模样。

亲爱的同志们：

大家好！

长江后浪推前浪，恭喜你们作为有为的一代能够担此重担。此岗位非同小可，所以我临别之前，没有其他东西送给各位，就送给各位"三盆水"吧。

第一盆"水"，希望你们经常"洗头"。

希望你们时刻保持清醒的头脑。头脑清晰，思路明确，统筹安排，我们就能作出科学的决策。决策科学，我们才能少走弯路，才能长远、合理地规划。兼听则明，偏听则暗。希望你们能够多搜集信息，整体规划，时刻保持清醒的头脑。所以，第一盆"水"，希望各位一定要经常"洗头"，"洗"掉旧条框，"洗"掉旧思维，"洗"掉短期行为，永远不要让大脑松懈！

第二盆"水"，希望你们经常"洗手"。

希望你们廉洁奉公，以身作则。一身正气，两袖清风，在种种利益面前，一定要经常"洗手"。面对种种诱惑莫伸手，努力打造风清气正的干部队伍。把党风廉政建设作为重点工作来考核，增强每个同志的责任感和危机感，不为名利失心，不为权欲熏心，不拿群众一针一线。时刻保持公正廉明，真正做到为人民服务！

第三盆"水"，希望你们经常"洗脚"。

希望你们勤下基层，与群众打成一片，走群众路线，多倾听群众的心声，解决群众的实际困难。不要总是高高在上，脱离群众。一定要心为民所系，权为民所用，利为民所谋，一切以人民为本，做人民的公仆。所以，第三盆"水"，送给大家，希望你们"洗"掉疲劳，"洗"掉惰性，"洗"出脚踏实地、勤政为民的作风。

以上三盆"水"送给各位，希望同志们切记，经常"洗头"，经常"洗手"，经常"洗脚"，用好这三盆"水"。

谢谢大家！

修改后的讲话稿和初稿的意思一样，同样是"三点论"的条理化叙述，因为有了比喻手法的巧妙运用，就变得生动形象了。

知识巩固与技能训练

本章选择题

[二维码]

一、思考与讨论

1．分析说明口头沟通的优缺点。

2．举例说明口头表达中通常采用哪些语言艺术。

3．如何使你的话具有说服力？

4．结合实际分析如何成为善于言辞的人。

5．你身边谁是最会说话的人？举例说明他（她）是如何做到能说会道的。

二、活动与演练

选择下列题目中的一个作一次即兴发言，要求时间控制在 3 分钟左右。

1．在某次集体活动中，组织者要求每个成员进行自我介绍，以便给其他成员留下深刻的印象。

2．你参加某企业招聘经理助理的面试，面试官要求你陈述自己的履历，以及你应聘该职位的理由和你的职业发展规划。

3．你准备竞聘某学生社团副会长的职位，请你发表竞聘发言。

4．你邀请了一位熟悉的老师给大家讲课，你需要为该老师作引荐发言。

案例分析原题

[二维码]

5．在某次竞赛活动中，你获得了一等奖，当你上台领奖时，被要求讲几句话。

三、案例分析

请扫描二维码阅读案例并回答案例后面的问题。

第三章

非语言沟通

3 Chapter

📖 学习目标

了解非语言沟通的定义；明确非语言沟通的作用；认识非语言沟通的常见类型和表现形式；掌握非语言沟通的原则及注意事项。

📎 **导入案例**

斯科芬·翰尔曾说："人们的脸直接反映了他们的本质。假若我们被欺骗，未能从对方的脸上看穿他的本质，被欺骗的原因是我们自己观察得不够。"亦有人解释说："深语沟通之道的人，往往对别人的非语言行为具有特别敏锐的感知能力，即从最细微的地方观察对方，发现其最真实的想法。"

思考与讨论：你觉得斯科芬·翰尔的话对吗？你是如何理解的？

第一节　非语言沟通的定义和作用

一、非语言沟通的定义

据研究，高达 93%的沟通是以非语言形式进行的，其中 55%是通过面部表情、身体姿态和手势传递的，38%是通过声调传递的。

所谓非语言沟通，是指不通过口头语言和书面语言，而是通过其他的非语言沟通技巧，如声调、眼神、手势、空间距离等进行沟通。非语言沟通与语言沟通关系密切，二者相伴而生。

相对于语言沟通，人们往往会忽视非语言沟通的重要性，因而在不知不觉中使沟通的效果大打折扣。

二、非语言沟通的作用

非语言沟通在我们的生活中具有许多重要作用，如研究人员确定的以下六种主要作用。

（1）强调。非语言沟通常强调语言信息的某个部分。眉毛上扬可能表示惊奇，摆动手指则可能强调不赞成。

（2）补充。非语言沟通可以强化语言沟通的基调；情绪低落的表情或萎靡的姿势会伴随着气馁或沮丧的话语；端庄的姿势、微笑，以及充满活力的动作是对那些积极向上的口头叙述的补充。

（3）矛盾。非语言沟通会有意无意地传递与我们口头传达的信息相矛盾的信息。当告诉家人自己一切都好时，我们眼中的泪水和颤抖的声音会不自觉地暴露真相。一个眼神或低下头的动作就可能会告诉对方我们的话不是真的。事实上，当语言信息和非语言信息相矛盾时，很多理由会促使我们相信非语言信息。研究表明，说谎比控制一系列的非语言反应要简单得多，这些非语言反应包括：面部表情、声带的紧张程度、脉搏跳动的频率、出汗、肌肉的紧张程度，以及许多其他非语言行为。对于大多数人而言，这些非语言反应远远超出了我们的可控范围。

（4）调节。一些非语言行为常被用来调节语言沟通的过程。当有人想与你交谈时，有时会面对你、张开双臂，伸出双手且两手掌朝上摊开，并以期望的目光注视着你的双眼。而当某人希望你停止说话以便自己说话或思考自己要说的话时，常会稍稍转过身、双臂合抱、伸出一只手，手掌向前，并且闭上眼睛或将视线从你身上移开。

拓展游戏
测验：身体语言，你了解多少

（5）重复。非语言信息也能够重复语言信息。拿上车钥匙、穿上外套、戴上帽子走向门口的同时说："我要走了。"你也可以竖起三根手指，问："这是你做得最好的吗？我再买三个。"

（6）替代。非语言信息可以替代语言信息，特别是当语言信息十分简单或为单音节词时。当孩子在运动比赛中朝赛道外的家长看去时，家长快速竖起拇指可以替代表扬或鼓励的话语，因为在这种相隔一定距离或人声嘈杂的情况下，说话是很难被听到的。

《三国演义》中脍炙人口的故事"空城计"，讲的是诸葛亮守着空城，在城楼上镇定自若，笑容可掬，焚香弹琴。司马懿的15万大军不战而退。诸葛亮妙用非语言沟通的技巧传递给司马懿一个虚假的信息，吓退了司马懿的大军，转危为安。

在非语言信息传播的领域，可谓"眉来眼去传情感，举手投足皆语言"。

拓展游戏

你比画我猜

游戏规则：

组织者事先准备好词语。两个学员为一组，一位负责比画，另一位负责猜。负责比画的学员可以用简单的语言和肢体动作描述这个词，但不能说出词语包含的字。如果学员猜对该词，换下一个竞猜词语；如果实在猜不出来，可以跳过该词。每组时间为3分钟。比一比哪一组猜出来的词语最多。

第二节　非语言沟通的常见类型和表现形式

一、非语言沟通的常见类型

非语言沟通涉及沟通中的诸多方面，按照不同的标准可以分为不同的类型。下面介绍一种概括度较高的分类方式。

微视频
看大师卓别林用肢体语言诠释生命的意义

（1）身体语言沟通，包括动态的身体语言沟通和静态的身体语言沟通。动态的身体语言沟通是指通过目光、表情、手势和身体运动等实现沟通；静态的身体语言沟通是指通过无声的身体姿势、空间距离及衣着打扮等实现沟通。

（2）副语言沟通。它是通过非语词的声音，如重音、声调的变化、哭、笑、停顿等来实现的。心理学家称非语词的声音信号为副语言。一句话的含义常常不是取决于其字面的意义，而是取决于其弦外之音。俗语说的"听话听声，锣鼓听音"

就是这个意思。语言表达方式的变化，尤其是语调的变化，可以使字面意思相同的一句话具有完全不同的含义。如一句简单的口头语"真棒"，当音调较低、语气肯定时，表示由衷的赞赏；而当音调升高，语气讽刺时，就有可能变成幸灾乐祸。

心理学研究发现，低音调是与烦恼、悲伤的情绪相联系的，高音调则表示恐惧或气愤。副语言研究者德保罗（Depaulo）1982 年的研究发现，鉴别别人是否说谎的最可靠线索就是声调。一般的说谎者说谎时会低头或躲避别人的视线；老练的说谎者则可以有意识地控制这些慌乱行为，说谎时不仅不脸红、不低头，还能有意识地以安详的表情迎接别人的目光。但是，说谎时声调的提高却是不自觉的，它可以透露说谎者言不由衷的心态。

（3）外部条件的利用，包括辅助仪器与设备的使用、环境的布置、个人的衣着风格等。例如，教师在日常讲课的过程中，会较少使用教鞭，但如果是公开课，或者是教学比赛等重要场合，就会使用这种设备。教鞭的使用除了方便教学之外，还传递了一种信息：这是非常重要的场合，大家都非常重视这次活动。在日常生活中，有很多现象都可以从这个角度来解释。例如，人们在不同场合会穿不同款式或颜色的衣服。因为着装能表现一个人的特点，所以人们会根据一个人的衣着来判断其职业。在正式的宴会上，座位的安排也是表达某种信息的重要手段。在组织环境中，不同职业的人的办公室布置风格是不同的，专业人士和管理人员的办公室一般是庄重和严肃的。办公室的位置和地点是表明一个人地位和身份的重要信息。

案例阅读与思考

盲人歌手的"第六感"

某城市电台的一位主持人时常经过一个地下通道，她时常见到一个男孩坐在通道的一角弹着吉他唱歌。男孩总是戴着一副墨镜，显然是个盲人。他的歌唱得很好。主持人为了听他唱歌，常常走得很慢，等他一曲唱完，便走到他跟前放下一点零钱再离开。

有一天下雨了，男孩唱的是主持人很喜欢的《光辉岁月》，她就站在那里倾听。男孩唱得很投入，她也被他的投入打动了。他唱完以后，她像往常一样，在他的琴袋里放下零钱。这时，男孩突然抬起头说："谢谢你，谢谢你多次给我的帮助。我还要谢谢你，你每一次经过的时候，都是蹲下来往我的琴袋里放钱。我在这里唱了 3 年的歌，你是唯一一个蹲下来放钱的人。我听得出你走路的声音，你总是轻轻地蹲下来，轻轻地离去。"她很吃惊。他摘下墨镜，露出一双很大的眼睛，里面却没有光泽。他又说："我就要离开这座城市了，今天我在这里就是为了等你来。我想在我临走的时候唱首歌给你。"

男孩调了一下琴弦，轻轻地唱起了《你的眼神》。歌声很优美，令人感动。

思考与讨论：

（1）你相信这个故事的真实性吗？（2）本案例对你有什么启示？

二、非语言沟通的表现形式

下面介绍一些普通的、具体的非语言沟通的表现形式。

1. 目光

"眼睛是心灵的窗户"，心理学家的大量科学研究已经证实了这一格言的合理性。研究发现，眼睛是理解人内心世界的最有效途径。人的一切情绪、态度和感情的变化，都可以从眼睛里透露出来。人们对自己的语言可以做到随意控制，可以为了暂时适应某种特定情境而口是心非，但对目光却很难随意控制。观察力敏锐的人，可以从一个人的目光中看到其内心的真实状态。

莎士比亚有句名言：女人啊，虽然你嘴里说着"不"，眼里却在说着"是"。这句名言就是对目光这一身体语言的解读。

心理学家的研究证实，人的情绪变化，首先会反映在不自觉的瞳孔大小的改变上。当人的情绪从中性变得兴奋、愉快时，瞳孔会不自觉地放大。有人研究过人们打扑克牌时的瞳孔反应，发现如果一个人抓到了自己期望的好牌，兴奋度会陡然上升，并出现瞳孔放大的现象。科学家对动物的研究也证实，猫在看到感兴趣的食物和猎物时，也有瞳孔放大的反应。

更进一步的科学研究还揭示，对于令人厌恶的刺激物，人们的瞳孔反应不是放大，而是明显缩小。当人们的情绪从愉快转向低沉，或突然面对令人不快的人时，瞳孔会不自觉地缩小，并伴随不同程度的眯眼和皱眉。可见，人的眼睛是其内心状态的指示器。心理学家埃尔斯沃思（Ellsworth，1978）等人指出，目光接触是最为重要的非语言沟通方式。

许多其他非语言沟通方式，常常与目光接触有关。

微视频
影视剧中的眼神戏

首先，目光接触是沟通反馈的一种重要形式，它会使沟通成为连续的过程。众所周知，语言沟通是具有明确的信息发送和信息接收的过程，在某一个特定时刻，只能有一个人说，另一个人听。如果听的一方不能给予有效的反馈，那么说的一方就变成了无聊的自言自语，沟通显然就会出现困难。沟通过程中，听的一方提供反馈的最有效途径，就是与说话者保持一定的目光接触，显示自己正在倾听对方说话。由于目光接触，说与听、听与说从间断的沟通过程成了连续的过程。

其次，目光接触可以实现情感交流。沟通中的目光接触，可以比语言更有效地交流情感。仅在接受的维度上，人们就可以通过目光接触表示好感、接纳、喜欢、爱意、眷恋等情感，在其他情感维度上同样如此。人们可以用眼神交流愉快、兴奋、激动、幸福的感受，可以用眼神传达失落、受挫、悲伤、绝望的情绪，也可以用眼神传递惊奇、拒绝、厌恶和恐惧的信息。

再次，目光接触可以直接调整和控制沟通者之间的相互作用水平。无论从社会规范的角度，还是从个人体验的角度来看，人们都需要与关联程度不同的人保持适度的相互作用。相互作用过多或过少，沟通信息量过多或过少，都会引起不良的后果。这种后果可以是外部的，如遭受谴责或妨碍关系的良性发展；也可以是内部的，如使人感到不适或厌烦。因此，在人际沟通过程中，需要随时调整和控制沟通者之间的相互作用水平。调整和控制沟通者之间的相互作用水平的最有效途径，就是改变目光接触的次数和每次目光接触的持续时间。这种沟通调整和控制，不受情境限制。在拥挤的电梯或者火车上，人们很难保持距离，甚至无法避免与别人的身体接触，但你却可以调整和控制目光接触来控制与别人的相互作用水平。

微视频
夏洛特警探的分析

最后，目光接触可以传达肯定或否定、提醒、监督等信息。人们在用目光表示肯定或否定的同时，常会轻微点头或摇头。单纯的头部运动是很难具有明确意思的，点头或摇头动作只有在目光接触的辅助下才能表示沟通者对事情的肯定或否定。

微视频
演员的表情包

2. 表情

表情通常指面部表情。面部表情是另一个可以准确地进行信息沟通的非语言途径。人的面部有数十块肌肉，可以做出上百种不同的表情，准确地传达不同的内心情感状态。来自面部表情的信息，更容易为人们所觉察。由于表情肌的运动是主动的，人们可以随意控制，因而也会产生虚假表情。同目光一样，表情可以有效地表现肯定与否定、接纳与拒绝、积极与消极等各种维度的情感。由于表情可以随意控制，且表情的线索容易被觉察，所以它是十分有效的非语言沟通途径。人们可以通过表情来表达各种情感，也可以运用表情表达对别人的兴趣以及对一件事情的理解程度。

某日，李鸿章带了三个人去拜见曾国藩，请曾国藩给他们分配职务。恰巧曾国藩散步去了，李鸿章示意那三个人在厅外等着，自己走到里面。不久，曾国藩散步回来了，李鸿章禀明来意，请曾国藩考查那三个人。曾国藩摇手笑言："不必了。面向厅门、站在左边的那位是忠厚之人，办事小心谨慎，让人放心，可派他做后勤供应一类的工作；中间那位是一个阳奉阴违、两面三刀的人，不值得信任，只宜分派他一些无足轻重的工作，担不得大任；右边那位是一个将才，可独当一面，将大有作为，应予重用。"

李鸿章很是惊奇，问："还没有用他们，大人您如何看出来的呢？"

曾国藩笑着说："刚才散步回来，我在厅外见到这三个人，走过他们身边的时候，左边的那个态度温顺，目光低垂，拘谨有余，小心翼翼，可见是小心谨慎之人，因此适合做后勤供应类只需踏实肯干，无需多少开创精神的事情。中间那位，表面上恭恭敬敬，可等我走后，就左顾右盼、神色不端，可见是个阳奉阴违、机巧狡猾之辈，断不可重用。右边那位，始终挺拔而立，气宇轩昂，目光凛凛，不卑不亢，是一位大将之才，将来成就不在你我之下。"曾国藩所指的那位"大将之才"，便是日后立下赫赫战功并官至台湾巡抚的淮军勇将刘铭传。

3. 人际距离

人与人所保持的空间距离，直接反映着彼此接纳的程度。对这一现象的揭示，是心理学家在人体语言学研究上的一个重要贡献。心理学家发现，任何一个人都需要在自己的周围有一个可以把握的自我空间。虽然这个自我空间会随情境、单位空间内的人员密度、文化背景及个人性格等因素发生变化，但无论是谁，只要他处于清醒状态，都会有这种拥有自我空间的需要。无论他走到哪里，都会将这个自我空间带到那里。就像一个人身体周围有一个"气泡"，人的身体被包裹在"气泡"当中，这个"气泡"所覆盖的空间范围，就是一个人的自我空间。

一个人的自我空间只允许自己已经在心理上对其产生了安全感、在情感上已经将其接纳的人来分享。空间距离的接近与情感的接纳水平成正比例关系。情感的接纳水平越高，能够与别人分享的自我空间也越多，对空间距离接近的容忍性也越高。如果没有情感上的相应接纳，则闯入一个人的自我空间会被认为是严重侵犯，会使其感受到很大的压力并产生强烈的焦虑感。这种体验会迫使人们调整自己与别人的空间距离，直到重新有了完整的自我空间为止。

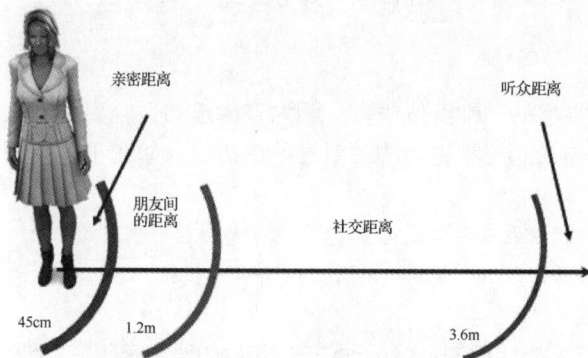

亲密距离　　　　　　听众距离
朋友间的距离　　　社交距离
45cm　　1.2m　　　　　3.6m

视野拓展

人类学家霍尔（Hall，1959）在其经典著作《无声的语言》中，将日常生活中人与人之间的空间距离分为四类，分别为：亲密距离为45cm以内，朋友间的距离为45～120cm，社交距离为1.2～3.6m，听众距离为3.6m以上。时间一长，每个人在某一情景下都会拥有自己固定的领域或空间。

心理学家松梅尔（Sommer，1969）与其同事进行过一项研究。该研究选择独自坐在公园长凳上的休闲者为研究对象。研究者让一个陌生人到离休闲者6英寸（约15厘米）的地方坐下，然后观察休闲者在陌生人坐下之后停留的时间长短。研究结果表明，与没有陌生人坐在邻近处相比，他人对个人自我空间的侵犯明显缩短了人们停留的时间。

以上研究表明，在单位空间内人员密度较低，可以选择自己的空间位置的情况下，人们倾向于拥有较大的自我空间，需要与人保持一定的距离，否则就会感到别人侵犯了自己的空间，心理上会产生强烈的不适感。人与人之间的空间位置关系，会直接影响人们之间的沟通过程。这一点不仅为大量生活中发生的事实所证明，严格的社会心理学实验也证明了这一点。心理学家的研究发现，根据沟通过程中所保持距离的不同，沟通会产生不同的气氛。在较近距离内进行沟通，容易产生融洽、合作的气氛；而当沟通的距离较大时，容易产生敌对、相互攻击的气氛。

有这样一个例子，某研究中心主办一个讨论会，与会者都是气质儒雅的知名知识分子。但很快，讨论会的内容不再是讨论，而变成了相互排斥，甚至相互攻击。后来研究人员发现：会场的布置使与会者不能近距离地探讨观点，与会者隔着好几米的距离遥遥相望，发言者必须把每一句话都大声说出来，重重地抛给对方。这样，人们明显会产生一定的敌对情绪，无意中形成了他的观点、我的观点、我们的观点等不同的意识，并提高嗓门强调、捍卫自己的观点，也以同样的方式将自己的观点远远地抛给对方。高嗓门的陈述听起来是对抗、是挑战，所以讨论的气氛很快变成了自我捍卫和竭力反驳。第二次的讨论会他们改成了比较紧凑的圆桌会议，使人们能近距离、诚恳、充分地沟通，讨论会的气氛完全变成了另外一种样子。

沟通中空间位置的不同，会直接导致沟通者具有不同的影响力。心理学家泰勒（Taylor，1975）等人发现，沟通情境中不同位置的作用是不一样的。有些位置对沟通的影响力较大，有些位置则影响力较小，而位居有利空间位置的人，对其他人会产生特殊的影响力。很多人都有体会，同样的发言，站到讲台上去讲和站在讲台下讲所起的作用是不同的。这是因为高高的讲台本身就具有某种权威性。在现实生活中，一个人在特定社会场合的空间位置直接与其社会身份和地位相联系。领导者、长辈、重要人物，会自然地被安排于社交场合的重要位置，而其他人在目光和姿势上，会将这一位置当成特定场合的注意中心；社交场合越正式，人的空间位置划分也就越严格。

视野拓展

据研究，在西方国家，感情较好的夫妇经常处在亲密距离之内进行交流；如果他们的婚姻出现问题，双方的沟通是在朋友间的距离内进行的；当他们协议离婚时，他们的沟通则是在社交距离内进行的。

4. 身体运动与身体接触

身体运动是最容易被觉察的一种身体语言，因为身体运动最容易引起人们的注意。身体运动语言与人们日常生活的关系是很密切的，如聋哑人借助手语实现与别人的沟通。

第二次世界大战期间，英国首相丘吉尔发明了"V"形手势，这个手势成了世界上广为运用的代表胜利的手势语。"V"是英文单词"Victory"（胜利）的首字母，竖起中指与食指并分开，就成了"V"字。

每个人都可以列出自己习惯使用的身体运动语言清单。心理学家研究发现，

微视频
出色的肢体表演

人们通常使用的身体运动语言及其意义如表 3.1 所示。

手势是谈话的工具，是身体语言的主要形式。在身体运动语言中，手势使用频率最高，形式变化最多，因而表现力和感染力也最强。根据表达的思想内容，手势可分为情意手势、指示手势、象形手势与象征手势等。这些手势运用恰当会产生极大反响。例如，领导在发表重要讲话时，常常配以适当的手势，以增加话语的感染力和号召力。

表 3.1　身体运动语言及其意义

身体运动语言	意义
摆手	制止或否定
手外推	拒绝
双手外摊	无可奈何
双臂外展	阻拦
挠头皮或脖子	困惑
搓手或拽衣领	紧张
拍脑袋	自责
耸肩	不以为然或无可奈何

触摸被认为是人际交往最有力的方式。在日常生活中，身体接触是表达某些强烈情感的最为有效的方式。人与人之间的相互理解、隔阂的消融、深厚的情谊等通常需要通过身体接触才能得到充分表达。心理学家发现，每个人都有被触摸的需要。人从出生开始，就具有与温暖、松软物体接触感到愉悦的本能。所以，儿童通常都喜欢拥抱和抚摸毛绒玩具。绝大多数成年人也对这样的经历有愉悦感。

微视频

篮球裁判手势

视野拓展

科学家帕斯曼（Passman，1975）等人的研究发现，人不仅对舒适的触摸感到愉快，而且会对触摸对象产生情感依恋。仔细观察孩子们就会发现，孩子与谁的身体接触最多，对谁的情感依恋就最强烈。这种现象不仅存在于孩子身上，同样存在于成年人身上。成年人之间的触摸或身体接触，同样可以带来独特的沟通效果。

例如，一个球员进球后，其他队员跑上去不顾一切地与他拥抱时所表达的激动、喜悦、感谢、赞美等，是任何其他沟通方式都无法相比的。再如，有经验的领导见到下属或年轻人时，经常会拍拍其肩膀，以表示鼓励和赞赏，这样会使其感到很亲切。

在人际沟通过程中，双方在身体上相互接受的程度，是情感上相互接纳水平的有力证明。对身体的接受，是人际交往中安全感得以建立的标志。人类学家发现，如果一种文化对人们在日常生活中的身体接触较为容忍，则成长于这种文化背景中的人在人际沟通中更容易建立对别人的信任，他们的性格通常较为开朗，与别人的相处较为坦率。相反，在高度忌讳身体接触的文化背景中成长的人，在人际沟通中较难建立对别人的信任，他们的性格通常较为内向，与别人相处起来比较困难，并难以与别人建立深厚的情感联系。

微视频

NBA 球员的庆祝动作

在身体运动与身体接触方面，心理学家研究得最多的是握手。握手是融身体接触与身体运动于一体的特殊沟通方式，也是使用得最多、适用范围（无论情境方面还是文化方面）最广的沟通方式。通常的握手方式，是右手往前偏下伸出，来迎接别人伸出的手，然后两手虎口相触，手掌紧贴，有力地握住别人的手，小幅度且利索地上下晃动几次。在一般的社交场合，这种方式的握手最为适合；如果是特别庄重的场合，如外交会见，则晃动的次数可以更多一些。

视野拓展

心理学家经过研究总结出社交场合握手的一般规则，以便使人们能够通过握手，成功地给别人留下良好印象。这些规则主要有以下几点。

（1）握手者必须从内心真诚接纳对方。

（2）握手应热情、有力，避免"钓鱼式""死鱼式""抓指尖式"握手。

（3）作为主人、上级或女性，在需要握手的场合应主动伸手与对方握手。

（4）不要戴手套与人握手。

（5）男性一般不主动伸手与女性握手。

（6）握手时应保持适当的目光接触。

（7）下级一般不主动伸手与上级握手。

视野拓展
站姿透露的情绪
与想法

5. 姿势

在日常生活中，人们经常使用身体姿势进行沟通。在需要表示对别人尊敬的情境中，如与上级谈话时，坐姿要规范：腰板挺直，身体稍稍前倾；有些人则干脆正襟危坐。如果对别人的谈话不耐烦，则身体就会后仰，全身肌肉的紧张程度会明显降低。无论什么人在讲话，只要看一眼听者的姿势，就会明白他的讲话是否吸引听众。

心理学家萨宾（Sarbin，1954）的研究表明，姿势在沟通方面有着广泛的适用范围，有些姿势是世界性的沟通语言。也正因为不同文化中存在着众多的共通沟通方式，跨文化的人际沟通才成为可能。西方的电影中用身体姿势表示欣赏、理解、困惑、接纳、拒绝、傲视、防卫、敌对等不同情绪，我们在看这些电影时也能完全理解其含义。同样，我国的绘画艺术、电影和电视作品中的各种姿势，也可以被来自其他文化背景的人理解。

微视频
有趣的电视节
目：你做我猜

需要说明的是，在人际交往的过程中运用身体姿势表达信息，往往是一个无意识的过程，而不是有意为之。即使是很有经验的人，全力投入交往的时候，其身体姿势往往也会不由自主地表露其内心的真实状态。

拓展游戏

快乐传真

5位同学为一组，站成一排，所有人都背对组织者。组织者首先让第一位同学转过身来，然后给他一个词或句子，由他表演给下一位同学看。以此类推，看看最后一位同学与第一位同学所表达的意思有怎样的区别。

6. 装饰

装饰所起的沟通作用是自然发生的。人们的装饰，从发型、服饰、妆容到所携带的物品，都在透露与其相关的信息。

对于许多特殊的情境，人们会注重选择服装来实现沟通的目的。一个人参加重要的社交聚会、外出演讲、洽谈生意、求职应聘时，会注意选择自己的服装，以便使其起到展示自己形象的作用。俗话说，"人靠衣装马靠鞍"，服装在人们日常生活中的重要性可想而知。

心理学家研究发现，服装不仅在人际沟通方面有展示自我的作用，而且在个人内部沟通方面也有改变个人自我概念的功能。不同的服装会向个体自身发出不同的信息，改变个体的自我感觉。心理学家曾经做过实验，考察同一群人穿着不同服装时的自我感觉。结果发现，如果人们的穿着较为高级，则人们的自尊感会得到提升，更相信自己的能力，相信自己能够给别人留下良好印象。如果穿着较为普通或"寒酸"，而其他人穿戴得很高级，则其自尊感会明显下降，此时他们会怀疑自己的能力，怀疑别人对自己的判断。

服装的色彩也会说话

两名康奈尔大学心理学家的研究显示，身着黑色球衣会使足球运动员或曲棍球运动员在赛场上的表现看上去更为野蛮。

1970—1986年，美国足球联盟的28支球队所受处罚的记录表明，12个受处罚最多的球队中，有5个队的球衣以黑色为主色调。同样，这17年间美国曲棍球联盟3个受罚最多的球队队员也身着黑色球衣。

上面的发现促使心理学家对黑色衣着进行了一系列实验。他们将两盘足球比赛的录像带放给由球迷和裁判员组成的小组观看。一盘录像带中，防守者身穿黑色球衣；另一盘中，防守者穿白色球衣。观众认为虽然动作相同，但身穿黑色球衣的防守者比身穿白色球衣的更具"攻击性"。心理学家推测：黑色着装的人往往给人以更具攻击性或更野蛮的感觉，而黑色着装的人也往往会变得更具攻击性。

7. 语调

人讲话的声音就像乐器弹奏出的音乐，语调就像音乐的声调。听客户的语调，商务人员就可以知道其心情以及他要表达的内容；反之亦然，客户也可以通过商务人员的语调来判断其服务是否用心。像音乐家练习曲子一样，商务工作者需要注意自己的语气和语调，如果运用不恰当，有时会令客户不满意。

句子中某个词或某组词的重音不同表示的含义就不同，如下所示。

"我知道你会跳舞。"（"我"重读表示别人不知道你会跳舞）

"我知道你会跳舞。"（"知道"重读，表示不要瞒我了）

"我知道你会跳舞。"（"你"重读，表示别人会不会我不知道）

"我知道你会跳舞。"（"会"重读，表示你怎么说你不会呢）

"我知道你会跳舞。"（"跳舞"重读，表示你会不会唱歌我不知道）

语调由语速、音强、音量、态度和音调等因素组成，平时针对这些因素多加练习才能形成好的习惯。

意大利著名悲剧演员罗西有一次应邀参加一个欢迎外宾的宴会。席间，许多客人请求他表演一段悲剧，于是他用意大利语念了一段"台词"。尽管客人听不懂他的"台词"内容，然而他那动情的声调和凄凉悲怆的表情，使大家不由得流下同情的泪水。席间一位意大利人却忍俊不禁，跑出会场大笑不止。原来，这位悲剧演员念的根本不是什么台词，而是宴席上的菜单。

案例阅读与思考

不修边幅的小李

小李在业务人员中学历最高，人也勤快，领导对他抱有很大期望。可是小李做销售代表半年多了，业绩却总上不去。问题出在哪儿呢？经过观察，领导发现小李是一个不修边幅的人：双手的小指和食指喜欢留长指甲，里面经常藏着很多"东西"；白衣领经常是酱黑色的；有时候手上还写着电话号码；喜欢吃大饼卷葱，吃完后也不去除嘴里的异味。还有客户反映小李喜欢抢话，经常没听懂或没听完客户的意见就急着发表看法；小李有时说话急促，风风火火的，好像每天都忙忙碌碌，少有停下来的时候。

思考与讨论：

（1）从非语言沟通的角度分析小李在给人们散发什么样的信息。（2）从非语言沟通的角度思考小李该如何改进。

第三节　非语言沟通的运用

一、非语言沟通的特点

非语言沟通主要具有以下一些特点。

（1）非语言沟通产生于特定背景之下。如同背景对于理解语言信息的重要性，背景对于我们理解非语言沟通也同样重要。双臂交叉以及向后靠的坐姿在某个场合可能意味着没有兴趣，但在另一个场合可能意味着沉思。亨特学院（Hunter College）的约瑟夫·德维托（Joseph DeVito）教授说过：“事实上，离开背景，就不可能解读特定的非语言行为。”因此，为了能够理解和分析非语言沟通，有必要对背景进行充分认知。

（2）非语言行为往往扎堆出现。根据大多数研究人员的观点，非语言行为往往扎堆出现，各种语言信息与非语言信息或多或少会同时存在。身体姿势、目光接触、手臂和脚的移动、面部表情、语速和措辞、肌肉的变化以及非语言沟通的其他要素会同时存在。

（3）非语言行为总是在发生。科学研究揭示，人们每天使用语言进行沟通的时间远远少于使用非语言行为进行沟通的时间。日常生活中，语言的沟通是间断的，非语言沟通则是一个不停息、无间断的过程。只要人们彼此在对方的感觉范围内，就始终存在非语言沟通。人们更常运用非语言行为而不是口头语言保持沟通。这一基本事实又从另一个侧面证明了，日常生活中人们通过非语言行为实现的信息交流要多于口头语言的交流。

所有行为都会沟通，即使我们并没有与其他人讲话或倾听他人讲话时，也是如此。甚至你最不重要的行为，如你的姿势、你的口型，或者你卷起（或者没有卷起）衬衫的方式都会向你周围的人传递有关你是否专业的信息。其他人可能不会以同样的方式或你可能希望的方式解读那些行为，但是无论你喜欢与否，你一直在沟通，即使你坐在一旁无所事事；事实上，无所事事恰恰传递了你对某事的态度。

（4）非语言行为受到规则的制约。语言学领域致力于研究和解释语言的规则。正如口头语和书面语遵循具体的规则一样，非语言沟通也是如此。一些非语言行为，如传达失望、喜悦、赞同、震惊或悲伤的面部表情是很普遍的。也就是说，无论你在哪里出生、成长、接受教育，基本上，全人类的面部表情的意义大同小异。然而，我们大多数的非语言行为都是习得的。一个手势可能在我们的文化中代表一种意思，而在别人的文化中却可能代表另一种意思。例如，将大拇指和食指围成一个圈（OK 手势），在美国，这是一个非常积极的手势，而在巴西这个手势却代表着猥亵，在日本，它有时表示钱，在比利时，这个手势仅仅表示零，在突尼斯一定要慎重使用这个手势，因为它在突尼斯代表“我要杀了你”。

（5）非语言行为是高度可信的。研究人员发现：我们容易相信非语言行为，即使它们与语言信息相矛盾。当一个雇员在回答其主管的问题时，眼神游离或眼睛盯着地板，我们就会怀疑该雇员在撒谎。尽管我们试图伪装，但事实上有很多非语言行为我们是无法伪装的。我们可能会写出或说出具有说服力的假话，但很难用非语言行为去表现这类假话。

（6）非语言行为属于元信息沟通。元信息沟通就是指有关沟通的沟通。当我们沟通时，所表现出的行为就是我们所要沟通的内容本身，而非语言沟通则表现为沟通的过程。例如，你的面部表情会揭示你对刚才的用餐是否满意；你的握手方式、声调及目光接触会告诉别人你对刚才被介绍给你的那个人的看法。

二、运用非语言沟通的原则

非语言沟通在人际交往中具有重要的作用，因此，我们在运用非语言沟通时要遵循一些基本的原则。

（1）适应性原则。不同年龄、身份、地位、性别的人在不同场合的表现是不同的，所使用的非语言沟通方式必须与整个沟通气氛相一致。例如，政治领导人和商界领袖在会谈过程中都会尽量保持平稳的语气和语调，不会做出比较夸张的表情和动作，否则就会与其身份极不协调。反之，两个多年不见的老朋友见面后热情地拥抱甚至激动地尖叫，却能恰如其分地表达喜悦之情。

（2）自然原则。使用非语言沟通方式，贵在自然。各种非语言沟通方式的含义不是严格划分的，自然的流露更容易为人们所接受。例如，历经磨难之后的欣喜，用热泪盈眶来表达是非常具有感染力的，此时如果只用大声的笑来表达，反倒给人不自然的感觉。

（3）针对性原则。没有任何一种语言沟通方式能适合所有的沟通对象。在进行非语言沟通的过程中，要充分考虑对方的习惯：有的人喜欢身体接触，有的人喜欢眼神交流，有的人喜欢语言沟通。

（4）谨慎原则。很多非语言沟通方式的含义不明确，一般情况下，我们可以借助其他线索来判断其准确含义。但是，在有些情况下，因缺乏必要的线索，收到非语言信息的人会感到丈二和尚——摸不着头脑，不但不能达到沟通目的，反而会引起误解。因此，在不能确保对方能够准确解读的情况下，要慎用非语言沟通方式。

有些非语言沟通方式表达的是比较强烈的情感信息，难以被对方接受。因此，有时出于礼貌，要克制非语言沟通信息的表达。

三、解读非语言沟通信息的注意事项

解读非语言沟通信息，需要注意以下几点。

（1）非语言暗示通常是难以解读的。20 世纪 70 年代，许多畅销书把公众的目光引向了非语言沟通。曾有一名记者出版了《肢体语言》一书，描述了一些研究者所做的非语言方面的研究。紧接着其他一些有关该领域研究的简化版和普及版书籍纷纷问世。然而，为了吸引读者，其中许多书将某些研究发现背后的行为科学过于简单化了。根据马克•纳普教授的观点，"尽管这类图书唤起了公众对于非语言沟通的兴趣，但给读者留下这样的印象：在任何人际交往中解读非语言暗示都是成功的关键，其中一些书甚至认为单个的暗示代表了单独的意义。重要的是我们不仅要关注非语言行为集群，而且必须认识到非语言含义如同语言含义一样，很少局限于单个外延含义"。

（2）非语言暗示通常应结合情境解读。一个事物在不同的情境、文化或场合中，其含义会截然不同。纳普教授接着说道："一些普及版的图书并没有告知我们，要理解某个特定行为的含义，我们通常需要了解行为发生的背景。比如，注视某人的双眼可能在一种情形下表示关爱，而在另一种情形下却意味着挑衅。"解读情境的重要性，正如我们解读语言的重要性一样，是尤其关键的。毕竟，所有沟通的含义是由情境决定的。

（3）非语言行为通常是相矛盾的。我们的姿势和声调也许在表达某种意思，但我们的眼神却可能在表达另外一种意思。尽管我们试图站直并摆出支配性和自信的架势，但双手急促不安地摆弄着笔可能表示出完全不同的意思。非语言行为的确会扎堆地出现，因此，当我们开始全面地审视面前的人时，必须经常性地考察其多种行为。问题是：非语言行为集群或组合不是始终保持一致性或互补性的，我们该相信哪一种呢？

（4）一些非语言暗示比其他暗示更重要。当我们对多种行为集群——语速、语调、音量、体态、姿势、瞳孔变化、手臂和双手动作进行考察时，对于认真的观察者来说，显然一些暗示比其他的暗示更为重要。某个特定暗示的相对重要性在很大程度上取决于说话者的习惯及其寻常的行为。换言之，我正观察到的行为对这个人来说是寻常的还是不寻常的？如果是不寻常的，那么它们是否与信息中的语言部分相矛盾？有必要认识到我们身体的一些部位相比其他部位更容易受控制：如果他下决心努力这么做的话，即使一个紧张的人也能平静地就座。然而我们当中几乎没有人能够控制自己的瞳孔是否放大；许多人能够控制面部表情，但几乎没有人能够控制何时会流泪或何时嗓音会随着感情变化而哽咽。

（5）我们通常会曲解一些并不存在的暗示，并且无法解读一些清晰存在的暗示。我们通常会寻找那些对我们个人而言似乎是最重要的暗示：在我们说话时对方会不会直接看着我们的眼睛，或者他们的腿朝着哪个方向交叉。实际上，这种暗示可能毫无意义。如果缺乏足够的信息来作出判断，那么我们就可能会曲解非语言暗示。当领导被发现在重大会议中打盹儿，会议主办方可能认为他们对会议漠不关心；事实上，也许他们正在倒时差。

（6）我们并不如自己所认为的那样擅长解读非语言暗示。小心谨慎是进行非语言沟通时应有的态度。即使我们从人际交往中学到的大部分实质性内容都来自非语言暗示，我们还是不如自己希望的那样擅长于此，误解某人是常有的事。同样，我们也经常会武断地下结论。甚至有人幽默地说："商业交易的风险非常高，几乎与解读非语言暗示时出错的概率一样高。"因此，商务工作者应切记：尽可能不要急于下结论，先尽可能多地收集语言和非语言信息，然后再尽可能对自己认为所了解的事情不断地进行确认。

拓展游戏

1. 教师对几个学生进行性格分析，然后让他们自己以及其他同学判断教师的分析是否正确。

2. 学生回答问题：如果可自由选择座位，你会选择教室中间、前面、后面的哪个位置？为什么？

思考与讨论：

（1）非语言信息可靠吗？（2）以后你会如何进行非语言沟通？

知识巩固与技能训练

一、思考与讨论

1. 通过现实生活中的例子说明非语言沟通的重要性。

2. 分别找出一个沟通失败和一个沟通成功的例子，分析其中非语言沟通方面的内容，说明参与者成功和失败的原因。

3. 结合实际的例子，说明如何在商务交往的过程中运用商务礼仪来促进双方之间的交流。

4. 非语言沟通的作用是什么？

5. 非语言沟通的原则有哪些？

6. 你觉得非语言沟通容易解读吗？为什么？

7. 如果你是下列情况的当事人，你该怎么办？

（1）不管是在现实生活中还是在网络上都有关于以貌取人的例子，假如你身边有人称自己是上市公司经理或留美归国博士，你会如何辨别真伪？你会怎样与他们交流？

（2）在面试的过程中，你怎么说明你已经做好了参加工作的准备，怎么能让面试官对你产生良好的第一印象？

（3）当你和一个美国人交流的时候，在非语言沟通方面，你将提醒自己注意哪些问题？

8．在沟通过程中，如果对方通过语言沟通所传递的信息与通过非语言沟通所传递的信息矛盾，你会相信哪种信息？为什么？

9．试分析自己以前在非语言沟通中存在哪些问题，现在准备如何改善。

二、活动与演练

活动主题：运用非语言沟通介绍自己。

活动步骤：两个人为一组，一方先通过非语言的方式介绍自己，3分钟后双方互换。在向对方进行自我介绍时，双方都不准说话，整个介绍必须用动作完成，可以采取图片、标识、手势、目光、表情等非语言手段进行沟通。

观察者讲解对方刚才通过肢体语言所表达的意思。

介绍者讲解自己所表达的意思。大家把两个人表达的意思进行对照。

相关讨论：

（1）你用肢体语言介绍自己时表达是否准确？

（2）你读懂了多少对方用肢体语言表达的内容？

（3）对方给了你哪些很好的线索使你了解他？

（4）我们在运用非语言沟通方式时存在哪些障碍？

（5）我们怎样才能消除这些障碍？

三、案例分析

老李为何生气

小王是新上任的经理助理，平时工作积极主动，且效率高，很受上司器重。一天早上，小王刚上班，电话铃就响了，为了抓紧时间，她一边接听电话一边整理有关文件。这时，有一个姓李的老员工来找小王。他看见小王正忙着，就站在桌前等候。只见小王一个电话接一个电话。最后，他终于可以和小王说话了。小王头也不抬地问他有什么事，并且一脸严肃。当他正要回答时，小王好像又想起了什么事，对同屋的小张交代了几句话，这时老李已经忍无可忍，发怒道："难道你们就是这么当领导的吗？"说完，愤然离去。

问题与分析：

（1）老李为什么会生气？（2）假如你是小王，为了成功地进行本次沟通，在非语言沟通方面你会怎么做？

第 四 章
Chapter 4

书面沟通

📖 学习目标

　　了解书面沟通的特点；掌握书面沟通的原则；认识书面沟通的步骤；了解提升书面沟通能力的方法。

导入案例

　　总经理给新来的曹助理布置了一个任务，让她向各个部门下发岗位职责空白表格，要求各个部门填好后在当天下午两点之前上交总经办。她说"明白"，就去执行任务了。

　　到了下午规定的时间，技术部没有按时上交表格。总经理问曹助理："你怎么向技术部传达的？"曹助理说："完全按正确的意思传达的。"总经理又问为什么技术部没上交。曹助理说技术部就是没上交，不清楚为什么。

　　总经理把曹助理和技术部负责人召集到总经办会议室，问这个事情。技术部负责人说，当时的确没有听到曹助理传达关于上交时间的要求。曹助理说自己确实说过了。技术部负责人说确实没有听到。

　　思考与讨论：

　　办公人员在传达文件的时候出现上述情况，既耽误工作，又难以分清责任，反映了管理方式的不足。有什么办法可以避免此类事情的发生呢？

第一节　书面沟通的特点和原则

一、书面沟通概述

　　书面沟通是指以书面或电子媒介为载体，通过文字、图表进行信息传递的过程。美国管理学家克莱姆和史尼德指出，商务管理者会把22%的时间花在"写"上。无论是企业内部部门之间，还是企业和供应商、客户等外部部门之间，在互相沟通时都应当有沟通函件。但是，在工作实践中，一些人习惯性认为打电话交谈就足够了，或过分相信口头沟通的功能，结果往往造成损失。有效的书面沟通有助于顺利地开展工作，从而有利于与客户建立良好的关系。业务联系函件，如通知、报告、合同、方案等的撰写都需要一定的书面沟通技巧，要遵循一定的原则。

二、书面沟通的特点

与口头沟通相比，书面沟通成本高、效率低，所以很多企业，尤其是规模小的企业会选择电话沟通。但如果出现关于订货型号、送货期限等不清楚的问题，书面函件是分辨是非最好的依据。书面沟通具有内容清晰可查的优势。书面沟通与口头沟通的比较如表 4.1 所示。

表 4.1　书面沟通与口头沟通的比较

	优点	缺点
书面沟通	适合传达文件、意见 便于保存以备日后查阅 可以细致地考虑，采用更为精确的词句 准确性高 更正式，具有权威性 保证不在现场的相关人员也能获得相同信息	成本高 反馈速度慢 耗时 形式单一，缺少非语言形式的补充作用
口头沟通	适合表达感情、感觉 成本低 可以及时更正、调整 个性化更强 反馈速度快	不便于保存 说话者缺少思考选择合适词语的时间 准确性低

某日，某公司外派维修的售后服务工程师陈某打电话要求公司售后服务部门为其在安徽芜湖的维修现场发送一个配件。按公司规定，陈某应当先传真具体型号然后公司售后服务部门再发货，以保证准确性。但陈某说自己已经干了 3 年多了，对配件型号很熟悉，声称要节省传真费用，且客户很急，要求他打电话口头报告型号。公司售后服务部门的相关人员相信了陈某，按陈某说的型号发去了配件，结果货到现场后，陈某说型号错误，要求重发，造成了一系列不好的影响。

视野拓展

"邮件门"

事后，领导处理此事时，陈某一口咬定自己第一次要求的就是第二次发货的型号；而公司售后服务部门相关人员则坚持说陈某第一次要求的就是错误的型号。但是没有书面函件，该相信谁？最后因为双方都是在明知公司规定的情况下口头沟通此事，违反了公司书面沟通的程序，造成了损失，都有责任，双方分别受到了处罚。

此案例中，对相关人员的处罚不是目的，目的是确保公司的规定能执行到位。工作中的关键事情要进行书面沟通，并监督执行人员执行到位。

拓展游戏

游戏规则：

两人一组。一个人连续说 3 分钟，另外一个人只许听，不许做笔记，不许发声，不许插话，可以有身体语言。之后换过来，让第二个人说完。结束以后，每人轮流先谈一谈听到对方说了些什么。然后各自都说一说对方描述的是不是自己想表达的。

商务书面沟通和文学作品如小说、散文等有着非常大的区别，它的非情感特征比较突出。即使商务书面沟通有时要表达情感，通常也会比较节制，不会无节制、无控制地表达出与目的无关的情感，那样很容易使员工分散精力，从而达不到提高工作效率的效果。另外，表达情感时要注意文种，比如会议纪要、通知、备忘录等纯粹事务性公文就不适合表达情感。

公司员工小张早上刚穿上鞋准备去上班，突然听到"咚！咚！咚！"的敲门声。小张打开门，邮递员递给他一张贺卡，小张翻开一看，上面写着："小张，非常感谢你这一年来为公司付出的一切……今天是你的生日，愿这张小卡片能带给你快乐。祝你生日快乐！"署名竟然是公司领导！小张都忘记今天是自己的生日了，想到领导那么忙还记得给自己寄贺卡，小张很感动。

这一张小小的贺卡，满足了员工情感上的需要。由此可见，在商务沟通过程中，可以采用书面沟通来表达较为含蓄的情感。用恰当的书面语言与对方进行沟通，如领导使用贺卡，可以辅助性地构建员工对公司的归属感。

三、书面沟通的原则

（一）基本原则

进行书面沟通时需要遵循一些基本原则，这些原则可以概括为 4C，即正确（Correct）、清晰（Clear）、完整（Complete）、简洁（Concise）。

1. 正确

"正确"是写作的首要原则。也就是说，书面沟通的材料要真实可靠，观点要正确无误，语言要恰如其分。要正确地传递信息，作者在写作前要下一番功夫，明确写作的意图，从而实现有效沟通。

书面沟通函件的正确性主要取决于表述的准确性。

写作"不正确"，是书面沟通过程中经常出现的问题。"不正确"具体表现在观点不正确、逻辑混乱或没能用适当的语言文字来表达，有时候甚至连作者自己也不知道要表达什么。

案例阅读与思考

李教授的学生为何找不到酒店

李教授去湖南郴州上课，接待方将他安排在市第一人民医院南院对面的汇圆湖酒店。

李教授的一个学生想来看望他，打电话问他住在哪里。李教授从窗口看到对面是第一人民医院住院楼，就说住在第一人民医院对面。学生再问是什么酒店，李教授将酒店住宿须知中的名称告诉他。他说听不清楚，请李教授给他发信息；李教授发送了信息。不久学生说不小心删除了信息，请李教授再发一次酒店名。这时李教授没在酒店，就凭记忆发短信给他：第一人民医院对面的汇圆酒店。发这条信息时李教授犯了两个错误：一是从酒店窗户看到的住院楼是一个扇形，李教授只看到了"第一人民医院"几个字，而没能看到"南院"二字，应该是第一人民医院南院；二是发信息时酒店名少了一个"湖"字。李教授很快发现了第二个错误，想打电话给学生说明是第一人民医院对面的汇圆湖酒店。不巧的是，李教授的手机没电了，一时无法与学生联系。结果学生到第一人民医院对面找汇圆酒店，没有人知道，最后还是在出租车司机的帮助下找到了第一人民医院南院对面的汇圆湖酒店。

思考与讨论：
李教授与学生本来可以如何避免这次沟通中出现的失误？

2. 清晰

"清晰"是对函件在内容和形式上的要求。函件写得清晰易懂，思想表达得明白突出，读者就能理解作者的意思。要确保函件满足"清晰"原则，还必须选择贴切的词汇和适当的句型。表述清晰能引起读者的兴趣，更能使读者正确领会函件的内容。

例如，"松下公司这个新产品 14 毫米的厚度给人的视觉感受，并不像索尼公司的产品那样，有一种比实际厚度稍薄的错觉。"这句话中的"那样"指代不清晰。是说松下公司的产品"有一种比实际厚度稍薄的错觉"，还是说索尼公司的产品"有一种比实际厚度稍薄的错觉"呢？

除了在语言表达上力求清晰外，还应注意函件的整体布局的清晰，包括标题、字体和页边距等。尤其要注意文字间距，若是文字间距过窄会影响阅读效果。如果是手写，则字迹不能潦草。文字书写是否清晰，不仅影响文章的正确性，还会影响读者对文字内涵的把握。

3. 完整

"完整"是书面沟通的一个重要原则。书面沟通的一大优势就是使人们有充分的时间思考问题，完整地表达观点。人们通过电话交谈或当面交谈时，常常会遗漏事项，这是由口头沟通的特点决定的。在进行书面沟通时，为了完整地表述，应该反复检查、思考，不断增补重要的事项。

4. 简洁

"简洁"似乎与"完整"相矛盾，但其实只要把握好"度"，它们就不存在的矛盾。"完整"是沟通表达的重要方面，并不意味着把所有的事实、观点罗列在纸上。可以通过排序把不太重要的事项删除，对琐碎的、没有太大价值的文字进行删减，使函件言简意赅。

（二）其他原则

有专家从其他角度总结出商务写作应该遵循以下两个重要的原则。

1. 创新

有人认为商务文书应该是十分正式的，结构严格符合规范要求，内容符合逻辑要求，结果使商务文书变得教条刻板、冗长乏味。现在，人们越来越强调对于商务文书写作的"创新"要求了。芭芭拉·格兰兹认为，"创新"原则从字面上看似乎与商务文书的写作矛盾。通常"创新"是指无限制、新鲜和非常规的，而"商务文书写作"则意味着规范性的表述，所以"创新性商务写作"的说法表面上看起来似乎自相矛盾，但实际上，"创新性商务写作"既要求掌管逻辑思维的左脑提供事实、细节和分析判断，又要求具有创造力的右脑针对某种情境提供创新性的、全面的和新颖的见解。

商务沟通者应注意依据公司情况及时进行更新需要沟通的信息，促进对方更好地理解你所传达的信息。

2. 以读者为中心

要想让书面沟通函件真正地被读者接受，我们需要考虑下面几个问题。

第一，读者期待的是什么？

第二，这份书面函件能给读者带来什么？

第三，如何让读者心甘情愿地做出我方期待的让步？

第四，如何把双方的利益有效地结合起来，做到双赢？

分别对比以下几组句子，挑出更易被接受的表达方式。

（1）A. 明天下午我们会把你们 3 月 2 日预订的羽绒服 200 件装箱发运。

B. 你们订购的 200 件羽绒服将于明天下午装箱发运，预计在 3 月 12 日抵达贵公司。

（2）A. 你的报价单……

B. 您的第 ZS 628 号报价单……

（3）A. 我们很荣幸授予你 3000 元最高信用额度。

B. 您的交通银行信用卡有 3000 元的最高信用额度。

（4）A. 很遗憾，你没能通过本公司的入职考试。

B. 您没能通过本公司的入职考试，感谢您对本公司的关注与支持。

从"以读者为中心"原则来考虑上面几组句子，我们不难发现，B 组的句子更易被对方接受。在进行书面沟通时，"以读者为中心"原则要求我们注意以下几点。

（1）褒奖时多用"您"，贬抑时则尽量少用"你"，这样能够维护读者的自尊，为自己树立良好的形象，从而为双方进一步的交往打下基础。

（2）尽量直接进入主题，直截了当地提出问题，避免不相关的话语。

（3）为读者提供具体的信息，以便读者能够尽快知道是哪份订单、哪批货物等。

第二节　书面沟通的步骤和提升书面表达能力的方法

一、书面沟通的步骤

各类商务文书的体例、功能各不相同，因此并没有严格的写作程序。作为商务沟通工具，一般商务文书的创作过程都应包括收集资料、组织观点、草拟初稿、修改成文四个步骤。

（一）收集资料

书面沟通过程的第一步就是收集资料。

资料的作用具体表现为以下三点：①资料是形成观点的基础；②资料是形成主体的支撑；③资料是安排结构的依据。

沟通者可以利用多种方法收集资料，如翻阅以前的文档、财务报告；电话采访，拜访；在互联网上、计算机硬盘中或内部数据库中搜索。这些方法可综合运用，以尽可能全面地收集资料，为沟通做好准备。

（二）组织观点

进行书面沟通时最重要，也最困难的任务就是组织观点。如果能在起草文稿之前将观点组织好，写作效率会得到很大程度的提高。

收集了相关资料，也对目标读者情况有了非常详细的了解后，就可以将相同或类似的信息组织在一起形成不同的版块；再运用合适的方法，将版块之间的关系呈现在纸面上，从而有助于组织思路。下面简要介绍两种罗列资料关系的方法。

1. 传统线性提纲法

传统线性提纲法，是用罗马数字或字母为资料建立一定的先后关系，一级一级地将主要观点串起来的方法。

传统线性提纲法常给人一目了然的感觉。例如，某杂志社主编对杂志社最近几个月的经营情况做了详细的调查研究后，决定对编辑提出提高文章质量的要求。该主编在起草书面材料前采用了传统线性提纲法。

（1）提高文章质量的原因：有些文章已经明显呈现出质量不高、没有实质性内容的现象；通过对读者进行问卷调查得知，已经有大量读者对杂志的文章质量感到不满意；最近新出现同类杂志社数家，对本杂志社造成了不小的冲击。

（2）列举提高文章质量的措施：开展承包制度，每位编辑要对确定的某个版块负责，根据调查问卷的结果来决定每位编辑的工资级别；每篇文章要经过三个副主编全部审核通过，才能刊登。

（3）征求建议：……

这位主编在理清了思路后，很容易地就写出了书面材料。显然，这种方法是很有效的。

2．环形关系法

环形关系法不用按照严格的等级规则来整理思路，一般是想到某两个方面有什么关系就将这两个方面用线连接起来，当把所有的关系都建立起来后就能比较清晰地组织好文章思路。环形关系法如图 4.1 所示。

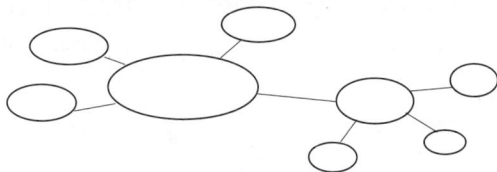

（三）草拟初稿

做好调查，理清思路后就可以着手草拟初稿了。

图 4.1　环形关系法

1．选择恰当的结构

（1）时间顺序结构。如果校学生会主席要你为下个月为期三天的招新宣讲活动列出具体安排，你会选择什么样的组织结构呢？要解决这样的问题，人们倾向于选择时间顺序结构：从当天的时间安排上入手，进行适当的描述。选用时间顺序结构的好处是，能够突出事件的发展脉络，清晰、连贯。

（2）分类别结构。使用分类别的方法，能使要说明的内容更加清楚，避免重复、交叉的现象。例如，图书管理员为图书馆列出资料查询单时，就可采用分类别的方法。此外，建议书、电子邮件和通知书等，也多使用这种结构。

2．提高写作技巧

书面沟通比起口头沟通，可以保留更多的信息，使双方的交流不受空间的限制，也增加了准确性。要想使书面沟通函件更加有条理，就需要使用一些书面函件沟通的写作技巧。

（1）把所有的观点都罗列在纸上。在起笔时，可能会有很多想法，一时间不知道该从哪里写起。先写自己的感受，还是先分析目前的状况？好像应该先提一提上次的通信吧？类似这样的问题会充斥于脑海中。这个时候不妨把想到的观点、案例、建议等一一罗列在纸上，然后，对所有的观点进行筛选，最后做出取舍。这样做能够使思路更加缜密。

（2）使用恰当的称呼。如果不正确使用称呼就会使我们有失礼貌，对交往产生不利的影响。书面沟通中的称呼，反映了双方关系发展所达到的程度。在正文中引用人名时，一定要谨慎。如果关系不是特别亲近，在完成写作后，要多读几遍，体会称呼是否合适。如果不清楚对方的名字，称呼"先生""女士"即可。

视野拓展
书面沟通之销售信的书写

（3）尽量描述共同点，以寻求切入点。你曾同你的目标读者一同滑过雪吗？你希望你的目标读者继续下订单吗？在函件中适当提及曾经共度的快乐时光，会让对方感到惬意，感到跟你合作是轻松、自然的。他们感到这样的沟通比较舒适的时候，就是他们答应你要求的时候。这都要归功于你在书面沟通中使用了小技巧，使得你的文字更具感染力。所以，在开始构思时，回想你们共同的美好经历有助于你的书面沟通。

（4）综合使用各种方法来安排文章结构。有些人可能不喜欢选择某种固定的方式来把文章串起来，那么可以考虑使用自己擅长的书面表达方式。如果擅长制作 PPT，那就把主要观点用 PPT 展现出来，然后再配以说明。如果你是在组织一个社交活动，那么你送给朋友、亲属的请柬就不必采用分门别类等太呆板的形式，你可以加入你们之间的昵称、私下对彼此的称呼等。为了使文字变得有生气，不必拘泥于一种形式。

视野拓展
五本书提升你的职场书面沟通能力

（5）行文一气呵成，不要边写边改。有人写文章时，为了选择词语、句式等写写停停，这种局限于细节性问题、中断创作思路的写作方式不利于思路的连贯性。文章的创作是一个连续的过程，保证拥有连续的思路是至关重要的。

（6）跟着感觉写初稿，不要拘泥于写作的先后顺序，这样不容易漏掉要点。在刚开始写时，往往摸不着头绪，这时不妨把题目、要点先写下来。总而言之，要从自己最有把握的部分着手。

在写作过程中，可能会联想起适合其他某部分的写作方式，这时可以直接跳到那个部分把想法写下来，这样有助于文章的完整性。如果在某处写不下去了，也不用一直停在那里，尽管跳过去，进行其他部分的写作。不要强迫自己一定要完成某段内容，否则很容易耽误整篇文章的进度，甚至会影响写文章的心情。在思路停顿的时候，可以考虑看看相关的图表，图表对重新整理思路会有帮助。也可以采用这样的方法：当实在感觉自己文思枯竭时，不妨试着去和别人交流、给自己放个小假、来回走动等放松一下紧绷的思维，适当的休息对再次回到工作思路中会有很大的帮助。

（7）使用恰当的措辞。哪怕是极其微妙的措辞，读者都能感受到是否被尊重。所以，要想使书面沟通真正起作用，就要考虑读者的身份、文化背景等因素，用恰当的措辞来行文。比较下面两封函件的主体部分，哪种措辞更容易被对方接受呢？

信函 1

张力：

我写这封信是为了昨天开会的事。我对这次和××公司进行业务谈判的进程不了解，我根本不清楚你们的整个安排，但在会议上你却一直要我对整个进程提意见。我也是这个谈判组的成员，希望你以后能够事先把工作安排告诉我，而不是像昨天那样，到会上再问我的意见。甚至我是通过对方公司才了解到你的一些工作进展的。

孙军

大家读完这封信后是什么感觉？是不是觉得语气过于激烈？如果你是张力，你会有何反应呢？这样的语气可能会影响双方的关系，甚至会给今后的工作产生一定的障碍。我们来看看下面的语气。

信函 2

张力：

你好！

非常感谢你让我参加了昨天的会议。从会议上我们都看得出来，你和其他团队成员做了很多谈判前的准备工作。以后你们平时讨论情况能否也通知我，以便我能够及时得到关于谈判进展的最新信息呢？

我的邮箱地址是××@×××.com。

孙军

这封信在用语方面做了大量的调整，这样就把读者和作者的关系拉近了，有利于提高团队合作的效率。

（四）修改成文

首先，整体把握文章的完整性。通常应从以下几点来把握文章的完整性：文章是否已经将所有要表达的意思都囊括其中；有没有需要再补充的内容；这些内容是不是被恰当地安排到文章里了；这样的文意能否体现创作水平。这些都是这一环节需要考虑的事情，从宏观上把握住这些要点，是保证沟通顺利进行的基础。

其次，检查语言和结构。文章的语言要确保简洁明了、语法准确。这种结构安排是否对交流有利，是否对读者有吸引力，这些问题都要在修改时仔细斟酌。

最后，检查细节。做收尾工作时，还要考虑文章的篇幅长短、每个句子的长度控制得怎么样等。综合检查这些问题，会对文章最后的效果有很大的帮助。

书面函件可能会在和某个目标团体进行沟通时使用，所以，通常会很复杂、很正式，不能有任何疏忽；一旦出现纰漏，将会带来比较严重的后果。要细致地对待每个句子、每个词语，甚至文章的每个标点。要对每个环节进行整理，包括写作、编辑和审校，任何一个环节都不能少。

二、提升书面表达能力的方法

下面介绍提升书面表达能力的方法，这些方法简单易行，效果显著。

（1）写日记。写日记是比较简单、比较容易实施的写作训练方法。很多人即使有心"写点什么"，但多数情况下会遇到"不知写点什么""找不到合适的题材"之类的问题。对于这样的初学者，比较好的训练方法是"写日记"。即使平常"不知写点什么"，但回顾一天发生的事情，总还是有内容可写的。

（2）记录健康状况。即使知道写日记的种种好处，依然有人抱怨"没有时间写"或"坚持不了多久"。那么，更简单的训练方法便是"每天记录自己的健康状况"，即每天早晨在笔记本上记录自己的"体重""心情""睡眠时间"。每天早上起床之后，先测一下体重，然后将其记录下来。根据体重变化写下一句话，如果体重增加了，就可以告诫自己："今天要控制一下饮食。"如果体重减轻了，可以鼓励自己："看来昨天的运动有效果了，今天还得去健身房！"这个方法算是"每天只需一分钟"提高法。

（3）写读后感。想学到更多的商务写作技巧，可以写读后感。一开始可以简单地按照"读之前的想法""读后的领悟""以后的打算"来写。例如，"以前，我是一个特别容易紧张的人，读了书领悟到适度紧张原来可以提升专注力和能力；我以后要通过深呼吸来放松紧张的情绪。接下来再给每一条内容添枝加叶。写多了，就能随心所欲了。"对于观看过的视频也可以采取这种方法写观后感，以提升自己的书面表达能力。

（4）在网上发表文章。一听说"在网上发表文章"，很多人表示不敢尝试。因为他们担心把自己的文章发表到网上会"遭到诽谤、中伤"或"收到负面的评论"。其实，那些有着在网上发表文章20年经验的"老写手"诚恳地告诉我们：遭到诽谤、中伤，收到负面评论的情况确实遇到过，但不那么常见；也就是说，在网上发表文章，好处远远多于坏处。

要想在网上发表文章，可以先练习写博客。在博客里发表文章，就是"面向不特定的多数网友"发送信息，要想吸引读者，文章的水平必须相当高才行。所以这种方式对新手来说难度比较大。但新手可以从微信等社交媒体开始，先在朋友圈里发表自己对某部电影的看法、读某本书的感想、日常生活中的趣事等。在社交媒体中发表信息，有一些注意事项，如把握好个人信息的公开度。社交媒体的进入门槛比较低，但毕竟面对的只是熟人、朋友，所以传播广度远不及博客。

如果你的文章很精彩，吸引了成百上千万的关注和粉丝，你就成了"人气博主"。到那时，你甚至可以把写博客当作职业。总而言之，博客的进入门槛低，却有无限的可能性。

需要特别注意的一点是要围绕兴趣爱好写文章。自己的爱好，写相关文章时，往往最有真情实感，也最能打动人。有的人开通了博客，就准备大显身手了，却"不知该写点什么""找不到合适的主题写"。遇到这样的情况，建议围绕自己的兴趣爱好写。例如，你的兴趣爱好是看电影，那你就可以写影评，为当下最热门的电影写一些自己的见解，能提高知名度，也能增加访问量。

♔拓展游戏

游戏规则：

教师在黑板上写下两个短句，如"我们的产品真完美""你会有很大收益"，学生选择一个句子在 5 分钟内进行扩写。写完后分组进行朗读，看谁的扩写写得最形象生动。每组推选出一个学生朗读、评比。

📖知识巩固与技能训练

一、思考与讨论

本章选择题

1. 书面沟通相比口头沟通来说，有哪些特点？

2. 在哪些情况下你会选用书面沟通？

3. 书面沟通的原则有哪些？

4. 结合你自己的实践，你觉得在书面沟通过程中，哪个环节对你最重要？为什么？

5. 假如你是一个淘宝商户，有个大客户说你寄给他的手机坏了。请你以书面形式回复这个客户。你可以决定细节，注意遵循"以读者为中心"的原则。

二、活动与演练

形式：全体学生。

时间：10 分钟。

材料：类似图 4.2 所示的卡片。

场地：教室。

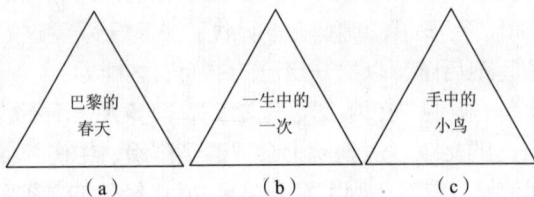

	巴黎的	一生中的	手中的
	春天	一次	小鸟
	（a）	（b）	（c）

图 4.2　活动与演练图案

程序：

将类似图 4.2 所示的自制卡片发给学生，请大家把卡片正面朝下放在面前的桌子上，老师告诉学生："在卡片上有三个三角形，每个三角形中各有一个短语，当我说'开始'时，请大家迅速将卡片翻过来并记住三角形中的短语，然后在卡片的背面将三个短语以相反的顺序写下来。好，开始。"老师停顿一会儿，然后扫视一下学生的完成情况，说："好，让我来检查一下，你们写的短语是什么。"

相关讨论：

（1）你是怎么理解老师的指示的？为什么有些学生会出错？（2）为什么老师的指示也会被学生误解？（3）这个游戏说明了什么？

三、案例分析

　　小于在单位做外联工作，经常需要跟人联系。她与别人的沟通大多是在 QQ 上进行的。小于认为 QQ 是这个世界上让人最轻松、自在的交流工具。因为她比较敏感，打电话时若对方语气比较急，她就会猜疑对方对她有意见。用 QQ 进行文字沟通就不会有这种烦恼。小于可以在网上和对方轻松交谈，或闲聊，或交代工作，而且在 QQ 上面讲话可以考虑清楚了再答复，不会感到紧张。

　　渐渐地，小于对 QQ 的依赖越来越严重了。想和某人联络时，要是对方 QQ 离线，她宁愿在 QQ 上留言等对方回复，也不愿意打电话，即使有特别紧急的事也宁愿发短信而不愿意打电话。结果这严重影响了她的工作效率，而且她的性格也日渐变得内向。在网上，她每天都发帖，迅速成为论坛红人，和网友打得火热。但在现实生活中，她却与近在咫尺的领导和同事说不上几句话。她越来越发现自己陷入了困境：越不当面交流，就越害怕跟别人交流，甚至打个电话都要考虑好久。

　　问题与分析：

　　请分析小于出现这种状况的原因，也请你为小于摆脱这种困境出谋划策。

第五章

Chapter 5 | 有效倾听

📖 学习目标

了解倾听与听的区别；了解倾听的重要性和作用；理解倾听的过程；明确倾听过程中的障碍；全面掌握提升倾听能力的策略和技巧。

> **导入案例**
>
> 以下是电影《撞车》里的一段对话。
>
> 修锁匠："我会很感激，如果你叫我的名字。"
>
> 波斯老板："那就去给我修好锁！"
>
> 修锁匠："我给你换了新锁！你得把你的破门换了。"
>
> 波斯老板："你是骗子！"
>
> 修锁匠："好，你不用付钱了。"
>
> 波斯老板："什么？"
>
> 修锁匠："祝你晚安。"
>
> 波斯老板："什么？不！等等！你给我回来，把锁修好！回来！把锁修好！"
>
> **思考与讨论：** 你觉得这是一次成功的沟通吗？你觉得他们的问题主要出在哪里？

第一节　倾听概述

一、倾听的概念

国际倾听协会是这样对倾听定义的：倾听是接收口头和非语言的信息、确定其含义以及对其做出反应的过程。

意思也就是说，倾听得到的结果，不仅指用耳朵听到的信息，还包括用眼观察、用嘴提问、用大脑思考、用心灵去感受得到的综合信息。有人认为繁体的"聽"字能非常形象地解释这一概念。

Ear（耳朵）———— 聽 ————Plus（加）

————Eye（眼睛）

————One（一）

————Heart（心）

沟通过程中的倾听与听是相互联系又有区别的两个概念。

听是人体听觉器官对声音的接收和捕捉，是人对声音的生理反应，是人的本能，具有被动的特征。只要你的听觉器官是正常的，你就能听，你就不得不听——有时被噪声干扰得心烦意乱也得听，如果不想听，你得关上窗户，堵住耳朵；有人还特意到嘈杂的环境中去看书，以锻炼抗干扰的能力。

倾听必须以听为基础，但它是一种特殊形态的听。第一，它是人主动参与的听：人必须对声音有所反应。或者更准确和详细地说，在这个过程中人必须接收、思考、理解，并作出必要的反馈。第二，一般来说，它必须是有视觉器官参与的听。没有视觉器官的参与，闭上眼睛只用耳朵听不能称为倾听。在倾听过程中，必须理解别人在语言之外的手势、面部表情（特别是眼神）和感情表达方式。

我们可以把倾听定义为：在对方讲话的过程中，倾听者通过视觉和听觉的同时作用，接收和理解对方的信息、思想及情感的过程。

在倾听过程中，我们不仅要听到对方所说的话语，还要重视对方说话时的声调、音量、停顿等。例如，说话人适当的停顿，说明他可能是谨慎、稳重之人；而对方过多的停顿则会让我们感觉其急躁不安、缺乏自信；我们还可以通过对方说话的音量不同判断出其态度是愤怒、吃惊、轻视或怀疑等。

视觉器官接收的信息也属于倾听的内容。我们说的话往往由于说话方式的不同而具有不同的意义。例如，当听见你的女友对你说"讨厌"时，如果她神色娇羞，说明她不过是在假嗔；如果她横眉冷目，说明她可能真的生气了。

并不是所有听觉正常的人都会倾听。例如，下面一些类型的人就是不会倾听的人。①他用迟钝的目光看着你，一心一意地在想着自己下面该说什么。②他对你说的话一点也没有听进去，还在你讲话的过程中不断地打断你。③他先前对你说："如果你有任何问题，可随时找我。"当你真去找他时，他却把所有的时间用在谈论自己的问题上。④他在讲座开始 5 分钟后就不听了，虽然没有睡觉，却一直在抱怨没意思和浪费时间。⑤他在某个发言人刚说完坐下后，就对坐在旁边的人说："这个人对他自己所说的话其实并不懂，我不能容忍这种装腔作势的人！"

倾听不同于听，它不是人的本能，只有通过后天的学习才能获得这种能力。

二、倾听的过程

倾听不是单纯地运用耳朵这一器官接收对方的信息，而是通过多个器官的系统作用，使自己获得完整、全面的信息。理想的倾听包括下面六个环节。

1. 预想

在沟通之前，人们一般会根据以往的经验预测沟通对象将要传递的信息，并做好沟通的准备。准确的预想可以让倾听者提前做好准备，引导沟通向自己期望的方向发展。

2. 感知

当我们听到信息时，可以理解为在感知信息。感知并不只是听觉系统受到刺激的生理过程，还包括对对方身体语言、周围环境等因素的感受过程。

3. 注意

倾听时，人们通常会把注意力集中在自己认为重要或者感兴趣的内容上。把注意力集中在某些特定信息上的行为被称为选择性注意。

4. 解码

倾听者的背景、知识、经验会使其对所感知的信息赋予特定意义，这往往会导致人们对信息进行解码的结果与信息本身的含义存在差异。

5. 评价

人们在对自己所关注的信息内容进行理解并赋予其特定意义之后，还会对信息内容进行分析和评价。评价信息是指人们基于个人的信念对信息进行衡量。

6. 反馈

在持续进行的谈话中，倾听者的反馈很重要。它不仅有助于倾听者更准确地理解和评价信息，还有助于讲话者确认信息是否得到了清晰、完整的传达。反馈的类型可以是：赞扬，以示鼓励；分析，以明确观点；询问，以获得更多信息；重复，以核实信息；忽略，以避免冲突；等等。

三、倾听的作用

根据统计数据，人们在工作和生活中平均会将40%的时间用于倾听。倾听是沟通能力的一部分，对于商务沟通者来说，具有倾听能力至关重要。擅长倾听的领导者可通过倾听，从下属那里及时获得信息并对其进行评估，并以此作为决策的参考。有效倾听将直接影响管理者的决策水平。

由于科学技术的飞速发展，社会化大生产更具有整体性、复杂性和竞争性。面对纷繁复杂的市场竞争，个人仅凭一己之力往往难以作出正确的判断。在信息爆炸的时代，倾听能力是一个人不可或缺的法宝。

案例阅读与思考

倾听与否决定沟通的成败

有一次，推销员乔·吉拉德向一位客户推销汽车，推销过程十分顺利。当客户正要付款时，另一位推销员跟乔·吉拉德提起了昨天的篮球赛。吉拉德一边跟同事津津有味地聊天，一边伸手去接车款。不料客户突然掉头离开了。吉拉德苦思冥想了一天，不明白客户为什么突然放弃买车。晚上11点，他忍不住给客户打了一个电话，询问客户突然改变主意的原因。客户不高兴地说："我正要付款时，同您谈到了我的小儿子，他刚考上密歇根大学，是我们家的骄傲。但你顾不上听我说话，只顾跟你的同事谈论篮球赛。"这时吉拉德才明白，这次交易失败的原因是自己没有倾听客户谈论自己最得意的儿子，导致客户在最后放弃了交易。

思考与讨论

（1）乔·吉拉德换一种什么样的倾听方式，交易才有可能成功？（2）依据案例及现实生活中的例子，分析积极倾听能给有效沟通带来什么好处。（3）如何才能做到积极倾听，达到有效沟通的目的？

倾听的作用主要表现在以下几个方面。

1. 倾听对他人是一种鼓励

倾听能激发对方的谈话欲。如果让说话者感到自己的话有价值，他们会乐意说出更多有用的信息。好的倾听者会促使对方的思维更加敏捷，发表更深刻的见解，由此使双方受益。

由此可见，倾听也是一种鼓励方式，能提高对方的自信心，加深彼此的感情。这种鼓励也是相互的。当别人感觉你在以友好的方式听他讲话时，他会解除戒备心理，专注地听你讲话，更好地理解你的意思。

2. 倾听可以改善关系

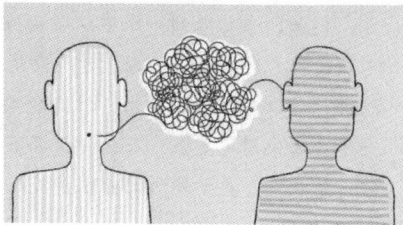

倾听能改善与他人的关系，还能给说话者提供说出心里话的机会。倾听的时候，你将能更好地理解对方，你对其讲话感兴趣会使其感到愉快。这样，你们的关系会得到改善。人们大都喜欢发表自己的意见，如果你愿意给别人讲话的机会，他们会觉得你值得信赖，所以，倾听容易使你获得友谊。认真听他人讲话会让你了解对方是如何想的。你不一定喜欢他们，更不一定赞成他们，但通过倾听增进了解，你们会相处得更好。倾听是给人留下良好印象的有效方式。

3. 倾听可使你获取需要的信息

倾听可使你了解对方要传达的信息，理解对方的感受，并据此推断对方的性格。倾听可使你适时地提出问题，理解不明白之处，或启发对方提供更完整的信息。为了更有效地作出决策，尽可能多地获取相关信息是十分必要的。倾听常常能使说话者言无不尽。当你掌握了尽可能多的信息后，就可以更有效地作出决策了。

报刊、文献及其他资料是了解信息的重要途径，但它们常有时效限制，通过倾听可以得到最新信息。交谈中有很多有价值的信息，它们常常是说话者一时的灵感，甚至他自己都没有意识到，倾听者却能受到启发。所以有人说："一个随时都在认真倾听别人讲话的人，在闲谈时会成为信息的富翁。"这可以说是对古语"听君一席话，胜读十年书"的一种新解。

视野拓展

迟到的倾听

4. 倾听可锻炼能力和掩盖弱点

倾听可使对方增加对你的认同感。倾听者还可以借此训练自己推己及人的能力，提升思考能力、想象能力和客观分析能力。

俗话说，"沉默是金""言多必失"。倾听可以帮助我们掩盖弱点。例如，如果你对别人所谈问题一无所知，或者考虑不成熟，倾听就可以掩饰你的不足。

5. 倾听可使你善言

如果在对方发言时你就急于发表观点，根本没有注意对方在说什么，甚至在对方还没有说完的时候就盘算着如何反驳，这样的交谈是难以合拍的。只有善听，才能善言：倾听能使你从对方的讲话中发现其出发点，从而找到说服对方的契机；你的倾听会让对方感到你充分考虑了他的需要和见解，从而可提高得到对方认同的可能性。

6. 倾听有助于解决问题

倾听有助于解决问题包括以下两层含义。

第一，倾听可使管理者作出正确决策。尤其是对于缺乏经验的管理者来说，倾听可以使其减少犯错，从而带领团队更加快速地发展。

微视频

倾听与反馈

　　例如，松下幸之助先生在创业之初，公司只有三个人，因为他注重征询意见，不断对产品进行改进，松下电器才达到了今日的规模。玛丽·凯·阿什在创业之初，公司只有九个人，由于她善于听取意见，按顾客的需要生产产品，所以企业的效益一直在同行中处于领先地位。

第二，倾听是解决问题的好方法。倾听并不意味着完全同意对方的观点，只需表明理解对方的观点就行了。

例如，当你遇到一个难以在两份工作中做出选择的朋友时，你只需在他时而激昂、时而平静地对两份工作的利弊进行分析时静静地倾听，偶尔在关键的地方予以回应，就能起到画龙点睛的作用。也许你什么建议也没提供，但他会觉得你帮他完成了抉择。因为他可能什么都已经想到了，通常你并不会比他想得更多，在这种情况下，他所需要的、你所能做的只是倾听。

据调查，善于倾听的管理者能及时发现他人的长处，并创造条件让其长处得以发挥。

四、倾听的类型

根据不同的标准，倾听可以分为不同的类型。下面我们按照上课倾听和非上课倾听两种基本的类型来讲解。非上课倾听比上课倾听在难度上要大得多，这是因为二者存在以下一些不同点。

第一，听课时我们可以做笔记，把要点记录下来。但是，我们不可能在与上级或客户交谈时随时掏出笔记本来记录，而只能用大脑去记忆。这不仅有交谈环境的原因，也有交谈气氛和礼仪的原因。

第二，上课的讲义是经过精心准备的，老师还会重复要点以帮助听者跟上节奏。社交场合的谈话通常是随意和散漫的。例如，你邀请一位下属在咖啡馆聊天，他说起对公司一项新出台政策的看法。他的思维可能是跳跃式的，甚至会故意隐瞒真实的想法。这时你就必须从其只言片语中分析出重点，了解其本意。

第三，上课倾听也许只要求我们掌握信息本身，而非上课倾听还要求理解他人的情感。语言最精妙之处在于，同样的话，其字里行间可能透露出截然不同的感情色彩。倾听时，我们要充分运用意识、情感和身体语言，全面、积极地倾听——要用意识去理解对方的本意，要用情感体会感情，要用身体语言给予回应。

第四，学习者听课无须考虑老师的年龄、性别、身份，可以一视同仁地倾听；而商务工作者的倾听必须区分说话者的身份——是上司、下属还是客户等。不同的对象，其讲话的目的、态度有所不同，对倾听者的要求也不同。商务工作者所要倾听的对象类型是多样的，面对不同类型的说话者，倾听的重点也不同。

第二节　倾听障碍

由于存在倾听障碍，人们的倾听经常处于低水平。例如，如果说话者不如自己学识高或者没有自己地位高，人们就容易态度敷衍，停留在佯装倾听的层次；如果说话者讲述的内容冗长烦琐，人们常会明显地流露出厌倦、疲惫的神态，甚至不予理睬；对他人有成见的人，无论别人说什么，他都可能会认为别人在推卸责任。总体而言，倾听障碍主要存在于环境、倾听者、说话者三个方面。

大家熟知的列队传话游戏生动地表明了倾听障碍是客观存在的。这个游戏通常是让 10 个人排成一列，第一个人领来纸条，记住纸条上面的话并保留纸条。然后，第一个人将记住的话耳语给第二个人，第二个人再将听到的话耳语给第三个人，依次类推，直到第十个人。然后让第十个人将听到的话写在纸上。最后比较两张字条，通常会发现二者有很大的差别。

一、环境的障碍

环境对倾听的影响是显而易见的。例如，我们可以体会到，在会议室里向下属征询意见，大家会十分认真地发言；但若换到餐桌上，下属可能会随心所欲地表达观念，甚至是不成熟的想法。我们也很容易体会到，噪声会妨碍完整地听取发言。

环境之所以影响倾听，是因为它能产生两方面的作用：第一，干扰信息的传递过程，使信息信号被削弱或被歪曲；第二，影响倾听者的心情，即环境不仅从客观上，也从主观上影响倾听。正因如此，人们十分注重挑选谈话环境。于是，关于商务洽谈的一些特殊服务应运而生。

为了具体分析环境对倾听的影响，人们对环境因素做了进一步划分，将其分为以下三项。

（1）环境的封闭性。环境的封闭性是指谈话场所的空间大小、有无遮拦设施、光照强度如何、有无噪声等干扰因素。环境的封闭性决定着信息在传递过程中的损失概率以及人们的注意力。

（2）环境氛围。环境氛围是环境的主观性特征，它会影响人们的心理接受定式。心理接受定式是指人的心态是开放的还是排斥的，是否容易接收信息，对接收的信息如何看待和处置等倾向。环境氛围是温馨和谐还是剑拔弩张，沟通是在生机勃勃的户外还是在死气沉沉的房间，这些都会直接影响人们的情绪，从而作用于心理接受定式。

（3）说话者与倾听者的人数对应关系。说话者与倾听者在人数上存在着不同的对应关系，可分为一对一、一对多、多对一和多对多四种。人数对应关系的差异会导致不同的心理角色定位和注意力集中程度。例如，领导在听下属汇报时不容易走神，因为一对一的对应关系会使其感到自己的角色很重要，注意力自然集中。在教室听课是多对一的关系，倾听者通常会认为自己并不那么重要，思想容易开小差。如果倾听者只有一位，说话者众多，如面对原被告的法官和面对多家新闻媒体记者的发言人，通常都会全神贯注，丝毫不敢懈怠。

二、倾听者的障碍

倾听者在交流过程中具有举足轻重的作用。倾听者理解信息的能力和态度都会直接影响倾听的效果。在尽量创造适宜沟通的环境条件之后，商务工作者还要以良好的态度和精神状态面对说话者。来自倾听者本身的障碍主要可归纳为以下两类。

（一）倾听者的理解能力

交谈时要注意与对方进行有效的沟通，倾听者的知识水平、职业特征及生活阅历往往与其自身的理解能力和接受能力联系紧密，具有不同理解能力的倾听者必然会获得不同的倾听效果。因此，倾听者的理解能力较差往往会造成倾听障碍。成语"对牛弹琴"描述的便是这种情况。

（二）倾听者的态度

除了倾听者的理解能力之外，倾听者的不良态度有时也会成为倾听障碍。这些态度主要有以下几种。

1. 排斥异议

有些人喜欢听与自己意见一致的人讲话。这种拒绝倾听不同意见的人，不仅错失了许多通过交流获得信息的机会，而且在倾听的过程中也不可能做到认真倾听逆耳之言并进行反思。这些人往往很难和大多数人愉快交谈。

2. 用心不专

有些人虽然身在现场，表面上似乎在用心地倾听，实际上却心猿意马，"身在曹营心在汉"，所以倾听的信息并未进入其大脑，这种倾听的效果肯定不好。

3. 急于发言

人们大都喜欢发言。发言在商界尤其被视为主动的行为，而倾听则被视为被动的行为。有时我们会倾向于把他人的讲话视为打乱我们思维的烦人的东西。在这种思维习惯下，人们容易在他人还未说完的时候，就迫不及待地打断对方，或者虽未打断对方但心里早已不耐烦了，往往不可能把对方的意思听全。

4. 心理定式

人类的活动是由积累的经验所决定的，我们早已根据自身的经历建立了牢固的条件联系和基本的联想。每个人的思想中都或多或少地带有一定程度的偏见。一个人如果在倾听时带着成见，就很难以冷静、客观的态度接收说话者的信息，从而会大大影响倾听的效果。

自我测评
倾听障碍自我测评

5. 感到厌倦

我们思考的速度比说话的速度快许多，前者是后者的 3～5 倍（据统计，我们每分钟大约可说出 125 个词，但可以理解 400～600 个词）。我们在倾听的过程中由于思维的速度和听话的速度有差距，就很容易在听话时感到厌倦，思维往往会在空闲时"寻找"一些事做，或者停留在某处，拒绝进一步思考。

6. 消极的身体语言

你有没有这样的习惯：听人说话时东张西望，双手交叉抱在胸前，跷起二郎腿，甚至用手指不停地敲打桌面。这些动作都会被视为在发出这样的信息："你有完没完？我已经听得不耐烦了。"不管你是否真的不愿听下去，这些消极的身体语言都会大大妨碍沟通的质量。

除此之外，人的生理规律也是形成倾听者障碍的原因。

依据统计数据，一般认为存在这样的关于记忆的统计规律：一般人在 10 分钟的倾听中只能记住 50% 的信息，而到 2 个月后，则只能保留 25% 了；在紧急情况下获取的信息，在 3 天之后则只能保留 10% 了。依据大量观察，一般认为存在这样的关于注意力的规律：人的注意力关于时间的参数关系呈一条倒 U 形的自然曲线。

但也有例外。《三国演义》中，杨修用他过目成诵的记忆能力戏弄曹操，使其烧掉自己的新著《孟德新书》的故事是家喻户晓的。但是有惊人记忆能力的人毕竟是少数。

当然，对于这些规律的准确表述也是应予以进一步讨论的。倾听者应该利用这些规律，提醒自己注意采取适时、适当的行动，坚持不懈地锻炼，以消除自己的倾听障碍，提升倾听能力。

三、说话者的障碍

说话者的障碍主要表现为说话者发出的信息质量低下。说话者的障碍虽然不及环境或倾听者的障碍多，但其传播低质量信息会对倾听者的倾听效果造成直接影响。一方面，说话者可能不善于表达。例如，当人们面对比自己地位高的人时，害怕言多必失，因此不愿意发表意见。另一方面，说话者并不一定能发出有效信息，尤其是在试图说服对方时，常常会有一些过激的言辞，甚至出现对抗的态度。有时，受自身情绪的影响，说话者甚至会通过大喊大叫等方式传递负面信息，从而影响倾听的效果。

拓展游戏

画图游戏

游戏规则：推荐一名表达能力强的同学将某图形描述出来，不能使用手势和辅助工具。其他同学根据该同学的描述画出图形。

1. 描述人只重复一次，大家不能提问。

2. 不允许讨论，时间一到立即停止画图。

到时间后，大家相互展示、比较自己画的图，并和原图进行比较，看看二者有什么区别。

第三节　提升倾听能力的策略

倾听能力是可以提升的。提高倾听意识，掌握倾听策略，就能获得较好的倾听效果。

一、有效倾听的原则

1. 专心原则

专心原则要求倾听者以积极的态度，真诚、坦率地倾听。好的倾听者愿意尽力去听，因为可能会从中受益。有效的倾听不是被动地照单全收，而是积极、主动地倾听，这样我们才会更了解对方说的内容，更懂得欣赏对方，回答也更能切中要点。例如，学生认真听课以取得高分，员工认真地听上级的指示以很好地完成任务，公司代表认真听取顾客的意见以促成交易。有效倾听的第一步是要认识到倾听是有价值的信息搜集活动。

视野拓展

励志故事：学会做一个好的听众

2. 移情原则

移情原则指以一种与沟通对象同在的方式进行倾听，在倾听中设法从对方的观点中理解他的感受，并及时给予积极的反馈。作为倾听者，你要做的是把自己的情感放在一边而投入对方的情感中。移情式倾听表达的是对他人的关心，或对他人所牵挂的事的关心。为了做到这一点，你需要识别情感，让说话者告诉你发生了什么，然后鼓励他去找到解决问题的办法。移情式倾听的目的是在深入了解对方的情绪和思想的基础上实现有效沟通。

好的倾听者知道自己内在的情感、观念和偏见可能会阻碍对新思想的接纳。在与文化背景与自己不同的人进行沟通时，还要努力摒弃自己狭隘的文化观念。有效的倾听要求对新思想敞开心扉。

3. 客观原则

在倾听时，应该客观倾听且不宜过早地对内容加以评判，也不要以自我为中心。不要被自己的主观想法左右而漏掉别人透露的语言和非语言信息。我们都有这样的体会：当听到自己不同意的观点时，会在心中否定他人所言，这样就容易使自己遗漏余下的信息。有效的倾听要求我们在倾听时保持客观的态度。

4. 完整原则

完整原则要求倾听者对说话者传递的信息要有全面的了解。倾听者要接收说话者完整的信息必须分清完整信息的要素，并掌握接收完整信息的技巧。

接收完整信息是有效倾听的前提，如果倾听者接收的信息不完整、不准确，倾听便毫无意义。同时，完整性也表示倾听者既要获得说话者传递的内容，又要获得说话者的价值观和情感方面的信息；既要理解说话者的言中之意，又要挖掘出说话者的言外之意；既要关注其语言信息，又要关注其非语言信息。

🔍案例阅读与思考

重在倾听

一位主持人有一次访问一名小朋友，问他："你长大后想要干什么呀？"小朋友天真地回答："嗯，我要当飞机驾驶员！"主持人接着问："如果有一天，你的飞机飞到太平洋上空，所有引擎都熄火了，你会怎么办？"

小朋友想了想，说："我会先告诉坐在飞机上的人系好安全带，然后我系上降落伞先跳出去。"

当现场的观众笑得东倒西歪时，孩子的两行热泪夺眶而出，于是主持人问他："为什么要这么做？"小朋友的回答透露出一个孩子真挚的想法："我要去拿燃料。我还要回来！我还要回来！"大家都沉默了，继而爆发出热烈的掌声。

思考与讨论：

（1）为什么观众一开始会笑得东倒西歪，而后又都沉默、鼓掌？（2）你在生活中遇到过类似的事情吗？

这则故事应当引发我们这样的思考：听别人说话时，我们听懂他说的意思了吗？很多时候，我们只听了一半就会断章取义地认为听懂了别人全部的意思，甚至有时候，我们还会将自己的想法投射到别人所说的话上，这都会形成沟通障碍。

二、有效倾听的策略

有效倾听的策略是：首先，克服倾听者障碍；其次，在没有障碍的情况下学习提高倾听效果的方法；最后，在掌握基本方法的情况下进入具体的倾听场合，有针对性地进行倾听锻炼。

（一）克服倾听者障碍

倾听中，环境障碍的克服较为容易，需要双方共同努力；说话者的障碍通常不是倾听者单方面能解决的，所以这两个方面在这里不详细讨论。倾听中，倾听者障碍的克服需要较长时间的努力，且主要依靠个人努力去完成。下面就其进行一些探讨。

仔细分析倾听者障碍，可以发现：障碍的形成分别出现在发现和接收信息及解码和理解信息两个阶段，在前一阶段主要是不够专心或粗心大意导致的障碍，在后一阶段中主要是误解导致的障碍。

为避免粗心大意导致的沟通失误，可从以下几点下功夫。

（1）列出你要解决的问题。如此项目哪天是最后期限？我们有什么资源？从对方的角度看，该项目最重要的是哪方面？在谈话过程中，你应注意听取对方对这些问题的回答。

（2）在谈话接近尾声时，与对方核实你的理解是否正确，尤其是关于下一步该怎么做的理解。

（3）对话结束后，记下关键点，尤其是与最后期限或工作评价有关的内容。

造成解码和理解信息错误的主要障碍是误解。

1977年，两架波音747飞机在某机场跑道上相撞。在这起事故中，两架飞机的飞行员其实都接收到了调度指令。KLM飞机的飞行员接到的指令是："滑行至跑道末端，掉转机头，然后等待起飞准许命令。"但飞行员没有把指令中的"等待"当作必须执行的部分。Pan Am飞机的飞行员收到的指令是"转到第三交叉口暂避",但他将"第三交叉口"理解为"第三畅通交叉口",因而没将第一个被阻塞的交叉口计算在内。就在他将飞机停在主跑道上的时候,KLM飞机以186英里(约299.34千米)的时速与之相撞,飞机爆炸了,机上全部人员遇难。这起不幸的事故就是由飞行员对指令的误解造成的。

要克服误解障碍,通常可从以下几点着手。

(1)不要自作主张地将自己认为不重要的信息忽略,最好与信息发出者核对一下。

(2)消除成见,克服思维定式的影响,客观地理解信息。

(3)考虑对方的背景和经历,想想:他为什么要这么说?他的话有没有什么特定的含义?

(4)简要复述对方所讲的内容,让其有机会更正你理解不到位的地方。

(二)提高倾听效果的方式

想要做到积极倾听,就应努力克服障碍,从而提高倾听的效果。下面介绍四种提高倾听效果的方式。

1. 用心倾听

用心倾听不仅是指倾听者听说话者说了些什么,还要求倾听者理解说话者的肢体语言,如读懂说话者的面部表情、手势等。倾听者应通过下面的方法学会用心倾听;①倾听者应有倾听他人的愿望,有意识地培养全神贯注倾听他人讲话的能力;②注意倾听说话者说了什么内容,这些内容是怎样被说出来的,这些内容表达了什么样的感受和情绪;③倾听者要努力成为一名中立者,并尝试从说话者的立场出发理解其观点,不要被说话者语言中的情绪化内容影响。

2. 体态倾听

作为倾听者,体态倾听意味着采取积极的倾听态度。通过积极的体态表现,向说话者表明自己在认真地倾听其讲话,这样说话者就会受到鼓励,并有信心继续讲下去。

(1)了解体态倾听因素。如果说话者在向倾听者讲话时,倾听者昏昏欲睡,这种消极的倾听体态会让说话者感到无奈。倾听者要用积极的体态参与倾听,用体态向说话者证明自己在倾听。

体态倾听因素主要有四个。①直接面对说话者。直接面对说话者表示倾听者正在集中精力倾听说话者讲话。直接面对说话者时,倾听者的脸和身体都没有来回转动,表明倾听者的注意力没有被其他事物吸引。②保持良好的目光接触。目光接触是沟通中的一种肢体语言,是眼神的交汇,是彼此展现真诚、读懂对方的一种方式。目光接触并不是说倾听者要把眼睛睁得大大的、目不转睛地盯着说话者,睁大眼睛盯着说话者只会让其感到紧张。③采取开放的态度。在倾听中仅仅面对说话者和保持良好的目光接触是不够的,倾听者为了表示自己在倾听,还应该采取开放的态度。这种开放的态度可以在倾听者倾听信息时得到最好的诠释,不管是什么信息,倾听者都会聚精会神地听,不错过任何一个细节。④保持适当的放松。倾听者在倾听过程中,对说话者的话非常感兴趣时不要显得过度热情和兴奋,要保持心态平和,因为倾听者如果过度兴奋会使说话者感受到压力。当说话者情绪低落时,倾听者温和的态度会帮助说话者放松心情。

(2)运用体态倾听因素。认识体态倾听因素是一回事,要将这些体态倾听因素灵活运用到实践中则是另一回事。

3. 正确地发问

发问是倾听者向说话者表明自己确实在倾听其讲话的直接、恰当的方式。正确地发问是有效倾听的一种表现。

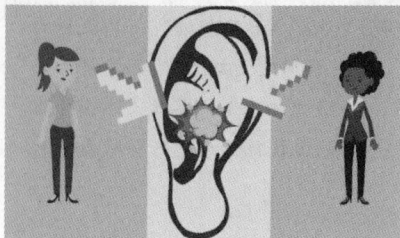

（1）倾听式发问。是否正确使用倾听式发问是能否获得信息的关键。倾听式发问根据倾听者的不同目的，可以分为四种类型：倾听者通过发问表示自己对说话者所讲内容感兴趣，鼓励说话者继续谈论相关话题；倾听者通过发问使说话者对话题进行更深入的阐述，以便获得更多的信息；倾听者通过发问来了解说话者的感受和想法；倾听者通过发问来表达自己的观点，对说话者所讲内容进行回应。例如：

　　说话者：我觉得很压抑。因为我自愿加班加点，尽了最大努力，按时完成了项目，但是好像人人都不赞同我。

　　倾听者：看上去你很失望，你没有得到足够的支持，是吗？

　　说话者：是的，正是这样，并……

（2）反馈式发问。反馈式发问能够表明倾听者始终在和说话者进行心灵和思想上的沟通，并完全听懂了说话者所说的话。反馈式发问可以帮助倾听者理解说话者所说的话。它不仅可以对内容做出简短的总结，更为重要的是，它还可以对说话者所讲的中心主题和观点做出总结。

4. 及时地表态

为了鼓励说话者继续说下去，倾听者要及时表明态度，把沟通内容拓展到自己需要了解的信息上。

（1）给予鼓励。倾听者可以使用多种方法鼓励说话者讲述更多的内容，如采取支持性的肢体语言与支持性的口头语言等。

支持性的肢体语言能鼓励说话者继续讲下去。支持性的肢体语言非常多，如面带微笑地注视着说话者的眼睛、点头、竖起大拇指等。

支持性的口头语言是支持性的肢体语言的"等价物"。如"哦，明白了""非常有趣啊"等，是"我理解您所说的话，请接着讲更多信息吧"的另一种表达方式。

视野拓展

不受欢迎的
倾听习惯

（2）反馈性陈述。反馈性陈述可以深入揭示说话者的情感。作为倾听者，有时希望说话者对所讲述内容做些补充或者解释。在这种情况下，倾听者不仅能够听出说话者的弦内之音，也能够听出其弦外之音，表明倾听者对说话者情感的真正理解。例如：

　　说话者：我真不知该如何选择，每项活动都有赞成和反对两种意见，而且反应都相当强烈。

　　倾听者：如果我处在你的位置，我宁愿慢些作出决定，以免得罪某一方。

　　说话者：我需要更多的信息，或许应该再收集一些意见，向有经验的人请教。

（3）重述关键词。重述关键词是能够鼓励说话者讲更多信息的有效方式。如果倾听者在认真倾听，那么就不难找到一些特殊的关键词，使用这些关键词来鼓励说话者做出更为详细的解释。

微视频

倾听的技巧

三、提升倾听能力的技巧

以下是能帮助你成为更好的倾听者的七个基本技巧。

1. 预先做准备

事实上，只要花两三分钟准备，就能减少对彼此时间的浪费。例如，优秀的记者会在采访前做好背景研究，了解对方的基本情况，从而问出正确的问题，并对对方的回答有所预期并能更好地理解。又如经理人在交谈前翻阅人事数据、浏览每季度财务报告更新信息等。

2．排除其他事情

你能给予对方的最好的善意，就是你的全神贯注。若要有效倾听，就需要 100%专注。

3．保持眼神接触

通过双眼，人能表露出更多的感受与理解。如果你觉得很难与对方进行眼神接触，可以试着把视线焦点放在对方的鼻梁上。

4．先把对方的话听完

不要预设对方的话应在何时停止、谈话内容应朝哪个方向发展。即使你非常善于猜测，也不要把想法说出口，因为就算你猜对了，这样的举动也是不对的。你应该保持耐心，专心倾听，不要打断对方的话。对于对方所提出的问题，不要在一开始时就先设定回答的框架。如果你已经听完对方所讲的每一件事，却仍然不了解情况，此时应该怎么办？有智慧的人会把任何的沟通问题都归因于自己。通常来说，谁对谁错不重要，目标应该放在如何促进有效的沟通上。

5．记笔记

记笔记能让你保持专注，也能让你保持清醒。对下属而言，记笔记的正面意义在于，它代表你重视这个话题、重视说话的人，而且你会记下正确的信息。如果你能以轻松的态度记笔记，会让对方感到自在，自己就能更有效地进行倾听。

6．察觉对方的情绪

和人交谈时，谈话内容可能超出事实信息或个人观点，而涉及情绪层面。察觉对方的情绪并询问对方的感受，能让员工明白他的感受对你来说是重要的，这样做也能避免使双方出现某些言辞交锋的状况。涉及感受问题时，不先做任何预设与猜测就显得格外重要。每个人都背着自己的情绪包袱，包袱里的东西可能会毫无预警地掉出来，因此请不要预设你知道对方在职场之外曾发生过什么事。

7．容许沉默

两个人进行沟通时，沉默是非常具有恫吓性的，因此，同事之间，别把沉默当作迫使对方说出更多事情的武器。如果短暂的沉默是为了保持对说话者的尊重，以便让其有足够的时间思考，则这是一种正确的沉默。

倾听是最值得重视的沟通技巧。但是，很多商务工作者却不愿意下功夫学习如何有效地倾听，因为大多数人对自己倾听的能力都有较强的自信。当一位演说者发现有的听众在睡觉，或他的演说没有得到任何反馈时，他一定会觉得自己缺乏演说的技巧；对于拙劣的倾听，倾听者自己却很难察觉。大多数人很难相信倾听的能力是学习而来的。人们可以通过倾听技能评价表对自己的倾听技能进行评价。

倾听者在倾听对方讲话时，还需对自身的非语言习惯进行评估，以便了解在倾听时自己是否有不恰当的行为对倾听的效果造成了不良影响。具体内容如表 5.1 所示。

表 5.1　倾听时非语言习惯的自我测试

倾听行为	是否存在	你的改进计划
爱看自己的脚		
爱盯着自己的表		

续表

倾听行为	是否存在	你的改进计划
喜欢摆弄手边的小东西		
一直盯着对方的眼睛		
看着对方的额头		
心里想的和表现出来的面部表情不一致		
坐时跷着二郎腿		
双臂交叉放于胸前		
双手叉腰		
遇到和自己说话风格不一致的人时无法沟通		

上述习惯都是倾听中不恰当的非语言习惯，可以在回答后评估自己是否在倾听过程中存在不恰当的行为，从而进行改善，提高倾听的效果。

📖 知识巩固与技能训练

一、思考与讨论

本章选择题

[二维码]

1. 简述倾听与听的区别。

2. 结合工作学习实践，论述倾听的作用。

3. 有效倾听的策略是什么？

4. 倾听的障碍有哪些？倾听者应如何克服倾听障碍？

5. 结合自己的实践，谈谈提升倾听能力的技巧有哪些。

二、活动与演练

学生组成临时团队，8~10人一组。

如果同学们互不认识，就请每位用一分钟介绍自己；全部同学介绍完毕后，请每位同学说出其他同学的姓名等信息，说出的信息越多越好。如果同学们互相认识，就请每位用一分钟讲述自己的故事。全部同学讲述完毕后，请每位同学说出其他同学的故事，信息越多越好。

三、案例分析

李明是一家大型石油公司公关小组最年轻的成员。他能参加每两周一次的小组会议，对此他很是高兴。但是，多次参加这样的会议后，他觉得这样的会议很无聊。这次，副总裁又在召开会议，李明认真地听了一会儿。当他听副总裁讲到拉丁美洲出现的公关问题，尤其是听到"加勒比海地区"这几个字时，他的思绪跑偏了——"今年我要是能够享受冬季假期就好了"。李明沉浸在想象里，其中有白色海滩、热带饮料、异国舞蹈、帆船……

"……这是李明非常感兴趣的一个领域，我们应该听听他的意见。"大家都看着李明。"啊！副总裁说的是哪个领域？"李明拼命回忆会议上副总裁最后说的几句话……

问题与分析：

（1）作为倾听者，在沟通过程中应注意什么？李明哪些方面没有做好？（2）如果你是李明，在这样的场合，你会怎么做？

第六章

6 Chapter

信息技术与商务沟通

📖 **学习目标**

了解信息技术的发展历程以及给沟通带来的影响；了解互联网环境下的新媒体沟通方式；了解网络沟通的优势和问题；掌握网络沟通的原则。

导入案例

2011 年，IBM 的一个研究团队曾对一家公司的工作人员进行了匿名数据调查。调查发现，经常同上司进行邮件往来的员工，每个月的收入比其他员工平均多出 588 美元，他们当时认为这一研究结果有力地支持了善用社会性网络进行沟通将有效提升绩效的观点。

思考与讨论：

（1）你认同这一观点吗？（2）在当今社会，你觉得信息技术是怎样影响我们的沟通的？

第一节　信息技术对沟通的影响

一、信息技术的发展

如果说 4G（the 4th Generation Mobile Communication Technology，第四代移动通信技术）更多的是改变我们个人的使用习惯，改变生活，那么 5G（the 5th Generation Mobile Networks，第五代移动通信技术）正在改变社会。因为它有两个最大的特点，一个是信息传输速率更快，另一个是时延更短。正因为 5G 的高传输速率和低时延，它的应用越来越广泛，如智慧医疗，以后我们的家里可能会有一个类似医学助手的设备，只要你放在旁边，那么医生就可以远程实时操控这个医学助手。另外一个案例就是无人驾驶。在 5G 时代，"车联网"或者无人驾驶技术会有很大的发展，尤其像国内的交通环境错综复杂，我们就更需要应急响应非常快的设备来保证无人驾驶的安全。

微视频
通信技术的发展

当今世界正在进入以通信业为引领的数字经济发展时期，加快新一代信息技术创新突破和融合应用，已经成为世界各国抢抓历史机遇、赢得主动发展的共同选择。我国针对云计算、人工智能、工业互联网、5G 等领域的发展，也做出了一系列战略部署，有力地推动了新一代信息技术的快速发展。

微视频
数码时代的生活

二、互联网环境下的新媒体沟通方式

具有社交功能与媒体属性的新媒体是区别于报刊、广播、电视等传统媒体而言的新的媒体形态，是一种兼具技术数字化与传播交互化的新型网络应用。在互联网环境中，新媒体作为新的社交工具与社交平台，使网络沟通逐渐成为主流趋势，沟通者的人际交往行为也发生了重大变化。互联网环境下的沟通是指在互联网环境下，沟通主体利用互联网工具和技术，将信息传递给特定的对象（沟通客体），以实现一定的沟通目标，并获得预期反馈的整个过程，如图 6.1 所示。

互联网时代，各种各样的沟通工具不断出现，人与人之间的沟通方式呈现多元化的变化趋势。以微信、微博为代表的新媒体已成为人们获取信息的重要途径，信息传播呈现传播行为个性化、传播速度实时化、传播内容多元化的特点。即时消息、视频、通话、图片、文字、表情包的应用方便了人们的沟通，也为人们带来了新的沟通体验。在商务沟通活动中采用的新媒体沟通方式主要有以下几种。

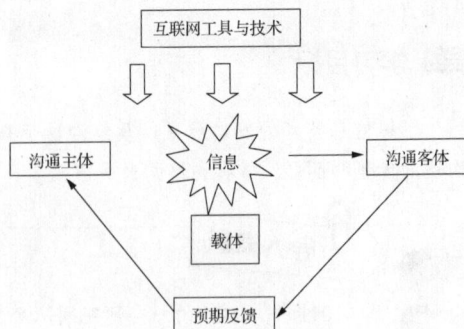

图 6.1　互联网环境下的沟通

（一）语音沟通

语音沟通是指信息沟通主体在网络环境下，以声音传递的方式发送消息或以语音通话的方式进行实时交流的过程。

语音沟通因以声音为介质，无文字掺杂，进入门槛低，对沟通主体和沟通客体的文化程度要求不高。其操作简单，沟通方便，相较文字沟通更加快捷、高效，同时还可以通过语气、语调的变化来了解沟通主体（客体）的情绪变化。

但是，沟通客体通过语音沟通无法快速、准确地识别有效信息，所以语音沟通提高了沟通对象对信息的解码、译码难度；同时，语音沟通对沟通环境的要求较高，在某些特定环境下可能无法接听与传递语音信息。

在时间紧迫的情境下，沟通主体急于向沟通客体传递信息，无暇进行文字编辑时使用语音沟通较为合适。

（二）视频沟通

视频沟通是指沟通主体采用视听结合型媒介、运用可视化的数码工具与沟通客体进行远距离、面对面交流的沟通方式。

视频沟通是语音沟通方式的发展，在兼具语音沟通优点的同时，又能使沟通双方在网络中实现影像的交流，被广泛运用于视频会议。

在 2020 年的新冠疫情期间，很多原来面对面的授课和会议都变成了以线上形式开展的网络会议。常用的网络会议应用软件有 QQ、微信、腾讯会议、Zoom、钉钉等，这些会议软件能适应不同的需求。网络会议极其方便，既保证了大家的社交安全距离，又提供了交流的便利，使得疫情期间很多工作都能够正常开展。

（三）直播

直播是指在拍摄现场随着事件的发生、发展进程同步制作和发布信息，具有双向信息传递过程的一种网络信息传播方式。其形式可分为文字图片直播、视频和音频直播。

由于直播房间可以加密，因而直播主体可以选择特定人群、划分受众群体。直播主体在直播过程中可与受众进行实时互动。直播具有现场感极强、

内容真实可信的特点，深受大家喜爱。直播平台具备海量存储、查寻便捷的功能，还提供重播、点播等功能，能发挥直播内容的最大价值。

中国视频直播产业生态图谱

直播主体面对的受众群体较多，因此其无法全面、及时地接收、回应所有对象的信息；主播准入门槛低，良莠不齐；直播内容同质化严重，违规现象频发，监管较难。

沟通主体对外发布官方信息时，多采用直播的形式以增强实效性、提升公信力，如开新闻发布会。

在 2020 年的新冠疫情期间，各地经济都受到严重影响，直播却因"宅家"而显示出前所未有的强大的"带货"能力。这期间李佳琦、薇娅的走红让人们见识了"直播带货"的魔力。网络直播"带货"火得人人都想分一杯羹，就连很多一线影视明星也都纷纷开始直播，大家纷纷感叹："真的是时势造英雄啊！"网上更有帖子称："现在是直播的天下！"

（四）虚拟社区

虚拟社区是指一群主要依靠计算机网络沟通的人形成的一种群体，他们对彼此有某种程度的认识、分享某些方面的知识和信息、在很大程度上如同朋友般彼此关怀。虚拟社区又可分为交易社区、兴趣社区、交流社区等。

在不同的虚拟社区中，社区的每个成员都可以设定自己的身份、表明自己的立场、选择自己的交流方法，在虚拟社区特有的隐秘性环境下，使自己获得现实社会中无法获得的自由和放松；虚拟社区为具有相同目标或兴趣爱好的人们提供了一个固定的交流平台，使社区成员产生归属感；社区成员可通过虚拟社区共享信息并相互沟通，从而拉近彼此间的关系。

虚拟社区更注重信息的发布与共享，互动性和实时性较弱；社区成员的关系实际上较为松散，社区内成员的流动频繁；社区内的信息多是社区成员的即兴发挥，有很强的随意性和主观性，呈现出海量、庞杂和不规范等特点，这些信息的质量参差不齐。企业可以通过建设虚拟社区，聚集企业用户、让员工为企业行为提供评价与建议，由此了解社区成员的需求共性，使企业的后续工作满足用户与员工的期望。

小米公司成立于 2010 年 3 月，是以智能手机、互联网电视和其他智能产品为核心的创新型科技企业。2011 年 8 月小米公司发布了第一款智能手机，同时小米社区正式对外上线。小米公司 2017 年实现了天猫平台"双 11"五连冠。小米公司利用较少自有资源创造了巨大的商业价值，其成长与重视用户契合及价值共创密不可分。小米社区开创了我国虚拟品牌社区发展的新篇章，被众多企业模仿。2017 年年底，小米社区注册会员突破 7950 万。小米社区设有资讯、论坛、酷玩帮、摄影馆、橙色跑、同城会、学院等分类主题，还推出了"爆米花"、摄影大赛等线上活动以增强用户契合程度；除了线上互动，小米公司还将线上的"爆米花"、同城会等活动推广到线下，通过面对面互动进一步增强用户契合程度。小米社区是实现用户契合和价值共创的重要平台，为企业、用户和其他参与者提供了交流的平台，小米的用户、爱好者和员工都可以在小米社区自由交流。小米社区通过累积用户的契合程度提升用户体验，为用户和企业创造价值。

第二节 网络沟通

一、网络沟通的含义

网络沟通就是指以互联网为工具，以文字、声音、图像及其他多媒体为媒介的一种沟通方式。商务沟通中所指的网络沟通的主体是商业组织，计算机网络是沟通媒介，沟通对象是商业组织的内部成员和外部公众。网络沟通是电子沟通的一种，沟通主体需要借助计算机网络来实现相互间的沟通。网络沟通在一定程度上打破了时间与空间的界限，为人与人之间的沟通提供了比传统沟通更大的便利，创造了一种新型的沟通环境。网络沟通的主要方式包括以下几种。

（1）电子邮件。用户可以使用电子邮件来发送文字、图像、声音等；同时，用户还可以通过电子邮件得到大量的信息，并轻松实现信息搜索，这是任何传统的沟通方式都无法比拟的。

视野拓展

企业邮箱是指以企业的域名作为扩展名的电子邮件地址。企业可以由管理员为不同用户开设不同的邮箱，并对这些邮箱进行管理，根据不同的需求设定邮箱的存储空间，而且可以关闭或者删除这些邮箱。

（2）网络新闻。网络新闻与传统的新闻传播相比，在视、听、感方面可带给受众全新的体验。它对无序化的新闻进行有序的整合，并且大大压缩了信息的厚度，可以让人们在最短的时间内获得最及时的新闻信息。网络新闻的发布可省去平面媒体的印刷、出版等环节，速度更快，成本也更低。

（3）即时通信沟通。由于安装便利、使用简单，特别是近年来智能手机的广泛普及，QQ、微信等即时通信工具不仅作为个人通信、即时交流的便捷沟通方式广受青睐，而且在企业管理沟通过程中也得到日益广泛的应用。例如，企业可以通过注册微信公众号、建立微信公众平台，实时对外发布信息，与客户即时交流、互动。企业也可以基于微信建立网络营销平台，或为客户提供网络即时咨询服务。

（4）在线会议。在线会议又称为网络会议或远程协同办公，用户可利用互联网实现不同地点多个用户的数据共享，通过在线会议来完成在线销售、远程客户支持、信息技术支持、远程培训、在线市场活动等任务。在线会议系统可有效地提高与全球各地的客户、合作伙伴以及同事在线协同合作的效率，让产品演示、共享应用程序以及开展专案协作就如同面对面一样。新冠疫情改变了很多会议的举行方式，2020年上半年我国几乎所有的会议都转移到线上，信息技术的发展使各个行业的交流能够在疫情期间得以持续。在线会议的好处是实时、高效、低成本、易操作，可以有效地减少场地、交通、住宿等成本，还能够保障安全，符合疫情期间的市场需求。

（5）远程办公。数据显示，2020年新春复工期间，我国有超过1800万家企业采用了线上远程办公模式，有超过3亿用户使用远程办公软件。远程办公的优势在于工作地点灵活，在家办公节省了通勤时间与交通费用，较为方便、快捷。常用的远程办公软件有钉钉、腾讯会议、企业微信等。

案例阅读与思考

可口可乐的"火炬在线传递"活动

2008年，可口可乐公司曾在中国推出了"火炬在线传递"活动。活动的具体内容是网民在争取到"火炬在线传递"的资格后可获得"火炬大使"的称号，其本人的QQ头像处将出现一枚未点亮的"火炬"图标。如果在 10 分钟内该网民成功邀请了其他用户参加"火炬在线传递"活动，这个图标就将被成功点亮，同时他还将获得可口可乐公司"火炬在线传递"活动专属 QQ 皮肤的使用权。而受邀参加活动的好友就可以继续邀请自己的好友进行火炬在线传递。以此类推。活动方提供的数据显示：在短短 40 天之内，该活动就"拉拢"了 4000 万人参与其中。平均下来，每秒就有 12 人参与。网民们以成为在线火炬传递手为荣，就这样"一传十，十传百，百传千"，正如网民描述的那样"犹如滔滔江水，绵延不绝"。

思考与讨论：

可口可乐公司采用了哪种网络沟通方式？采用这种网络沟通方式有什么优点？

二、网络沟通的优势

网络沟通之所以发展如此迅速并得到广泛应用，这与其本身所具有的优势是密不可分的。网络沟通具有以下几个优势。

（1）大大降低了沟通成本。曾经，IP 电话的产生使跨国公司总部和分部之间电话沟通的成本大大降低。后来，出现了电子邮件，其不仅可以像传真机一样传送文件、数据、表格，而且还可以传输声音和图像，甚至能传输视频信息，同时还增强了信息传输的保密性，便于信息接收者修改并存储信息。而且更重要的是，它几乎不需要任何费用。然而，"千禧世代"（大致指 1980—2000 年出生的一代）在大部分情况下已不再使用电子邮件，而喜欢采用更加便捷的即时通信工具和社交网站与他人联系。

> 微视频
> 网络沟通的优劣势、原则及技术思考

（2）沟通信息直观。Web 2.0 技术的广泛应用、即时通信工具的不断普及，为人们提供了更加直观、立体、方便的沟通方式。通过这些即时通信工具和计算机网络，人们在进行远程沟通的同时，还可以看到对方的表情、神态，真正感受到"地球村"的含义。

（3）极大地节约了信息存储空间。云空间、光盘、数据存储器强大的信息存储能力，节约了大量的信息存储空间，形成信息存储无纸化的趋势，同时也更便于信息的管理。

> 视野拓展
> 每天叫醒我的居然是网课

（4）工作便利化。对那些被工作地域、工作时间制约的员工来讲，网络通信的发展使他们得到了极大的便利。他们现在不一定非要去办公室了，在家通过网络同样可以完成工作。例如，2020 年春天的新冠疫情暴发，全国人民都被号召减少外出和聚集，在家远程办公和学习成为各行各业的选择。

（5）跨平台，容易集成。由于采用标准的 TCP/IP 协议、HTTP 协议，不同的软件可以与组织原有的网络很好地结合（如果组织原来有网络）。同时，这些协议还可以使组织的内部网络与外部网络实现集成。网络在某种程度上使不同的组织在更大程度上联结成一个整体。内部网络为组织管理人员和员工的对话提供了很好的平台，实现了管理人员和员工间的平等沟通。

（6）沟通的虚拟性。在进行网络沟通时，人们可以用虚拟的身份出现，把自己的真实身份隐藏起来。发表见解的人能不受外界的干扰，摆脱他人带来的心理压力，从而达到言论自由。人们可以仅仅借助网络符号，来向别人展示自己；同时也可以根据这些符号，塑造想象中的他人。虚拟性使网络沟通更具吸引力。

（7）沟通的即时性。地铁上、公交车上，人们都拿着自己的手机进行各种沟通；坐在计算机前，人们通过 E-mail 向自己的客户发送邮件，几分钟就可以收到客户回复的邮件，如此反复沟通，交易就完成了；打开公司的自动化办公系统，人们只需单击鼠标，通知、报告、培训课程、考核结果和薪酬信息等一应俱全。微博、微信等即时通信工具将强大的即时沟通功能发挥得淋漓尽致。

　　美国东部时间 2009 年 6 月 25 日下午 5 时许，娱乐新闻网站 TMZ 发布了有关迈克尔·杰克逊因心脏病去世的消息。在迈克尔·杰克逊猝逝的报道还未获得证实之前，已有大批歌迷赶到他生前就医的医院。他们的消息怎么会那么灵通呢？答案是：社交媒体。

　　在迈克尔·杰克逊去世的消息爆出之后，某社交媒体的用户开始大量转发这一消息。死讯出来后 1 个小时，该社交媒体就冒出了 6.5 万条新留言；最高峰时，每分钟新增 5000 条留言。不久，几乎所有拥有该社交媒体账号的明星都更新了状态以示对迈克尔·杰克逊的缅怀。

　　总之，网络沟通使人们可以跨越时间和空间的界限，以更加便利、快速的方式，更直接、更容易地与他人进行沟通。网络影响和改变了人们沟通的方式，大大地提高了沟通效率。

　　信息科技带来的沟通即时性也引起了学者们的注意。澳大利亚莫纳什大学的一项研究发现，青少年经常使用手机容易变得冲动和急躁，会逐渐失去深刻思考的能力。有学者曾指出，现代人经常使用电话、传真机和手机的习惯，已经让他们形成渴望更多选择和马上要得到满足的"即刻性"心态；同时，在沟通变得越来越方便的情况下，人们会把更多的时间花在聊天上，谈些不重要的话题，看似在忙着沟通，却往往忽略了真实的沟通。

视野拓展

开封顺河警方破获一起网络交友诈骗案

三、网络沟通存在的问题

　　网络沟通为组织内部沟通、外部沟通带来了很多利益和便捷。然而，需要注意的是网络沟通也存在以下一些问题。

　　（1）沟通信息超负荷。信息以前所未有的速度在组织与组织、组织与个人、个人与个人之间流转。信息流速加快的必然结果之一，就是组织中的个体接收到的信息量远远超过其所能吸收、处理信息的能力。

　　（2）口头沟通受到极大的限制。在传统的组织沟通中，面对面的口头沟通是沟通过程中的主要形式。随着电话的出现，口头沟通扩展至沟通各方通过电话进行口头上的信息交流，但沟通各方并不见面。这种意义上的口头沟通逊色于传统意义上的口头沟通，不能原汁原味地传递沟通各方的感情和意图。进入网络时代，电话时代意义上的口头沟通的使用也受到了极大的限制。人们越来越青睐微信、QQ、电子邮件和电子公告板等沟通工具。这些沟通工具虽然具有快捷、廉价的优势，但是不够人性化。因为沟通不仅要告知事实，而且要传递情感和意见。在面对面沟通时，人们可以通过对方的表情、声音和动作等来判断其话语的真实性，而借助网络沟通却可能无法实现。虽然现在随着科技的发展，我们已经有效果接近面对面沟通的视频沟通，但它依旧只是"接近"，而不能做到完全一样。总体而言，网络沟通难以保证真实性，互动性差。因此，口头沟通作为能达到沟通目的的最佳方式，在组织沟通中具有不可替代的地位。网络使工作与工作场所的分离成为可能，在崇尚工作自由派的需求得到满足的同时，组织沟通却遭受了严重的打击。而且，遗憾的是，解决面对面的口头沟通不足带来的各种问题的手段和途径还未得到充分的挖掘。

　　（3）信息安全遇到了前所未有的挑战。在体验网络带来的"沟通无极限"时，我们也面临着前所未有的信息安全威胁。作为人类基本权利的"隐私权"也受到了巨大的挑战，难以得到保障。网络犯罪者在网络上不难搜索到"盗号病毒"，也不难下载到相关软件和操作程序。甚至有些网络犯罪者还可以用某种方式得到他人的银行存款账号、社会保险账号以及网上的行踪。这种现象无疑将给人们的生活带来极大的负面影响。

（4）传统道德观念受到挑战。网络沟通既有真实性又有虚拟性。网络可以将相隔天涯的陌生人联系在一起，形成一种虚拟的社会关系。在这种虚拟社会关系中，网络沟通主体必须遵循虚拟社会中已经形成或正在形成的行为规范和价值观。事实上，人们的生活、娱乐、工作在网络沟通中受到真实社会价值观和虚拟社会价值观的双重制约。网络沟通的虚拟性给我们的日常生活带来了新的社会问题，原有的社会道德法则已经不能约束现有的行为。这给我们的道德建设提出了新的课题。

自我测评
你是否患有"手机焦虑症"

四、网络沟通对沟通主体的负面影响

那么，网络沟通给沟通主体带来了怎样的影响呢？

现代人吃饭、逛街，甚至走路、过马路时都会一直看手机，一刻也离不开自己的手机。手机的电量刚低于 80%，人们就开始担心手机没电怎么办……总之，我们中的绝大多数人每天手机不离身，手机时刻都处于开机状态。

当我们在探讨信息科技如何影响我们的沟通方式，进而改变我们对生活和世界的看法时，我们会想到一个问题：处于沟通网络中的沟通主体是否也会因为信息科技的发展而出现一些新的问题？在这里，我们重点探讨两个问题，分别是沟通主体的焦虑感和疏远感。

1. 焦虑感

在现代信息技术下，我们每天都处于"联系"的状态，微信、QQ、电话、短信、电子邮件……美国某位学者曾说过："当我听到跟自己手机铃声类似的音调时，我的大脑会自动把它补全。"也是这位学者发明了"铃声焦虑"这个词，即有的人出现手机铃声幻听，无论手机是否开机，总感觉自己的手机在响，总觉得听到了自己熟悉的手机铃声，每隔几分钟就要翻看一次手机，有时情绪低落，有时异常紧张。

计算机又会产生什么新问题呢？比尔·盖茨（Bill Gates）曾经说过："计算机天生就是用来解决以前没有出现过的问题的。"计算机帮助我们处理了数以亿计的信息和数据，然而它也常常使我们头痛。正如美国电视红人安迪·鲁尼（Andy Rooney）所说，"计算机使很多事情更容易做到，但其中大部分并不是必须的"。加拿大卫生部委托两位教授对加拿大 100 个大型机构的 31 500 位员工进行调查后发现，计算机、手机、因特网和电子邮箱等技术在带来便利的同时，也增大了人们的工作量，使 1/4 的加拿大人每周工作超过 50 个小时。

有了手机，我们常常"24 小时待机"，凡是单位或客户的来电都需要及时回复；有了电子邮箱，我们需要同时处理的信息增多了；有了互联网，我们要从信息的海洋中准确检索到有价值的信息，需要花费更多的时间和精力。在科学管理时代早期，"泰勒制"的推行引发了工人极度的担忧和恐惧——砸机器、破坏厂房。同样，今天的科技巨变也让很多人因海量信息或隐私泄露等问题焦虑不安。

🎲 拓展游戏

安排 5～6 个同学暂时到教室外做打电话者，教室内的其他同学为接电话者。接电话者的手机全部设为震动模式，放在衣裤口袋里或屏幕向下放在桌上。然后让打电话的同学拨打手机号码。教室内的同学不要触碰手机，但要报告自己的手机号码是否被拨打。最后检查哪些同学的手机号码被拨打。

2. 疏远感

过去，主人常常会在结婚宴客之前悉心准备好请帖，亲自登门送请帖邀请客人参加婚宴。

即使有些朋友早已搬家，主人也总是要以各种方式，想办法询问到朋友的新住址，然后当面送上请帖。借着婚宴客的契机，双方有机会面对面沟通，真诚互问近况，彼此之间传递的是浓浓的喜悦，倍感亲近。但是后来，我们时常收到婚宴邀请短信："诚意邀请您参加×××和×××的婚礼——××年×月×日×时××饭店××厅。感谢您一直以来的支持与关爱，我们携手期待着您的到来！"一条普通的短信代替了过去宴客前的面对面交流，在最近几年，人们更是借用微信、QQ等即时通信工具发送类似的重要消息。

杰拉尔丁·海涅（Geraldine Hyne）在《管理沟通：策略与应用》一书中提到，"两个相距一臂的人面对面沟通具有较宽的带宽"，即通过多个感觉器官发送信息，信息容量更大。

显而易见，面对面沟通时，我们可以通过多种渠道捕捉对方发出的信息，能够更为准确地做出受众分析，沟通的内容更能体现出亲近感。例如，我们看到对方的神情放松、平静，听到对方的声音轻柔、舒缓，与对方握手或依偎时感受到对方的善意和关心，或者看到对方头发上淌着汗水，身上穿着篮球运动服，闻到对方身上有一股汗味……通过这些，我们能够感受到对方的心境，知道对方刚做完什么，彼此之间有亲近感。而信息时代的网络沟通使人与人之间的亲近感悄然发生了变化。因此，网上关于现代人越来越疏远、越来越孤独的声音越来越多。而一般认为我们今天成为"低头族"的关键原因是：现代人如此沉迷于无情感的机器——智能手机。以前没有智能手机的年代，下班回家后，人们总是会和家人聊聊一天发生了什么有趣的事，而现在下班回到家里，大家难得一起聊天，都是各自低头拿着自己的手机，翻看朋友圈、聊天、浏览各种页面。于是，人们渐渐变得疏远、孤独。

五、网络沟通的原则

在通过网络进行沟通时，沟通主体必须注意以下几个原则。

视野拓展
即时通信礼仪

（一）彼此尊重，以人为本

网络沟通中需要彼此尊重。如在QQ、微信聊天当中，有些不熟悉的人一上来就发视频请求，更有甚者，你不接受他就不停地发，这些做法是极不尊重人的行为。这种做法最后的结果便是被对方拉入黑名单或被直接删除。因此，网络沟通必须以尊重他人为基础。网络沟通礼仪的核心原则之一是适度。与人交往有分寸才是人们能够接受和需要的，只有把握好分寸才能够更好地塑造个人形象、表现自己的修养和气质。

虽然网络是虚拟的，但是网络沟通首要的一条就是"记住人的存在"。既然你参与了网络沟通，就应该以与在乎自己一样的态度来在乎对方，尊重对方就等于尊重自己。聊天也好、发E-mail也好、跟帖也好，必须以不侵犯他人的言论权为基础，只有言谈举止都恰当，你才能在网络中树立良好形象。这样，你当然也会受别人尊重。

在网络沟通中，虽然看上去我们面对的是机器，但网络礼仪的根本依旧是"人"，"人"应该放在礼仪的首位：一切以"人"为中心，尊重所有网络中的人。

（二）讲究礼仪，加强修养

由于网络使用者拥有不同的文化背景与社会背景，而且网络使用者无法获得面对面时可得知的交谈规范，这时为了表示尊重对方，展现自己使用网络的负责态度，以及避免带给对方使用网络的不便及无意间产生的误解，网络沟通礼仪就显得非常重要。网络礼仪的英文为"Netiquette"，来自"Network Etiquette"。我们从字面上就可以了解到，网络沟通礼仪是一般的礼仪迁移到网络情景下所产生的新名词。网络沟通礼仪使网络使用者能够遵守网络公约，做有礼貌、守规矩、懂得保护自己和避免伤害别人的"网络公民"。

某位学者总结了各种关于网络沟通礼仪的提法，认为网络沟通礼仪主要包括正确、简洁、清楚、安全与隐私以及友善与尊重五大原则，网络沟通礼仪的具体内容如表6.1所示。我们在进行网络沟通时一定要注意遵守这些基本的礼仪规范。

因未经许可传播《红色童话》《永不瞑目》等作品的电子书，上海蛙扑网络技术有限公司曾被北京中文在线文化发展有限公司告上法庭，被判赔偿原告20万元。

表 6.1 网络沟通礼仪的具体内容

五大原则	具体内容
正确	（1）合乎语法 （2）使用合适的格式、用语和称谓
简洁	（1）不重复询问 （2）内容简单明了，谨慎思考后再发送，有效率地回复信息 （3）熟悉网络用语 （4）少用斜体等花式字体 （5）先浏览之前的记录，看看是否已有相同的内容
清楚	（1）尽量使用清楚、完整的句子，注意使用结语和署名 （2）在公开信息中要加入个人联系方式，以方便别人与自己联络 （3）使用电子邮件时，要写明邮件主题，主题中应简述邮件内容，让收件人容易辨识
安全与隐私	（1）不继续使用即时通信软件时，要退出自己的账号 （2）时时提醒自己：这里是公开场合 （3）不把自己或者别人的密码、住址、电话、身份证号码等个人信息透露给网络上的陌生人
友善与尊重	（1）版主、群主等管理人，应该尊重所有成员，不滥用权力 （2）注意大写英文字母带有吼叫之意 （3）时时保持礼貌，不煽风点火 （4）使用表情符号等可以缓和气氛

2004—2006年，北京中文在线文化发展有限公司陆续与王小平、余秋雨、海岩、叶永烈、池莉等作家签订了《个人作品数字图书授权合作协议》，获得了《红色童话》《借我一生》《永不瞑目》等近40部畅销作品的数字版权。上海蛙扑网络技术有限公司由于未经原告许可，在其所经营的"天下网"上通过有线和无线网络传播这些作品，被告上了法庭。上海蛙扑网络技术有限公司辩称，公司仅仅是信息存储空间的网络服务提供者，涉案作品由书友上传，因此公司并未侵权，不应承担赔偿责任。法院认为，涉案作品未经原告许可在"天下网"上传播，侵犯了原告享有的对涉案作品信息网络传播权的独占许可使用权，作为向涉案作品提供信息存储空间的网络服务提供者，被告未尽法定义务，教唆、帮助他人实施侵权，侵犯了原告依法享有的权利，应当就此承担赔偿损失的民事责任。

视野拓展
电子邮件礼仪

在现实中，无论是组织内部成员之间还是不同组织成员之间的沟通交流都需要遵循一定的礼仪，网络沟通中同样也需要遵循常用的礼仪。

随着网络沟通工具的普及，人们越来越依赖利用这些工具传递信息，然而面对面的交流仍然是最重要的管理沟通方式，在面对面的交流中，交流双方可以看到对方的表情和动作，可以确保沟通的有效性与反馈的及时性。有人误以为无纸化办公和电子邮件将全面取代纸上交流。其实，新的交流方式并不会全面取代传统的交流方式，但它们会全面渗透、融入现有的交流方式中。沟通主体必须不断适应全球的合作伙伴、客户、投资者和支持者的不同沟通习惯与交流方式。

案例阅读与思考

一位美国高管的网络沟通错误

某美国公司的一位高管觉得员工太懒惰了，如一上班就给自己冲咖啡，经常待在茶水间里聊天，经常有人下午不到5点提前下班。因此，他给全体员工发了一封电子邮件，邮件中说他希望所有人早上7

点到公司，8点开会，下午5点前不能离开公司。这封邮件被一位员工上传到雅虎网，掀起了轩然大波，因为美国文化是很反对高压管理的。结果这个公司的股价跌了很多，这名高管也因此而辞职。

思考与讨论：

（1）试分析这位高管在网络沟通中犯了什么错误。（2）如果你是这位高管，你会采取什么样的沟通方式来使员工达到这些要求？

♕ 拓展游戏

衔纸杯传水

游戏规则：7~8名同学为一组，男女交替配合。每次2~3组同时进行比赛。

每组的同学只能用嘴衔纸杯。另有辅助人员辅助第一名同学倒水至该同学衔起的纸杯内，该同学再将纸杯内的水倒入下一个同学的纸杯内，以此类推，最后一名同学将纸杯内的水倒入一个小缸内，限定比赛时间为5分钟，最后哪一组缸内的水最多，哪一组就获胜。

📖 知识巩固与技能训练

一、思考与讨论

1．简述信息技术发展对沟通的影响。

2．对于互联网环境下的新媒体沟通方式，你觉得现今比较成功的是哪一种？请举例说明。

本章选择题

3．结合自身感受谈谈网络沟通有哪些优势，存在哪些问题？

4．简述网络沟通需要注意的礼仪。

5．请谈谈你在2020年疫情期间上网课的经历和感受。

二、活动与演练

方法：将全班学生分组，4~6人为一组，要求每组学生结合所学的网络沟通知识和自身使用网络的体会，制定出一份网络沟通行为准则。在课堂上分组进行交流，教师进行评价。

三、案例分析

一天晚上10点23分，宁波王女士所在公司的负责人在工作微信群里发消息，要求大家10分钟内上报当月营业额，不按时上报就辞退。由于王女士当时已经入睡，所以她没有及时回复。结果10分钟过后，这位负责人就在微信工作群通知王女士："你已被辞退了。"王女士第二天去公司上班，被告知因为没有及时汇报工作而被辞退。

问题与分析：

（1）你觉得这位公司负责人的这种沟通方式合适吗？（2）如果你是这个公司的负责人，你会怎么做？（3）如果你是王女士，你接下来应怎么办？（4）这个案例让你看到了信息科技发展下的电子沟通的哪些利弊？你如何评价新技术在商务沟通中的影响？

商务沟通与商务礼仪

📖 学习目标

　　了解商务礼仪的内涵；认识商务礼仪在商务沟通中的作用；了解商务礼仪的基本特点；掌握商务礼仪运用的基本原则。

导入案例

　　吴丽丽至今都记得自己第一次陪客户吃西餐的情形。走进西餐厅，她就看到豪华而气派的装饰，整个餐厅很安静，若有若无的音乐轻轻回荡，这一切让吴丽丽感到惬意的同时又不免紧张。她走到餐桌边，伸手去拖餐椅，这时餐厅的侍者赶紧过来，帮她轻轻挪动椅子。接下来进餐的过程中，她按照左叉右刀的原则使用餐具，但是其实她是左撇子，而且是第一次用刀叉吃西餐，心里很紧张，更显得笨拙。整个进餐过程，吴丽丽觉得像是在受罪，与客户的交流也极其不顺畅。这单生意最终没有谈成，这次经历令她终生难忘。

　　思考与讨论：

　　（1）你知道西餐用餐的礼仪吗？（2）如果你是吴丽丽，你要出席这样一个社交活动，你应如何准备，以让它成为一次成功的商务交往活动？

第一节　商务沟通与商务礼仪的关系

　　孔子说："不学礼，无以立。"这句话说的就是人不懂礼仪文化就无法立身处世。历史发展到今天，礼仪文化不但没有随着市场经济和科技的发展而被抛弃，反而更加受到人们的重视。国家有国家的礼制，民族有民族独特的礼仪习俗，各行各业都有自己的礼仪规范。国际上也有各国共同认可和遵守的礼仪惯例，有的国家和民族还会对不遵守礼仪规范的行为进行处罚。

　　礼仪是人类文明进步的标志。作为一种世界性的文化现象，礼仪在世界各国和各民族的人际交往方面起着普遍的道德规范的作用。

　　1990 年哈佛大学学者约瑟夫（Joseph）在他的著作《注定领导》(*Bound to Lead*) 一书中首次提出了通过自己的吸引力去影响他人和获得他人认同的"软实力"这一概念。在如今知识经济的大环境下，无论是个人还是企业，既要拥有出色的专业技能，又要具备包括礼仪在内的"软技能"。

一、商务礼仪的内涵

在长期的商务交往中，为了商务活动的有序开展，根据一些惯例和各地的习俗，在商务活动过程中形成了一些约定俗成的、共同遵守的、通行的礼仪习惯，这就是商务礼仪。

商务礼仪是指商务活动中的礼仪规范和准则。为了体现相互尊重，社会需要通过一些行为准则去约束人们在商务活动中的方方面面，这其中包括仪容服饰、言谈举止、书信往来、电话沟通等方面的礼仪要求。

商务礼仪源于一般礼仪。商务礼仪特指商务活动中的礼仪规范和准则，是一般礼仪在商务活动中的运用和体现，并且比一般礼仪的内容更加丰富。商务礼仪的实质是商务交往中应该遵守的交往艺术，它是无声的语言，是体现商务人员素质与企业形象的重要标准。同一般礼仪相比，商务礼仪有很强的规范性和可操作性，并且与商务组织的经济效益密切相关，商务礼仪具体表现为礼貌、礼节、仪表、仪式等。

（一）礼貌

礼貌是指人们在商务交往中表示尊重、友好、得体的气度和风范。礼貌是礼仪的行为规范，是指人们在仪容、仪表、仪态和语言、待人接物方面的表现，主要是通过人们的语言和动作表现对他人的尊重。礼貌是个人文化水平和文明程度的体现。良好的教养和道德品质是礼貌的基础，我们可以通过自觉的培养和必要的训练，养成良好的礼貌习惯。在日常生活和工作环境中，习惯性的微笑、善意的问候、得体的举止等都是礼貌的表现。商务交往中有礼貌的人往往待人谦恭、大方热情、举止得体，在商务会面时会自觉地向对方问候，行致意礼或握手礼，说话彬彬有礼，一切礼仪的运用看上去都很自然。

📖 案例阅读与思考

沟通礼仪的重要性

在一次商务活动的社交舞会上，A男士看准了他的营销对象——某公司老总的夫人。于是，A男士急步走到夫人面前，微笑着弯腰90°，双手放在膝盖上，毕恭毕敬地低着头说："我可以请你跳舞吗？"夫人望了望身边的丈夫，停顿片刻说："对不起，我累了……"这时又来了一位B男士，姿态端庄地微笑着，他彬彬有礼地走到夫人面前说："夫人，您好呀！"然后又转向夫人的丈夫，友好地说："您好！先生，我可以邀请您的夫人共舞吗？"这位公司老总微笑着看了看身边的夫人说："你请便吧。"然后B男士转向夫人，同时掌心向上伸出右手，手指向舞池并说："我可以请您跳舞吗？"夫人欣然同意，两人共同步入了舞池。

思考与讨论：

（1）你觉得A男士和B男士的礼仪如何？（2）你觉得公司老总和夫人的礼仪如何？（3）在沟通礼仪中，你觉得自己最接近上面哪一位人士的做法？

（二）礼节

礼节是指人们在社会交往过程中表示尊重、祝颂、问候、哀悼等情感的惯用形式和规范。礼节是礼仪的惯用形式，是礼貌的具体表现方式。例如，现代商务交往中，初次见面行握手礼、交换名片等礼节。从形式上看，礼节具有严格规定的仪式；从内容上看，礼节折射出某种道德准则，反映

着人与人之间的尊重和友善。在行握手礼时，长辈、上级、女士先伸手，晚辈、下级、男士才能伸手相握；交换名片时一般是地位低的人先向地位高的人递名片；对方人员较多时，应先将名片递向职务高或年龄大的人，不清楚对方的职务时，可按照座次递送名片，这些都是礼节。在国际交往中，由于各国的风俗习惯和文化的不同，礼节的具体表达方式也有着明显的差异。例如，握手、点头、鞠躬、双手合十、拥抱、碰鼻子、拍肚皮等，是不同国家、地区和民族见面礼仪的表现形式。礼节是社会交往中人与人之间约定俗成的"法"，是必须遵守的礼仪形式。因此，商务活动中我们应十分注重不同礼节的具体运用，以避免出现"失礼"的行为。

（三）仪表

仪表是广义上的概念，是指人的仪容、服饰、姿态、风度等。仪表能够展现一个人内在的文化修养和审美情趣，得体的仪容和服饰会给他人留下良好的第一印象，从而有助于人际交往。恰当的穿着、优雅的举止有助于树立良好的个人形象。我们要根据自身的条件和出席活动的场合，选择恰当的服饰。

视野拓展

据社会学家研究：一位刚毕业的女学生去应聘秘书职位，如果面试官是男士，最适宜选择浅灰色套裙配蓝色衬衫；如果面试官是女士，穿米色套裙配蓝色衬衫更合适；如果面试官有男有女，则宜选择中间色度的蓝色套裙配白衬衫。

这样的仪表修饰，符合应聘者身份、应聘的职位、角色的定位，也与环境相适应。

（四）仪式

仪式是指在一定场合举行的、具有专门程序和规范的活动。仪式常用在较大和较隆重的场合，如签字仪式、开幕式、剪彩仪式等。在商务活动中，商务人员经常会组织或参加各类商务仪式，这些仪式均有规范的做法，有助于仪式举办方扩大自身影响，树立良好的组织形象，因此，要认真对待、精心准备、注意细节。

视野拓展

签字仪式

商务礼仪作为企业文化和企业理念不可或缺的组成部分，其作用无可替代。在商务活动中，任何一个细微的礼仪疏忽都可能给自身及公司的形象带来损害，甚至会因此失去一些重要的机遇。

二、商务礼仪在商务沟通中的作用

约翰·洛克（John Locke）曾说过："礼仪的目的与作用在于使本来的顽固变柔软，使人们的气质变温和，使其敬重别人，和别人合得来。"一个人能否与周围的人进行有效沟通，这和他在仪表风度、待人接物的礼仪等方面给周围人的某一侧面或正面印象有很大关系。如果熟知商务礼仪，在商务活动中衣着得体、谦恭有礼、善于沟通，那么从一开始就产生了好的"首因效应"，就会给人留下积极而美好的第一印象。商务礼仪在商务沟通中的作用主要有以下几点。

（一）塑造良好的个人形象

商务礼仪与个人形象密切相关，用商务礼仪规范个人的仪容仪表、言谈举止是展示良好个人形象的有效途径。

在美国的一次形象设计的调查中发现，有 76% 的人会根据外表判断他人，有 60% 的人认为外表和服装反映了一个人的社会地位。

（1）留下良好的第一印象。第一印象主要是由人的相貌、仪表和风度举止等方面综合形成的。第一印象在人们的商务交往中起着重要作用。如果第一印象良好，彼此就会继续交往；如果第一印象不好，彼此可能就会中断交往。第一印象还会直接影响商务活动中人们对彼此的品质和特征的评价。商务人员只有充分认识到这一点，才能更好地运用商务礼仪，促进事业的成功。

（2）展示良好的个人素养与风度。美丽的容颜、矫健的身姿和华丽的服饰等，都是表象的东西，是一个人的外在美；而只有将外在美与内在美结合起来，才更有素养与风度。商务礼仪正是衡量商务人员素养与风度的一把标尺，它要求商务人员讲究礼貌、仪表整洁、敬老敬贤、礼让他人等，以展示良好的个人素养与风度。

案例阅读与思考

财税专家的外形

某公司一位女职员是财税专家，她有很好的学历背景，常为客户提供很好的建议，在公司里的表现一直很出色。但当她到客户的公司提供服务时，对方主管却不太重视她的建议，她发挥才能的机会也就不大了。一位时装大师了解了她的情况：她 26 岁，身高 147 厘米，体重 43 千克；在着装方面，她爱穿牛仔裤、旅游鞋、束马尾辫，常背一个双肩书包，充满活力，看起来机敏可爱，喜着童装，像个小女孩。时装大师建议她在外形方面做出改变，并且给出了具体建议。女财税专家照办了，结果，客户的态度有了较大的转变。很快她就成为公司的董事之一。

思考与讨论：

（1）女财税专家为什么在为客户服务时得不到对方主管的重视？（2）你认为时装大师给女财税专家的建议有哪些？为什么？（讨论完之后向老师询问参考答案，分析参考答案与你们讨论结果的异同。）（3）本案例对你有哪些启示？

（二）塑造良好的企业形象

塑造企业形象是指在竞争激烈的商务环境中，通过得体而诚挚的商务接待、拜访、谈判、宴请、通信、社交和馈赠等活动，为企业树立高效、讲信誉、重礼仪、善待商业伙伴的良好形象。礼仪是企业文化、企业精神的重要内容，是塑造企业形象的重要工具。企业最终要通过员工的言谈举止来表现企业形象。商务礼仪更多的是通过形式规范的礼仪来表现企业员工的素质，从而体现该企业的整体素质和形象。无论是领导者还是员工，都应有强烈的形象意识，良好的形象可以给组织带来巨大的经济效益。

据纽约州立大学对《财富》前 1000 名公司的执行总裁的调查，这些总裁们普遍认为如果公司员工能展示给客户良好的形象，公司可以从中受益。员工的形象往往代表公司的形象，公司的形象直接影响着公司的效益，因此保持优秀的公司形象是管理者努力争取的目标之一。

（三）具有较强的沟通作用

商务活动是一种双向交往活动，交往的成功与否，首先取决于沟通效果的好坏，或者说是否取得对方的理解和认可。商务交往实质上是一种交际活动，交际活动也是一个人际传播过程，商务人员销售产品和服务的过程中就在交流和传播企业的商业信息。由于商务交往对象的文化背景、观点往往是不同的，所以商务交往双方的沟通往往不是那么容易，而且经常会产生误解。若交往活动达不到沟通的目的，不仅交往的目的不能实现，而且还可能会给交往双方所代表的组织造成严重的负面影响。商务人员学习和掌握商务礼仪，有助于交往双方的顺利交流和沟通，有助于双方相互理解和认可，从而使商务活动得以顺利进行。

微视频

交换名片

（四）具有协调关系的作用

在商务活动中，商务人员有时会遇到沟通不畅、谈判不顺等问题，或者会遇到同事或客户对自己有敌意等棘手问题，这些问题如果处理不当，就会激化矛盾或导致小事变大，影响商务活动的正常进行，甚至会破坏企业的形象。而通过一定的商务礼仪的巧妙应用，则有助于化解矛盾、消除分歧、相互理解、达成谅解，缓和人与人之间的紧张关系，使之趋于和谐，从而妥善地解决纠纷，让人们广交朋友。在这里，商务礼仪是"一座桥梁"，同时还能起到润滑剂的作用。

拓展游戏

盲人走路

游戏规则：　两人一组。

A先闭上眼将手交给B，B可以虚构任何地形或路线，口述注意事项指引A行进。

如向前走……，迈台阶……，跨过……，向左或向右拐……

然后交换角色，B闭眼将手交给A，A指引B行进。

（五）具有赢得机会的作用

一个人的言谈举止影响着别人对他的看法，而这些看法可能会影响一个人的人际关系，甚至会影响他的发展和职务的晋升。对于一个管理者来说，良好的行为举止可以使管理工作更有效，使人际关系更加和谐，使他更容易得到上级和下级的理解与支持；对于一个员工来说，良好的行为举止可以让他赢得更多的学习和提升的机会，更容易与同事融洽相处，使领导更赏识自己，也更容易得到升迁的机会，使个人生活更幸福；对于一个集体来说，有着良好的礼仪规范就意味着这个集体有着更强的凝聚力，容易赢得更多的发展机遇。

案例阅读与思考

礼仪的作用

日本有一家叫木村事务所的企业想扩建厂房，欲购买一块近郊的土地。董事长木村前后多次上门，费尽口舌，但该土地的所有者——一位老太太，说什么也不卖。一个下雪天，老太太进城购物时顺便来到木村事务所，她本想告诉木村先生死了这份心。老太太推门刚要进去，突然犹豫起来，原来屋内整洁、干净，而她脚下的木屐沾满雪水，肮脏不堪。正当老人欲进又退之时，一位年轻的小姐出现在老人面前："欢迎光临！"这位小姐看到老太太的窘态，马上回屋想为她找一双拖鞋，不巧正好没有了，她便毫不犹豫地把自己的拖鞋脱下来，整齐地放在老人脚前，笑着说："很抱歉，请穿这个好吗？"老太太犹豫了："她不在乎脚冷？""别客气，请穿吧！我没有什么关系。"等老人换好鞋后，这位小姐才问道："夫人，请问我能为您做些什么？""哦，我要找木村先生。""他在楼上，我带您去。"这位小姐就像女儿扶母亲那样，小心翼翼地把老太太扶上楼。于是，老人就在要踏进木村办公室的一瞬间改变了主意，决定把地卖给木村事务所。那位老人后来告诉木村先生："在我漫长的一生中，我遇到的大多数人都是冷酷的。我也去过其他几家想买我地的公司，他们的接待人员没有一个像你这里的职员这么好。真的，我不缺钱花，我不是为了钱才卖地的。"就这样，一个大企业家倾其全力交涉半年也没有做成的事情，竟然因为一个女职员有礼而亲切的举动无意促成了，真是奇妙至极。

思考与讨论：
上述案例体现了哪些优秀的商务礼仪以及商务礼仪的哪些作用？

第二节 商务礼仪的基本特点和原则

《左传》有云："中国有礼仪之大，故称夏；有服章之美，谓之华。"泱泱华夏数千年文明，以礼仪之邦闻名于世，作为一个中国人，我们不仅要好好传承中华文明礼仪，更要懂礼、守礼、将礼仪知识运用到商务沟通中来促进与他人的交流，以获得商务活动的成功。

一、商务礼仪的基本特点

礼仪的本质特点是具有文化性，其属于上层建筑范畴，受经济基础制约并反作用于经济基础。礼仪作为一种特定的社会现象有其独特的属性，具体表现为以下几个特点。

微视频
商务礼仪的基本
特点和原则

（一）礼仪具有规范性

规范，是指约定俗成或明文规定的标准。礼仪的实施要符合一定的社会、民族、时代的规范。礼仪是人们在共同生活和交往的基础上形成的，用来调节一定社会群体成员之间相互关系的一种行为规范，并逐步发展成为每个群体成员都必须遵守的准则。礼仪的规范性，不仅约束着人们在各种交际场合的言谈举止，而且也是人们在不同交际场合中必须采用的一种"通用语言"，是衡量人们是否自律、是否尊重他人的一种尺度。任何人要想在交际场合表现得合乎礼仪、彬彬有礼，就必须无条件地遵守礼仪规范。例如，各种场合惯用的问候语、握手的次序和力度、参加宴会时的着装等。虽然这些规范并没有写进法律、法规要求硬性执行，也没有人监督你去做，但只有按照这些在人类社会千百年来的社会生活实践中长期形成、积累、流传、发展、约定俗成的礼仪规范去做，才能使礼仪的实施达到应有的效果。礼仪规范实际上形成了人们在社会生活中应遵循的模式和在一定时期应走的固定轨道。顺应或遵循它，就会得到社会的认可，生活也会更加和谐、融洽、顺畅、美好；违背或偏离它，往往会遭到社会习俗的惩罚，甚至会付出惨痛的代价。

（二）礼仪具有继承性

微视频
中式宴会礼仪

任何国家的礼仪都是社会历史发展的产物，作为文化积淀和精神财富的礼仪，本身就具有世代相传的继承性。任何国家的礼仪都具有鲜明的特色，任何国家的当代礼仪都是在本国既往礼仪的基础上继承、发展起来的，如果离开了对本国既往礼仪成果的传承、扬弃，就不可能形成当代社会的礼仪。我国有五千多年的文明史，素有"礼仪之邦"的美称，中华民族向来以"知书达理"作为自己的传统美德，礼仪在我国传统文化中占有重要的地位。随着社会的不断进步与发展，礼仪也在不断地发展。传统礼仪中，许多精华被保存下来，融入了当代礼仪，成为今天人们处世行事的规矩和习惯，而其糟粕则被抛弃，不再沿用。当然，礼仪除了有很强的继承性外，还有发展性，并能够充分体现时代特色。礼仪不是一成不变的，随着社会的发展和进步，礼仪文化的内涵与外延都在不断地变化与发展。在经济全球化的过程中，东西方各国的政治、经济、思想、文化等各种因素相互影响，使各国的礼仪在历史传统的基础上，又被赋予了新的内容，体现了时代变化的特征。当前世界各国都很重视礼仪改革，总的趋势是使礼仪更加文明、简洁、实用。

（三）礼仪具有相互性

《礼记·曲礼》有云："礼尚往来，往而不来，非礼也；来而不往，亦非礼也。"这段话的意思是，重视施礼方与受礼方相互之间的来往。人际交往是相互的，是相互尊重的双向交流过程。俗话说，"你敬我一尺，我敬你一丈"，就充分说明了礼仪是相互的。

一般来说，在人际交往中，一方充分地礼待另一方，另一方很少不受感动，通常也会同样礼待对方，从而使双方构建起和谐、融洽的人际关系。

从古至今流传着许多脍炙人口的礼仪双方互动的故事，如著名的"三顾茅庐"。汉朝末年，群雄并起，颇负盛名的刘备并不嫌当时诸葛亮身份低微，多次拜访，终于感动了诸葛亮。诸葛亮出山，为刘备成就了"三国鼎立"的霸业，并为蜀国"鞠躬尽瘁"。又如"蔺相如礼让廉颇"，蔺相如为国家大局着想，放下个人恩怨，不但不与廉颇对着干，而且处处礼让，甚至不惜受辱，终于感动了廉颇。廉颇向他"负荆请罪"，两人成就了一段流传千古的"将相和"佳话。再如"张英让墙"，清代中期文华殿大学士、礼部尚书张英以一首幽默的打油诗"千里家书只为墙，让他三尺又何妨？万里长城今犹在，不见当年秦始皇"，化解了与邻居争地砌院墙的矛盾，从此两家相安无事，并以礼相待，两家院墙之间还多出了一个被后人称颂的"六尺巷"。

历史虽然过去了千百年，但礼仪相互性的特征却是恒久不变的。人们在交往时为建立和谐的人际关系而讲究礼让，并不断加强礼貌、礼仪修养，使自身的礼仪水平日臻完善。可见，礼仪的互动性在协调人际关系方面起着重要的作用。

（四）礼仪具有限定性

微视频
商务礼仪之
领带打法

礼仪不仅适用于交际场合，也适用于一般情况下的人际交往与应酬。在一定的范围内，某种礼仪往往是行之有效的，但离开了这个特定的范围，这种礼仪就未必适用。因此，不能把一种礼仪当作放之四海而皆准的标准，更不能在非交际场合用一种礼仪以不变应万变，必须明确不同场合、不同身份，适用不同的礼仪。这就体现了礼仪的限定性。也就是说，某些礼仪只在一定的场合应用。

例如，大学同学聚会，同学们经历不同，有的同学当了省长，有的同学是处长，有的同学是科长，有的同学是普通教师，有的同学……当大家聚在一起时，通常不按目前各自的工作状况论职排位进行礼仪互动。

（五）礼仪具有差异性

礼仪规范会因时间、空间或对象的不同而有所不同，存在着明显的差异性。俗话说："到什么山唱什么歌。"这句话说明礼仪的应用要考虑时间、地点、场合、对象等因素。礼仪的应用，因不同的时间、地点、场合、对象等，会产生不同的要求和差别限制。古代的某些礼仪规范在今天就不再适用，一个国家或民族的礼仪也不一定适合另一个国家或民族。

例如，我国封建社会时期的"三拜九叩"礼节，在当时若以鞠躬代替跪拜礼是会被视为异端的。但在今天若还应用"三拜九叩"，就显得十分荒唐。因此，尽管礼仪具有继承性，但随着社会的发展，礼仪的时代差别还是很明显的。

（六）礼仪具有民族地域性

礼仪的民族地域性特征决定了不同国家、不同民族间的礼仪必然有着一定的差别。例如，非洲许多国家和地区的礼仪和亚洲的礼仪就截然不同。因此，在对外交往中，人们要了解和熟悉不同国家、民族和地区的不同礼仪习俗，以及在各种场合面对不同对象的不同礼仪要求，规范自己在对外交往中的行为，以免造成不必要的误会与误解。

俗话说："十里不同风，百里不同俗。"不同国家或同一国家的不同民族，都有自身特有的生活地域、生活方式、思维方式、社会文化、风俗习惯，并在长期的社会生活实践中形成了具有本国或本民族特点的礼仪习俗和规范。这些习俗和规范往往有着鲜明的地域性和民族特征，人们在应用礼仪时总会潜移默化地受到民族传统文化的影响。

例如，中国人崇拜龙，是从原始社会的图腾崇拜开始的。进入君主时代，龙成了"真龙天子"的象征。到今天，龙又成了吉祥喜庆的代名词。然而，在英国以至整个西方世界，龙是凶残阴险的标志，人人惧怕、厌恶，而且在很多关于龙（蛇）的故事中，龙总是落得被宰杀的下场。所以，给英国人送带有龙图案的礼物，就是大大的失礼了。又如在西方国家，亲朋好友见面时一般都要拥抱和亲吻脸颊，这是热情友好的表现，而中国人就不习惯；在我国，过去一般是行拱手礼，现在一般是行握手礼，也不失热情友好。

可见不同的国家有着截然不同的礼仪习俗和规范。

礼仪的民族地域特性，使得人们在对外交往时要特别注意"入乡随俗""入境问禁"；充分尊重其他国家或民族的礼仪习俗，以防在对外交往时对其他国家或民族造成不必要的冒犯和误会，从而导致对外交往障碍。同时，各国、各地区、各民族之间相互了解、学习不同的礼仪，有利于促进各国、各地区、各民族之间的沟通和交流，促进经济全球化进程。

因此，礼仪一方面具有强烈的国家、地方、民族特色；另一方面，随着国际交流的深入，信息沟通工具和方式的飞速发展，无形中就会让人们感到国家之间的距离不断被"拉近"，于是人类共同生活的这个世界被大家亲切地称为"地球村"，各国的礼仪出现了相互兼容、相互渗透的现象，并形成了一些各国都能接受的礼仪规范。有句话叫作"越是民族的，便越是世界的"，这句话用在礼仪上十分合适。礼仪除了有很强的民族特色外，还有很重要的民族间、国家间的交流意义。

二、商务礼仪的基本原则

礼仪的原则，是指在遵守礼仪规范时，应遵循的一些基本要求。具体的礼仪规范内容庞杂，又因民族、地域的不同而存在很大的差异。但无论何人、何时、何地，在遵守礼仪规范方面，都有一些需要共同遵循的基本原则。在商务活动中，掌握一定的礼仪原则，以尊重为本，运用恰当的礼仪规范形式，有助于商务活动的成功进行。因此，礼仪的原则是礼仪研究中的一项重要内容。

（一）尊重原则

尊重是礼仪的核心，是人性的需要，是人际交往的基本原则，是企业管理的法宝。古人云：

"仁者爱人,有礼者敬人。爱人者人恒爱之,敬人者人恒敬之。"英国作家高尔思华绥曾说:"尊敬别人,就是尊敬自己。"俄国作家陀思妥耶夫斯基曾说:"对别人不尊敬,就是对自己不尊敬。"这些中外名言都告诉我们:遵守礼仪归根到底是为了获得对他人的尊重。人与人之间只有相互尊重,才能保持和谐的人际关系。在商务交往活动中只有尊重对方,才能保持和谐、愉快的商务关系。不论哪个国家、民族、地区,不论什么时间、场合,所有的礼仪形式,都应体现"尊重"的精神。尊重包括自尊和尊重他人。自尊和尊重他人是礼仪的感情基础。

1. 自尊

自尊不仅指要尊重自己,也指尊重自己所服务的单位,要对所从事的工作全力以赴。

作为商务人员,没有自尊就没有自爱,没有自爱,别人就不会拿你当一回事,没有自尊、自爱就没有尊严。自尊、自爱是通过言行举止、穿衣打扮、待人接物表现出来的。要维护自尊,首先就要注意形象。例如,商务场合中,女性怎样佩戴首饰才能展现出自己良好的形象,表现出良好的教养?这基本有两个方面的要求。第一,以少为佳。商务交往中职业女性的首饰不能佩戴得太多。第二,符合身份。如果你比客户穿戴得还奢华,客户会想:谁为谁服务?

我们只有尊重自己,才能做好其他事情。

2. 尊重他人

尊重他人是商务交往中更高层次的礼仪。每一个人都应尊重他人:尊重上司是一种天职;尊重同事是一种本分;尊重下级是一种美德;尊重客户是一种常识;尊重对手是一种风度;尊重所有人是一种教养。

尊重他人是一种素质、一种修养、一种智慧、一种胸怀,它体现出理解、信任、团结和平等。尊重他人,是心灵沟通的一把钥匙,是维系良好商务关系的纽带。要做到尊重他人,首先在交往中要了解交往对象的情况,然后才能有的放矢地做好其他事情。

上海国泰电影院曾发生过这样一件事。某年年末,电影院经理把所有员工(包括离退休人员)及其家属都请到电影院来参加一个茶话会。会前,该经理专门制作了这些离退休人员和在职员工的生活录像片,在会上放给大家看。每个员工都非常感动。原因很简单:这些人一直干的工作就是给别人放电影,从来未感受过自己出现在银幕上是什么滋味。今天他们有机会在给别人放了无数次电影的电影院里,看自己走上了银幕,领导没有忘记大家的辛苦,大家能不感动吗?因而员工很自然地加深了对自己单位的感情,团体的凝聚力大增。

从这个小故事中我们可以知道,得到尊重是我们每个人的心理需要,尊重别人能够促进事业成功。人人都需要尊重。在商务活动中,需要与交往对象互谦互让、互尊互敬、友好相待。对待他人要牢记最重要的一点——敬人之心长存,处处不可失敬于人,不可伤害他人的尊严,更不能侮辱对方的人格。掌握了这一点,就等于掌握了礼仪的灵魂。

尊重他人的习俗也是尊重他人的表现。

《礼记·曲礼》上说"入境而问禁,入国而问俗,入门而问讳。"由于国情、民族、文化背景的不同,礼仪也存在着差异。这种礼仪差异是不以人的意志为转移的,也是任何人都难以统一的,因此我们对这一客观现实要有正确的认识,不要自高自大、唯我独尊,简单地否定其他人不同于自己的做法。尊重对方特有的风俗习惯,易于增进双方的相互理解和沟通效果,有助于更好地表达亲善、友好之意。

商务沟通——策略、方法与案例

在商务交往活动中，对客观现实要有正确的认识，要想真正做到尊重对方，就必须了解和尊重对方特有的风俗习惯，既不能少见多怪、妄加非议，也不能目中无人、自以为是。必须坚持入乡随俗的原则，使自己的做法与当地绝大多数人的习惯做法保持一致，切勿指手画脚，随意批评、否定当地的风俗习惯。例如，赠送礼品是人之常情，但送礼要考虑对象，基本上要做到对方不喜欢的东西不送。

拓展游戏

全班分为若干小组，5 个同学为一个小组，每组中指定一个同学为"房东"，房东有一套房子出租，其他 4 个同学都是来看房租房的，出的租金是一样的，每个月三千元。租房者在房子（教室）外等候，先后进房子（教室）和房东交谈，最后请"房东"说出把房子租给谁，并说明为什么。

（二）平等原则

平等原则是现代礼仪的基础，是现代礼仪有别于以往礼仪的最主要原则。平等原则，是指以礼待人，有来有往，既不能盛气凌人，也不能卑躬屈膝。古代传统社会等级森严，有形和无形的等级制度将人们划分为不同的等级。近代资本主义的兴起瓦解了旧的等级社会存在的基础，平等成了社会发展的内在要求。资产阶级启蒙思想家洞察了历史的需要，提出了"自由、平等、博爱"的口号，主张人人生来平等，这可以说是现代礼仪的思想基础。

平等原则的适用范围非常广泛，从家庭到组织，从国内到国际，都存在着平等问题。不能因为和交往对象彼此之间在年龄、性别、种族、文化、身份、财富以及关系的亲疏、远近等方面有所不同而厚此薄彼，给予不同待遇。但可以针对不同的交往对象采取不同的具体方法，要具体情况具体分析。要把握分寸，既不能做得过了头，也不能做得不到位。

有一次，英国著名戏剧家萧伯纳（诺贝尔文学奖获得者）访问苏联，在莫斯科街头散步时，遇到了一位可爱的小姑娘，便与她攀谈、玩耍。分手时，萧伯纳对小姑娘说："回去告诉你妈妈，今天同你一起玩的是世界上有名的萧伯纳。"小姑娘望了望萧伯纳，学着大人的口气说："回去告诉你妈妈，今天同你一起玩的是苏联小姑娘安妮娜。"这使萧伯纳大吃一惊，他立刻意识到自己太傲慢了。他感慨万分地说："一个人不论有多大的成就，对任何人都应该平等相待，要永远谦虚。这就是苏联小姑娘给我的教训，我一辈子都忘不了她！"

在实践中贯彻平等原则，不仅需要具有平等观念，而且还要讲究艺术。

一位教授回忆起在延安见到毛泽东时的情景说："我去见主席，主席拿出纸烟来招待我，可不巧的是纸烟只剩下一支了。我想，主席怎么办？他自己吸而不请客人吸，当然不好；请客人吸而自己不吸，客人肯定不同意。而主席将这支烟分成两半，给我半支，他自己半支。从这件事可以看出主席的随和、诚恳、平等和亲切，这使我很感动，终生难忘。"毛泽东就是这样把别人看起来非常尴尬的事情艺术地处理好，以礼相待、以诚相待，给人以平易近人的感觉。

（三）宽容原则

宽容是一种较高的境界。中国有一些谚语，"海纳百川，有容乃大""待人要丰，自奉要约；责己要厚，责人要薄""处事让一步为高，待人宽一分是福"。法国也有类似的谚语，"了解一切，就会宽容一切"。这些谚语告诉我们，与人交往时，既要严于律己，更要宽以待人，要有宽广豁达的胸怀。人性中有恶的成分，但人又追求善，领悟了这一点，还有什么不能坦然面对呢？对他人的一些不同于己、不同于众的个性行为要宽容忍让，对非原则性问题不要斤斤计较，要做到推己及人、心胸开阔。这样才能受人欢迎与尊重，扩大自己的交际空间，有助于缓解乃至消除人与人之间的紧张与矛盾，营造出一种互敬互让的人际氛围。能设身处地为别人着想、能原谅别人的过失，是一种美德，是作为现代人的一种礼仪素养。

茅谈（芝加哥人）曾经在林肯竞选总统期间对其提出了尖刻的批评，而林肯当选美国总统后却为茅谈在大饭店举行了一个欢迎会。虽然茅谈大声辱骂过林肯，但林肯仍很有风度地对茅谈说道："你不该站在那儿，你应该过来和我站在一块儿。"当天的欢迎会十分热闹，宽容的林肯给了不够宽容的茅谈极大的荣耀。之后，茅谈便成了林肯的好朋友。这就说明人们在交际活动中运用礼仪时，要严于律己，更要宽以待人，站在对方的立场去考虑一切，是交朋友的最好方法。要多容忍他人、多体谅他人、多理解他人，千万不要求全责备、斤斤计较、过分苛求他人，更不要咄咄逼人。

案例阅读与思考

威尔逊的宽容

有一天，英国前首相威尔逊在一个广场上举行公开演说，当时广场上聚集了数千人，突然从听众中扔来一个鸡蛋，正好打中他的脸，安保人员马上去搜寻闹事者，结果发现扔鸡蛋的是一个小孩。威尔逊得知之后，先是指示安保人员放走小孩，后来又叫住了小孩，并当众叫助手记下小孩的名字、家里的电话与地址。台下的听众猜想威尔逊可能要处罚小孩，开始骚动起来。这时威尔逊对大家说："我的人生哲学是要在对方的错误中发现我的责任，刚才那位小朋友用鸡蛋打到我，这种行为是很不礼貌的，虽然他的行为不对，但是身为一国首相，我有责任为国家储备人才，那位小朋友从下面那么远的地方能够将鸡蛋扔得这么准，证明他力量不小，瞄得很准，所以我要将他的名字记下来，以便让体育大臣注意栽培他，将来他也许能成为棒球选手，为国效力。"威尔逊的一席话，把听众都说乐了，这使他接下来的演说更有亲和力。

思考与讨论：
威尔逊的宽容给我们什么启示？

（四）遵守约束原则

俗话说，"礼多人不怪"。在交际应酬中，每一位参与者都必须自觉、自愿地遵守礼仪规范，以礼仪规范来要求自己在交际活动中的一言一行、一举一动。

对于礼仪规范，不仅要学习、了解，更重要的是学以致用，要将其付诸个人的社交实践。懂礼节、遵守礼节，会使别人尊重你、认同你、亲近你，无形之中拉近了同他人的心理距离，也为日后合作、共事创造一个宽松的环境。相反，若不注重这些细节问题，触犯了"规矩"，就可能使他人反感，甚至会使双方关系恶化，导致事情朝着坏的方向发展。不论身份贵贱、职位高低、财富多少，任何人都有自觉遵循礼仪规范的义务，否则就会受到公众的指责，并阻碍交往活动的正常进行。所以，在把握原则性问题的前提下，必须注重礼节并尽可能地遵守这些礼节。只有这样才能确保交往活动的正常进行。

从总体上看，礼仪规范由对自身的要求与对他人的做法两部分构成。对自身的要求是礼仪的基础和出发点。学习、应用礼仪，最重要的就是要自我要求、自我约束、自我控制、自我对照、自我反省、自我检讨，这就是所谓的自律。古人云："己所不欲，勿施于人。"若没有对自己严格要求，只求"律人"，遵守礼仪就无从谈起。我们开展礼仪教育和训练，能逐渐使人们树立起内心的道德信念和礼貌修养准则，这样就会使人们自觉按礼仪规范去做。如果大家都自觉依据礼仪规范来待人处世，就能和谐、愉快地与人相处。

只要我们把礼仪的原则铭记在心，规范自己的言行，礼仪就能在社会生活中发挥它应有的作用。

　　日本是一个高度注重文明的国家。1997年亚运会在日本广岛结束的时候，6万人的会场上竟没有一张废纸。全世界的报纸都刊登文章惊叹："可敬、可怕的日本民族！"又如1998年世界杯足球赛在法国举行。据报道，因为赛会方面的球票丑闻，日本数千名交了钱的球迷抵达图卢兹赛场后却无票进场，但他们不骂不闹，服从东道主的安排，在体育馆内通过大屏幕观赛。更令人感动的是，转播结束后，工作人员在清理现场时同样没有发现一点垃圾，所有的废弃物都被日本人装进自备的塑料袋带走了。日本队在第二场比赛中以0∶1输给克罗地亚队后，在场的日本球迷一边伤心地流着眼泪，一边向法国工作人员鞠躬致谢，没有一个人泄愤闹事。

　　遵守礼仪约束宛如一面镜子。参照它，你可以发现一个国家、一个人的品质，是真诚、高尚还是丑陋、粗俗。

　　最后，遵守约束原则还包括遵时守信，"言必信，行必果"。在人际交往中运用礼仪时，要待人以诚、表里如一、言行一致、信守不渝以及"用人不疑，疑人不用"。只有如此，我们在与交往对象交往时，才能表现出对对方的尊重与友好，才能更好地被对方理解和接受。倘若对交往对象口是心非、言行不一、弄虚作假、投机取巧，注定是行不通的。在人际交往中，我们只有赢得他人的信任，才能帮助自己获得成功。

案例阅读与思考

见微知著

　　两位总经理经中间人介绍，相聚谈一笔生意。这是一笔双赢的生意，而且做得好还会"大赢"，看到合作的美好前景，双方的积极性都很高。A首先展示出友好的姿态，恭恭敬敬地递上了自己的名片；B单手把名片接过来，没看就放在了茶几上，然后拿起茶杯喝了几口水，随手又把茶杯压在名片上。A看在眼里，随口谈了几句话，就起身告辞了。事后，他郑重地告诉中间人，这笔生意他不做了。当中间人将这个消息告诉B时，他简直不敢相信自己的耳朵，一拍桌子说："不可能！哪有见钱不赚的人？"他立即打通A的电话，一定要对方讲出个所以然来，A道出了实情："从你接过我名片的动作中，我看到了我们之间的差距，并且预见到了未来的合作可能会有许多的不愉快，因此，还是早放弃为好。"听闻此言，B放下电话痛惜失掉了生意，更为自己的失礼感到羞愧。

　　思考与讨论：

　　（1）B违反了哪些礼仪规范？（2）B应该怎么做才会更好？

知识巩固与技能训练

一、思考与讨论

　　1. 商务礼仪的内涵是什么？

　　2. 商务礼仪有哪些作用？

　　3. 商务礼仪的特点是什么？

　　4. 商务礼仪的基本原则是什么？

　　5. 你有没有因为礼仪导致成功或失败的经历？说一说具体情况。

　　6. 学习本章后，你觉得你会在以后的商务沟通中更注意哪些方面的问题？

　　7. 请为班级制定一份"班级举止文明公约"。

二、活动与演练

　　测一测你的礼仪修养。自我测验，用"是"或"不是"回答下列问题。

　　（1）你对待售货员或饭店的服务员是不是像对待朋友那样很有礼貌？

（2）你是不是很容易生气？

（3）如果有人赞美你，你是不是会向他说"谢谢"？

（4）有人尴尬时，你是不是觉得很有趣？

（5）你是不是很容易展露笑容，甚至是在陌生人的面前？

（6）你是不是会关心别人的幸福和是否舒适？

（7）在你的谈话和书信中，你是不是时常提到自己？

（8）你是不是认为礼仪对一个人无足轻重？

（9）和别人谈话时，你是不是一直很注意对方？

向你的老师询问答案。如果以上问题中有了两题以上你的答案为"不是"，说明你应该在礼仪方面反省自己了。

三、案例分析

一个商人在纽约的大街上行走，这时，对面走来一个卖笔人。只见他头发蓬乱、衣衫褴褛、眼神黯淡、步履沉重，看上去仿佛乞丐一般。商人顿生怜悯之心，他掏出一些钱塞到卖笔人手中就离开了。走了不远，商人忽然意识到了什么，他迅速转身追上卖笔人，从其笔筒中拿了几支笔，恳切地说："真对不起，刚才我忘了拿笔。你和我一样，也是商人，靠自己的劳动挣钱，你会获得成功的，祝你好运。"几年后，这位商人出席一个朋友的宴会，会上一个衣冠楚楚、容光焕发的年轻人举着酒杯走到他身边说："您好，先生，也许您已经忘了我，我就是几年前那个落魄困顿的卖笔人。是您使我意识到了做人的尊严和价值，唤起了我对生活的信心和勇气。我的生意现在已有很大的起色。为此，我对您深表感谢。"然后，年轻人向这个商人深深地鞠了一个躬。

问题与分析：

这个案例反映了商务礼仪的哪些特点、作用和原则？请一一进行分析。

实务篇

第二部分

第八章

8 Chapter

自我沟通

📖 学习目标

　　掌握自我沟通的含义；了解自我沟通的特征；掌握自我沟通的方式；掌握自我沟通的方法；掌握自我沟通的技巧。

> **导入案例**
>
> 　　在知乎上有这样的提问："为什么有些人开车回家后，不是直接回家而是要在车上坐一会儿？"
>
> 　　有人这样回答："在生活中，我是妻子，是母亲，是员工，是要叫老公起床的'闹钟'，是帮忙写孩子所在班级博客的热心家长，是与客户沟通的'工作狂'，还是会嘘寒问暖的好女儿、好儿媳。这些身份叠加在一起，把'自我'的部分挤压到了极致，而在车里安静地将自己放空几分钟，为我争取了一点喘息的时间……"
>
> 　　**思考与讨论**：你是如何理解"她"这段独自待在车里的时间的？你觉得待在车里的"她"做了什么？

第一节　自我沟通的含义和重要性

一、自我沟通的含义

　　心理专家的研究发现，人的内心世界隐藏着一种重要的沟通关系，就是自己跟自己的沟通，即沟通不仅可以在不同的人之间发生，也可以在同一个人内部发生。这种在同一个人内部发生的沟通过程，包括思想、情感、看待自己的方式，就是自我沟通。自言自语是最明显的自我沟通过程。例如，小孩搭积木时，口中常念念有词："这一块应该放这儿。不对，应该放这儿。对，就是放这儿。"这就是典型的自我沟通过程。当成年人完成比较困难的任务，如开发出新产品时，也常常会出现自言自语式的自我沟通。

　　在现实生活中，当一个人自我沟通良好的时候，内心会很和谐，他跟外人的沟通也会很融洽。而如果一个人天天跟自己较劲，不断发生内心的冲突和纠结，他的外部沟通关系也一定是矛盾重重的，正所谓内呼外应，内心不宁，对外也不会友好。我们看到有的人 T 恤上印着。"烦着呢，别理我！""烦着呢"就是内心冲突和矛盾的反映，"别理我"就是对外部沟通的拒绝。这就是典型的内呼外应的例子。

📹 **微视频**

自我沟通概述

[QR code]

二、自我沟通的重要性

很多人总是处于忙碌的状态，参加各种各样的活动，忙得团团转，仿佛一停下来就不能面对空虚的自己；很多人追求功成名就，寻求别人的赞美和肯定，但是并不知道自己真正为了什么而这样做；很多人会控制、强迫、批判、指责别人和自己，永远都在挑剔和比较，想要保持良好的形象，在寻求别人的赞赏、尊重和认同之中，迷失了自己；还有很多人会不自觉地把内心对自己的否定投射到别人身上，认为别人也会这样否定自己。例如，一个自卑的人内心看不起自己，也会觉得别人都看不起自己；一个内心觉得自己丑的人也会认为别人觉得自己丑……外部世界永远不稳定，永远在变化，如果我们总是向外看、向外寻找，我们是得不到固定的答案的。我们只有向内寻找、向内沟通，才能达到内心的稳定。自我沟通会为我们打开一个广阔的内在空间。

一个人的自我认知和自我定位是通过持续的自我沟通实现的。

自我沟通的目的是在取得自我认同的基础上，更有效率、更有效益地解决现实问题，从而使内在和外在得到统一。当你跟自己的"关系"变得平和、包容、客观了，内心的冲突和矛盾就减少了，心情自然也就变好了。心情变好了，看外部世界的很多东西也都是美好的，和其他人的关系也就慢慢变和谐了。"要说服他人，首先要说服自己"就是对自我沟通重要性和必要性的现实概括。因此，自我沟通是人际沟通与群体沟通的基础。

国际精神医学大师欧文·亚隆曾说过："一个人要完全与另一个人发生关联，就必须先跟自己发生关联。如果我们不能拥抱我们自身的孤独，我们就只是利用他人作为对抗孤独的一面挡箭牌而已。"

一般来说，通过良好的自我沟通，我们能够做到以下几点。①了解自己的优势和不足，明确自己与他人的差异所在，懂得差异存在的价值。②制订并实施自我完善的计划，量身定制适合自己的人生规划和职业目标。③提升自己对环境、现实的适应力，改善人际关系，提高工作效率。④客观地看待生活、工作中的挫折，愉快生活，珍惜生命。

微视频
为什么我们需要自我认知

对于商务工作者，自我沟通更有其重要性。善于自我沟通和正确认识自己会使我们对他人有更多的了解。通常，善于自我沟通会使我们更容易和同事或客户和谐相处，更能赢得大家的信任，更令大家信服。善于自我沟通也会使我们更乐意倾听他人的意见，并勇于纠正自己的缺点。在这样和谐的氛围中，由于沟通不畅而引起的冲突就会大大减少。显然，良好的自我沟通意识和正确的自我认知，是做好商务工作的基本前提。

研究表明，出色的商务管理者都有良好的自我沟通习惯，他们十分了解自己的长处和不足。他们不仅懂得怎样扬长避短，而且懂得怎样改进和提升自我以弥补自身的不足，并善于和那些与自己优势互补的人一起工作。他们会经常自我反省，不断完善自我，更深刻地了解自我。很难想象，一个不善于自我沟通、不了解自我的人，或一个不知道自己的优势所在、不了解自己有哪些不足的人能够领导一班人马在激烈的竞争中从容打拼。显然，良好的自我沟通、正确的自我认知，会使我们站在一个更高的工作起点上参与竞争。

拓展游戏
自我评估

第二节　自我沟通的特征和方式

一、自我沟通的特征

人们在对别人说出一句话或做出一个举动前，往往经历了复杂的自我沟通过程。不过，只有在反复斟酌一句话，或反复考虑一个举动时，人们才能清楚地意识到这种过程的存在。自我沟通过程是与他人成功沟通的基础。

我们来分析一个自我沟通的案例。

当小李爱上漂亮、迷人的姑娘小红后，他在向她表白自己的爱意之前，必然要在内心进行一次自我沟通：首先评估自己的优势与劣势，然后分析小红身边是否有强大的竞争对手，最后评估一下自己表白后的成功概率。在心中有一定把握的前提下，还要对表白的方式进行自我沟通：是当面表白还是书面表白，是直接表白还是通过第三人间接表白等。

从以上例子我们也可以看出，相对于人际沟通过程，自我沟通有其自身的特殊性，主要表现在：其一，自我沟通的主体和客体都是同一个人——"我"；其二，自我沟通的目的在于说服自己；其三，自我沟通过程中的反馈来自"我"本身；其四，自我沟通渠道也是"我"自身，如自言自语、写日记、写随感或给出心理暗示等。

二、自我沟通的方式

自我沟通是个体的一种思维过程，因此，自我沟通不受时间和地点的限制，我们随时随地都可以进行自我沟通。自我沟通主要有以下几种方式。

（一）自我认知

自我认知也称为自我意识，是个体对自我存在的觉察，包括对自己的行为和心理状态的认知。老子说过："知人者智，自知者明。"正确地认识自我是自我沟通的关键，也是扮演好自身角色、实现自我目标的重要前提。也许有人会问："人自出生就一直在感知自我，难道还有人会不了解自我吗？"其实，认识自我并非易事，因为我们看待自己与别人看待我们是有差异的，而且我们往往并不一定完全了解内在的自我和真实的自我。

视野拓展
如何爱与接纳自己

（二）自我分析

自我分析是指个体借助自我认知能力，对自己进行全方位的解析和评价。管理学上常用的SWOT分析法也可以用于自我分析，即个体针对自身的优势（Strength）、劣势（Weakness）以及对自己所处环境中可能存在的机会（Opportunity）和威胁（Threat）进行态势分析。通过 SWOT分析，个体可以将自身的优势和劣势、可能存在的机会和威胁等一一列举出来，并进行系统分析：①评估自己的长处和短处。例如，确认自己擅长做什么，不擅长做什么。然后基于自己的实际情况作出两种选择：一种是选择自己擅长的；另一种是放弃自己不擅长的。②找出自己的发展机遇和所面临的威胁。确认自己面临哪些机会，以抓住机会提升自我，同时应极力回避或减少威胁。

（三）自我反思和自我批评

自我反思是个体对自身知识、意识、观念的审视与重构，是对自己过去或当前言行等的反省。人非圣贤，每个人都会存在各种缺点，但并非每个人都能客观地看到自己的不足。自我反思可作为一面镜子，帮助我们发现自己内心存在的问题。如果我们能经常进行自我反思，就可以清醒而理性地认识自己，使自己对事物保持正确的判断。通过自我反思，自己还可以及时认识和改正错误。经常进行自我反思，我们能够正确地认识自己、不断地完善自己，使自己在反思中保持清醒的头脑和明辨是非的能力。显然，自我反思使人进步，善于反思使人睿智。能够

平心静气地审视自己、客观地反思自己，既是自我沟通的基本要求，又是商务工作者必备的基本素质。

自我批评就是个体对自己的缺点和不足进行自我检讨与纠正的心理活动过程。英国小说家毛姆在《人类的枷锁》一书中写道："人们请你批评的本意其实是想听你的赞扬。"这句话一针见血地指出了人性的弱点。事实上，当别人指出自己的缺点和错误时，我们通常都会出于自尊而感到不快，内心也常常拒绝接受这些批评和意见，即使这些批评和意见是善意和正确的。显然，如果通过自我反思事先意识到自己的这些错误，我们即可在内心坦然地接受他人对自己的批评而无须考虑自尊与颜面，并很快在行为上加以自我纠正。

（四）自我暗示

自我暗示是个体通过自己的认知、言语、想象等心理活动对自己进行刺激，以影响自己的情绪、意志和行为的一种心理调节方法。通常，暗示是指采用含蓄的方式，如通过语言、行动等刺激手段对他人或自己的心理、行为产生影响，使他人或自己接受某种观念，或按某一种方式进行活动。运用自我暗示进行自我沟通，目的就是通过调动自身潜在的力量激励自我、调节自我、重塑自我，使自己处于最佳精神状态。如乒乓球运动员在大战对手的过程中，时常握拳呐喊，以鼓舞斗志。又如一些驾驶员在车窗前悬挂平安吊坠以求平安。凡此种种，都是通过自我暗示对自己的心理和行为产生激励作用。然而，应该指出的是，自我暗示具有双重性，既有积极的自我暗示，也有消极的自我暗示。前者有助于激励自我、振奋精神，后者则使人意志消沉、丧失斗志。在运用自我暗示进行自我沟通时，应多用积极的自我暗示鼓舞自己的斗志，多以积极向上的思想、语言激励自己，尽量避免消极的自我暗示。

请对照表 8.1 中发生的事情，对比消极的自我暗示和积极的自我暗示的区别。

表 8.1 消极的自我暗示和积极的自我暗示的区别

发生的事情	消极的自我暗示	积极的自我暗示
当你刚刚在同事面前做了一件错事时，你对自己说：	"现在，他们知道我没用了！"	"下次，我会……"
当你第一次做某件事并且发现做起来很困难时，你对自己说：	"我太笨了，什么也学不会！"	"我以前学过类似的东西，如果我坚持，我会做好的！"
当你忘记做某件你许诺过的事时，你对自己说：	"我怎么这样愚蠢和健忘？！"	"这将是一个挑战，我要保持镇静，一切都会变好的。"
当你与此前从不认识的人一同走进会场时，你对你自己说：	"我讨厌与这个陌生人走在一起。"	"我应该适应这种情况，最好能和他熟悉起来，只是我该如何行动……"
当你的老板叫你过去而你不知道为什么时，你对自己说：	"突然叫我过去，肯定是我又做错了什么！"	"我想知道发生了什么。"
当你摔倒在去商店的路上时，你对自己说：	"我真蠢，我甚至不能做到走在路上不出丑！"	"哎呀！我应该好好注意走路。"
当你跑着去赶一个要迟到的重要约会时，你对自己说：	"我相信我又要迟到了，我总是迟到，把事情弄得一团糟。"	"迟到不是我的一贯风格，我最好打一个电话通知他们。"

续表

发生的事情	消极的自我暗示	积极的自我暗示
当你做一件把握不大的事情时，你对自己说：	"我做这种事是没有希望了，总是做不好。"	"这是我必须做的，而我知道我能做好。"
当你把某件事做得非常出色时，你对自己说：	"奇迹发生了，真幸运。"	"我做得真不错。"

事实表明，积极的自我暗示有利于激发自己的潜能，潜移默化地激励自己走向成功。

（五）自我激励

自我激励指的是个体使自己产生内在的动力，向所期盼的目标前进的心理活动过程。自我激励可以表现在自我约束以克制冲动和延迟满足，或通过自我鞭策保持对学习和工作的高度热忱以向所期盼的目标前进等方面。心理学家对人类行为的研究表明，没有受到激励的人，其能力仅发挥了不到 20%，而受到激励后，其能力的发挥相当于激励前的 3～4 倍。通常，这种激励可以通过个体对自身的激励或受到外部的激励来实现，应该指出，外部激励毕竟是有限的。多数成功者的经历表明，强烈的自我激励是成功的先决条件。人们在前进中需要勇气与力量，其内心常常存在需要激励的欲望。如果没有激励，人们就会缺乏热情，丧失信心。因此，在自我沟通中，我们要经常自我激励，鼓舞斗志。2007 年，在上海举办的特奥会的口号为"你行，我也行"，这就是一个自我激励的例子。人生就像一个大舞台，虽然有时会有人为我们鼓掌喝彩，但我们真正需要的还是来自内心深处的持续不断的自我激励。

在自我沟通的过程中，心中的理想与目标便是认识自我、激励自我的内在动力与精神支柱。为了实现理想和目标，人们会积极、主动地调适自我，反省自我，并在重新认识自我的过程中不断激励自我，从而实现自我超越。

案例阅读与思考

尼克·胡哲的奋斗故事

尼克·胡哲（Nick Vujicic，1982 年 12 月 4 日生于澳大利亚墨尔本），塞尔维亚裔澳大利亚籍，"没有四肢的生命"（Life Without Limbs）组织创办人。他生来肢体是残疾的，从肩部开始，没有上肢；从臀部开始，没有下肢。这在医学上被称为"海豹肢症"。但他勇于面对身体残疾，创造了生命的奇迹。

在尼克的整个童年，他都在与自卑和孤独做斗争，例如，他会问："为什么我与其他孩子不同？为什么我一出生就没有手足？"他会想他的人生目标是什么，或者他根本就没有目标。尼克经历过许多挫折，在 7 岁时，他尝试了许多特殊设计的电子手臂和双腿，希望自己能和其他孩子有更多的相似之处。在使用电子手臂的一段时间里，尼克认识到即使他使用这些设备也改变不了别人对他歧视的目光，并且这些设备对于他来说太沉重了，他的心灵受到了严重的影响，他甚至曾经想过淹死自己。

随着尼克的成长，他学会了怎样应付自身的不足并开始做越来越多的事情。他开始适应生存环境，找到一些方法去完成其他人必须靠手足才可以完成的事情，如刷牙、洗头、使用计算机、游泳、运动等。

尼克·胡哲精彩的人生

随着时间的推移，尼克开始热爱他的生活环境并完成更伟大的事情。在读七年级的时候，他被选为学生会主席，与学生会的其他人一起工作，处理地方慈善机构和残疾组织的各种事情。毕业之后，尼克继续学习深造，并取得了会计和金融企划的双学士学位。

在 25 岁时，这位失去手足的年轻人所完成的事情要比很多同龄人的两倍还多。尼克是一个国际公益组织的总裁，同时又拥有鼓励人心的演讲公司。自从尼克 19 岁完成第一次充满力量的演讲之后，他的足迹开始遍布全世界，他与数十亿人分享他的故事、经历，为各行各业的人演讲。

在一次采访中，尼克曾说："人们问我'你怎么能笑呢？'，然后他们就会意识到'如果现在有一个没有手足的青年能生活得比我有意义，世界上就会有一些比用眼睛看到的更有意义的事情'"。

思考与讨论：

（1）尼克·胡哲对自我的认识经过了怎样的变化？（2）尼克·胡哲的奋斗故事对你有什么启发？

第三节　自我沟通的方法

作为商务工作者，应具备良好的自我沟通能力。一般来说，自我沟通能力与个人的成长经历和自我学习意识与自我学习能力的强弱程度密切相关。通常，我们可以通过以下方法来提升自我沟通能力。

一、增强自我沟通意识

自我沟通意识是个体在沟通之前或在沟通过程中的一种自觉的思维行为。积极的自我沟通意识有助于指导和改进个体的行为。与人际沟通相比，自我沟通更依赖于自我沟通意识。换句话说，一个人如果缺乏自我沟通意识，就很难进行有效的自我沟通。因此，自我沟通意识是进行自我沟通的基础。

自我沟通，就是与自己对话；自我沟通，就是寻找真实的自我。增强自我沟通意识，就是要使自己养成自我对话的良好习惯。

微视频
自我沟通的策略

著名作家毕淑敏在《在雪原与星空之间》里这样写道：

你必得一个人和日月星辰对话，

和江河湖海晤谈，

和每一棵树握手，

和每一株草耳鬓厮磨，

你才会顿悟宇宙之大、生命之微、时间之贵、死亡之近。

这些和自然的对话也可以理解为自我沟通。当我们有了自我沟通的意识，我们会发现自我沟通可以无处不在，而且有些人会发现自我沟通不仅不是以前自己认为的什么"幼稚""幻想""不正常"，反而是很宝贵的内心体验。

2020年年初，一场新冠疫情迅速蔓延到全国，因为这种新型病毒的高传染性，全国人民被号召待在家里自我隔离，由于在家隔离的时间很长，又由于大量真假难辨的信息的出现，每个人的心理或多或少都受到了影响。有不少人出现了情绪问题，如焦虑、恐惧、失眠等，甚至一些人还出现了疾病，降低了自己的免疫力。而那些有自我沟通意识和良好自我沟通习惯的人却都比较顺利地渡过了这场危机。

中国有句古话："正气存内，邪不可干。"这句话也可以解释为：信心与正能量会激发人体潜在的免疫力，从而有助于达到抗击病毒的目的。所以那些拥有强大的心理力量的人，就能更容易地渡过难关。

增强自我沟通意识，能够使沟通主体在人际沟通实践过程中，不仅更善于与沟通客体进行有效沟通，而且会因经常将自身作为沟通对象，倾听自己内心的声音，了解自身的个性与处境，自觉自省，及时反思自己或寻求自我认同。具备良好的自我沟通意识，不仅可以使我们及时找出自己的缺陷和努力前行的方向，也有利于我们发现自身的优势从而自我激励。

二、全面认识自我

我们可以通过不断的学习和实践，深刻地体会自我，客观地认识自我，看清自己到底在追求什么，全面认识自己的能力、地位、优点、缺点、偏见、态度、价值观和领悟能力，从而迅速找到自己的社会价值，扬长避短，充分发挥自己的最大潜能。

由约瑟夫·卢夫特和哈里·英格拉姆提出的用于分析人际关系和传播的"约哈里窗"，十分清晰地揭示出我们在认识自我的过程中存在偏差，同时也揭示了个体进行沟通和处理信息的方式。它不仅有助于我们全面认识自我，而且有助于我们更加客观地了解他人，从而减少沟通中的知觉偏差。

"约哈里窗"将人的心灵想象成一扇窗，其中的四个区域分别代表个体特征中与沟通有关的部分，如图 8.1 所示。

第一扇窗：公开的我。这个区域包括我们自己和他人都知道的信息，它反映出彼此相互理解并分享信息，如关于你的教育背景与工作表现，你和同事通常都非常了解。在这个区域，我们自己了解，他人也了解，双方不存在沟通障碍。共同拥有的信息直接来自有效的反馈与公开场合。当然，沟通的畅通程度会因人、因时、因地而异，主要取决于我们与沟通对象之间关系融洽的程度。假设生产率和人际关系效率直接关系到共同拥有的信息，那么，你的公开区域越大，生产率和人际关系效率越倾向于高回报和高效率。

图 8.1　自我认知之"约哈里窗"

第二扇窗：背脊的我。这个区域包括那些他人全部知道而自己却一无所知的信息，是一个隐藏起来且难以察觉的区域。例如，你在紧张时表现出来的习惯动作是什么？又如，你的上级究竟需要你有多大的能力去组织与领导一个项目团队的工作？通常，除非经过专门、坦诚的探讨，否则你不可能知道答案。此外，你的同事如何评价你的管理与沟通能力？是独裁专断还是优柔寡断？通常你也无法真正了解。常言道，"当局者迷，旁观者清"。因此，必须通过不断的沟通获得反馈，才能了解他人对自己的评价。

第三扇窗：隐秘的我。这个区域包括自己知道而他人完全不知道的信息。在工作场合，这里指的是你的同事或其他重要的人并不了解你的工作能力或你对大家的看法等方面的信息。由于你察觉到同事对于工作关系存在偏见，或者考虑到个人发展的长远计划，或者害怕遭人嘲笑或遇到刁难、报复等，你有时会表现得很含蓄，并不对所有的人敞开心扉。换言之，你是戴着"面具"在与人交往。显然，过度自我暴露会显得天真、幼稚，但是过于自我封闭又会拒人于千里之外。

第四扇窗：潜在的我。这个区域由他人不知道且自己也不知道的信息组成，是一个具有潜力与创造力的区域。有效的沟通可以增强与他人的工作联系和自我认知，从而缩小这个未知区域的范围。通过自我学习与团队学习来促进自我潜力的开发，还可以将潜在意识与愿望变成美好的现实。

三、客观评价自己

正确认识和客观评价自己是使自己的心理保持平衡的重要方法，也是使自己与环境相适应的重要前提。使自己的心理处于平衡状态，本质上就是使自己处于适应环境的状态。一个人对自己评价过高或过低，都会影响其与周围人的关系。因此，我们在生活和工作中应不断反省自我、审视自我，既要充分了解自己的优点，又要正确认识自身的不足。唯有如此，才能保持心理平衡，使自己以一种健康、乐观的心态适应环境。通常，人们可以借助来自各方面的反馈正确认识和客观评价自己。

（1）来自亲友的反馈。出于人性中面对亲友的特殊心理，爱你的亲友在对你进行评价时往往认同占主导地位，他们在指出你的优点或缺点时，会不自觉地淡化你的缺点、强化你的优点。倒是和你关系不是那么密切的亲友会直接指出你的缺点和不足，且他们的评价更接近你的真实情况。

（2）来自学习、工作环境中同学或同事的反馈。由于这些人与你相处时间长，联系密切，互相之间更加了解，这种了解是一种更具理性的了解，所以其评价更能反映客观实际。

（3）来自自身的反馈。这是一个审视自我、了解自我的特殊途径，通过自我肯定、自我评价等内心沟通活动来实现。自身反馈的客观性因人而异，但我们可以通过学习加以改善以更接近理性和客观。

在此不得不提到性格因素的影响，因为人的性格各异，有些人会因为自己的性格而不能客观地评价自己。

在普通人眼里有"性格内向"和"性格外向"之分。很多人会认为性格外向是"好的"，而性格内向是"不好的"。有些人发现：无论我如何努力，也不能具有那些外向的品质，所以我认为自己是什么地方有点问题；我不理解自己的许多事情——为什么在其他人感觉很兴奋的环境中，我却感到压力巨大？为什么我感到自己像一条离水之鱼？

我们必须懂得，每种性格都有它的闪光点。无论哪种性格的人，都可以活出独一无二的自己。

我们要学会欣赏每种性格，性格内向的人最显著的特征是他们的力量来源于他们的内在世界，如在思想、情绪和观念中获得力量。他们善于保存精力，但也容易受到外部世界的刺激，并体验到不舒服的"刺激太多"的感觉。而性格外向的人，他们的力量来源是外部世界——如各种各样的社交活动、形形色色的人们、不同的场合和事物。他们是精力的挥霍者。长时间置身事外、沉思、独处，或只与另一个人待在一起，难以使他们感觉兴奋。

我们要欣赏自己固有的个性，无论是哪种情况，我们都可以遵循自己的内心需求，如控制自己的社会交往，以免被弄得精疲力竭；再如性格内向的人需要平衡独处的时间以及参与外界活动的时间，否则他们会失去很多的机会和已建立的人际关系。性格外向的人需要平衡交际的时间及休息的时间，否则他们会在各种各样令人焦虑的活动中迷失自我。

基于以上论述，汇总多方面的反馈，并结合自我觉察，方可正确、客观地描绘一个真实的自我，即正确、客观地了解自我、认识自我，从而为良好的自我沟通和人际沟通奠定基础。

世界发明大王爱迪生，小时候被老师认为是"臭脑袋"的笨孩子。可是，爱迪生并不认为自己笨。他坚持自己的兴趣爱好，努力学习，结果成为世界闻名的发明家。

四、顺应客观环境

到了一个新环境（如加入一个新的团队），就要去了解它、认识它，尤其是要了解自己所处的环境与之前相比有哪些变化和特点，针对这些变化和特点，明白自己应该做出哪些调整。柏拉图说过："决定一个人心情的，不在于环境，而在于心境。"要想拥有好的心境，就要正确认识自我，客观地认识环境并以积极、开放的心态去适应和接受它。人们常说："我们改变不了天气，但可以调节自己的心情。"通过自我调整，顺应客观环境，我们可以保持积极向上的精神状态。

同样是在 2020 年年初，由新冠疫情而导致全国人民待在家里自我隔离的时期，我们能看到很多人在抖音上展示自己苦中作乐的生活：被困在农村老家的人，在磨盘旁扮起了"毛驴"；有人在给橘子"接生"；有的一家人演起了情景剧。疫情让他们无法自由出门，但他们顺应客观环境，在家里创造了另一个精彩、有趣的小世界。

在自我沟通的过程中，以自我调适的方式去适应环境，本质上就是在调整人与人之间的关系。人的一切行为都是建立在人际关系的基础上的，保持良好的人际关系是自我调适的重要内容。在与他人交往的过程中应保持一颗平常心，严于律己，宽以待人，学会换位思考，以积极的视角去审视那些令人不快的人和事。总之，只有充分认识自我，充分认识自身和环境的关系，才能调整自我，使自己始终保持积极乐观的情绪，努力克服消极情绪，增强对环境适应的能力。

视野拓展

改善人际关系的十条法则

五、勤于学习

有时你会无所适从，因为缺乏智者的点拨，难以帮助你厘清认知。而一个愿意和敢于冒犯你，直接点醒你的人，是可遇不可求的。而书本可以是这个直接点醒你又可求的"人"。要想养成良好的自我沟通习惯，需要长期的训练，而训练的最好方法就是勤于学习与阅读。

勤于学习和阅读，才会避免出现一些负面情绪导致的低级的条件反射，从而使自己能和外界进行更顺畅的沟通。而这种认知的高度，取决于平时的思索沉淀。

设想一下，一个有智慧的人，在对未来心中有数的情况下，他会焦虑吗？对对方的无礼，他有办法保护自己，他会愤怒、恐惧吗？

视野拓展

如何自我照顾、应对心理崩溃

所以，要避免出现沟通过程中那些破坏性极强的负面情绪，最重要的就在于我们自己要足够强大。我们自己有办法，就不会有那么强烈的负面情绪；我们自己心中有数，就可以从容应对。

很多人以为内心强大的人，都有着与众不同的自信和能量，从不害怕什么。其实不然，每个人都会害怕。但究竟是什么让他们的内心更强大呢？就是他们不断地学习新的知识之后，不再那么恐惧困难、变化和选择，他们可能在心里和自己这么沟通：我也不知道明天到底会怎样，但我知道，如果明天不是那么美，至少我有能力熬过去，别人都放弃的时候，我就是赢家。这就是底气，也是内心强大的人真正的心态。

内心强大不是天生的，有一句话说得很好："有些人的生命没有风景，是因为他只在别人造好的、最方便的水管里流淌。你不要理那些水管，你要亲身流经一个又一个风景，你才会是一条河。"

节目主持人蔡康永曾经举过这样一个面对困难的例子：我们会遇见各种墙。我们推墙十下，墙不会倒；我们推墙百下，墙也不会倒；我们推墙千万下，墙还是不会倒。墙就是不会倒，但我们会变成肌肉强健、有力量的人。墙不倒，不该成为我们甘愿当弱者的借口。面对困难，我们的第一反应不应是逃避，而应是迎难而上，通过学习来使自己变得更强大。尤其是在人生的前半段，你越嫌麻烦，越懒得学，以后就越可能错过机遇，错过更高平台上的好风景。这也就造成了人和人在强大与否方面的差异。这样的结果就是：一个人可以选择的路会越来越少，而另一个人可以选择的自由空间却越来越大。这就像一棵大树，向上伸出的枝桠越多，能自我庇护的范围就越大；向下伸展的根茎越多，能吸收的养分就越多。我们如果既没有"枝桠"，也没有"根茎"，自然就会觉得自己像风一吹就会倒的小草。

在荣获 1995 年多项奥斯卡金像奖奖项的影片《肖申克的救赎》中，有这样的一个场景。蒙冤入狱的安迪，有一次被典狱长关禁闭一个月。那是一个暗无天日，只有老鼠做伴的地方，普通人连短短 3 天都难以忍受。当安迪被释放出来后，狱友瑞德看着他说："难以置信，你竟然挺过来了。"安迪指着自己的脑袋回答："有莫扎特陪着我。"这让我们相信：只有通过学习获得很多内在资源，才能不惧怕独处，才能在失意时通过很好的自我沟通来忍受世界上所有的孤独和痛苦。

第四节　自我沟通的技巧

在自我沟通过程中，个体通过自身的独立思考、自我反省、自我知觉、自我激励、自我（内心）冲突以及自我批评，进而达到自我认同，以实现内心平衡。良好的自我沟通，可使自己积极、主动地排解消极、负面的情绪，保持良好的心境、乐观的情绪以及理智、清醒的心态，这是实现卓越人生的坚实基础。由此可见，自我沟通的过程是一个认识自我、提升自我和超越自我的过程。

自我沟通到底有没有实用操作技巧呢？答案是肯定的。自我沟通的技巧可以具体分为以下三个层面。

（1）和自己的身体有所联结，和自己的身体沟通。

（2）和自己的情绪相处、沟通。

（3）和自己的思维相处、沟通。

以上这三个层面不是按先后次序排列的，它们有时会同时存在，有时会相互依托。

一、倾听身体的声音

你跟自己的身体到底有多少联结？你的身体每天都在怎么动？你吃的东西怎么样？吃得多还是少？你的身体得到了多少锻炼？休息了多长时间？你身体哪个地方不舒服？它是怎么样不舒服的？你要怎样做它才会舒服？你每天有没有听自己的身体在和你"说"些什么？……这些都是非常重要的、基本的自我沟通。

跟身体真正联结，就是在你的生活中每时每刻都能够感受你的身体是什么样的状态。如果你能随时随地感受身体的变化那就说明你是和自己有所联结的，你跟自己的内在也是有所联结的。

　　我们常说要活在当下，其实和自己的身体相处就是活在当下。你此刻就可以试试看，当你把眼睛闭起来的时候，你能不能感受到自己的左脚在哪里？它此刻的感受又是什么？这就是回到自己内在的一种方式。

　　我们经常说爱别人之前要先爱自己，可是如果你不能回到自己的内在，不能跟自己的身体联结，总是希望得到他人的赞赏，把目光投向外部以索取自己想要的东西时，你就要看别人的脸色过日子。就像一个不倒翁一样，晃来晃去，无法归于自己的中心。

　　与身体对话、联结的最佳方式就是静坐冥想，这也是一种能帮助你面对焦虑、恐惧、不安等负面情绪，更好地认识自己的方法。当然，并非只有那种端端正正地禅坐的行为才叫作"冥想"。冥想时不必在意外部环境，也不用对坐姿有过多的要求。此外，任何能让你专心致志、活在当下的运动，都可以帮助你与身体进行联结，所以运动本身不重要，重要的是你在做运动时的心态和状态。无论是跑步、快走、游泳、打太极拳还是练习瑜伽，只要你能够专注于自己的身体，这些运动都可以成为有很好的自我沟通效果的"冥想"。

二、与自己的情绪沟通

（一）与情绪沟通的重要性

　　情绪是人们对外界事物态度的反映，是人们认识世界时伴随的内心体验。它反映了人类内心需要的满足程度。人类是高等动物，与其他生命体一样，当身边出现某些情况时，就会有相应的情绪出现。例如，当威胁出现时，我们会产生恐惧；当失去心爱的事物时，我们会感到悲伤。情绪的范围广泛，弱到不易察觉的心静如水，强到让人失控的欣喜若狂或者痛苦昏厥。这些情绪，有些是客观环境引起的，有些则是个体的主观感受所致。事实上，我们无时无刻不处在某种情绪状态下，而我们情绪的好坏会直接影响工作的效率和生活的质量。情绪高涨的时候，我们的工作积极性就会提高，对生活也会有更高的热情；而情绪低落的时候，我们可能会感到事事不顺，甚至会觉得生活或工作失去意义。

　　每个人都有负面情绪，而有些人却希望自己不要有任何负面情绪，总是试图逃避、转移、发泄，或去对付那些让我们产生这些负面情绪的人或事物，其实这样做并没有效果。转移和逃避只会让自己越来越痛苦，越来越焦虑。负面情绪是一个人的正常反应，我们不应该选择逃避。

　　有些人对情绪所知甚少，对于一些负面情绪更是无能为力，经常会被它们控制。例如，很多人无法控制自己的冲动，很多事由于一时的意气之争没有办好，有些甚至是事后无法弥补的。当我们处于负面情绪的时候，心里往往会想"气死我了，不在沉默中爆发，就在沉默中灭亡，要让你们尝尝我的厉害"，就不管不顾地发脾气了。问题是，我们发泄完了，事情却搞砸了，这时我们心里会更加难受。因此，一时冲动通常会让我们更加被动。在现实生活中，我们还常常会对那些尚未发生的事情感到担忧和焦虑，从而影响我们当下的行为，让我们的行为不那么理智，甚至会严重扭曲我们的行为。

视野拓展

　　心理学家曾做过一个实验，请很多被试者每周日晚把下一周令他烦恼的事都写在一张纸上，并将这张纸投入烦恼箱。3周后打开箱子，结果发现超过90%的事情都没发生。据统计，一般人40%的烦恼属于过去，50%属于未来，只有10%属于现在；实际上，92%的烦恼从未发生过，剩下的8%则差不多都能够轻易应付。这一实验表明：大部分人的烦恼都是自寻烦恼。

当遇到不良情绪时，尤其需要进行适时的自我沟通，在自我认知的基础上，摆脱焦虑、愤怒或不安等不良情绪，增进心理健康。有些专家甚至认为自我沟通的过程就是对自身情绪进行管理的过程，而与自己的情绪沟通是每个人，尤其是现代职场中人必备的一项能力。

我们常常听到一句话：如何控制自己的情绪？其实，当用"控制"来形容的时候，说明情绪可能已经失控了。因此，我们不能忽视与自己的情绪，尤其是负面情绪进行沟通。我们要去涵容我们的情绪，就像涵容我们爱的人一样。如果我们不能涵容它，我们很有可能会被情绪影响，从而做出不理性的事情。

视野拓展

2017 年 2 月 15 日，扬州 6 岁男童高某因其母亲在对其管束过程中情绪失控而被杀害。虽然我们不知道高某的母亲在做出这个残忍的行为之前经历过什么，积压了多少的愤怒，才会在非正常的情绪状态中杀死自己的孩子。但有一点可以确认，那就是高某用自己的生命承担了母亲所不能承受的情绪之痛。在这里我们已经看到了情绪的力量：正向的情绪能够救人，负向的情绪则会伤害人。

（二）如何与情绪沟通

与情绪进行沟通的秘诀，就是去体验情绪。当我们能体验情绪时，我们就不怕它了，就能驾驭它了。我们需要体验这种状态，允许自己处于这样的状态当中。带着一颗谦卑的心，不用任何花招和取巧的方式面对情绪，就在这个情绪之中，试着去接受它，看你的感受会不会有所改变。

拓展游戏

我的情绪秀

分发给同学们小卡片，引导同学们发挥想象绘制各种情绪图片（类似于 Q 表情或者其他表情图片），最后汇总展示。（每个同学可以绘制 2～3 张）

视野拓展
你要活成自己想要的样子

我们越是抗拒、排斥某一种能量，这种能量就越会因为我们的施力，而变得更加强大和顽固。所以，面对某些情绪的时候，我们要泰然处之，尽量去接纳它们。

当我们发现痛苦等负面情绪到来的时候，无须惊慌，甚至无须做什么；我们只须感受它们，体验它们，感受它们在我们的身体里流动。

学习跟痛苦等负面情绪相处，就是我们要跟自己的身体共同感受这些情绪。跟它们在一起，然后去感受它们，让它们的能量能够被释放出来，让它们流过我们的身体，它们才会真的过去。这样，痛苦等负面情绪才会真正减少。这并不是说外面的环境使负面情绪的"病菌"减少了，不是从此就没有痛苦了，而是意味着我们有了消融痛苦的能力，就像我们的免疫力提高了，我们就不怕某些细菌了。事实上，情绪就像小孩子，需要我们去接纳和面对，需要我们看清它、承认它。情绪会来也会走。如五年前非常困扰我们的事情，现在还会困扰我们吗？人生有很多事都是在不断变化的，但是我们每个人都有一个很重要的特性，就是"趋乐避苦"。每个人都想要快乐，每个人都不想要痛苦，所以我们一旦碰到痛苦，就像手碰到火一样，会"哇"的一声跳起来。而当我们学会真正跟自己的身体同在的时候，我们就可以涵容各种负面情绪，就不再像以前一样那么容易冲动了。

微视频
教你如何控制情绪

我们要试着去感受情绪为自己带来的身体和精神上的不愉快。当我们这样

去感受情绪的时候，也就是在体验我们的情绪。一段时间后，我们就会发现，这些不愉快的情绪已经放过我们，悄悄离去了。

当我们愿意和自己内在的不舒服的感觉在一起时，就已经在做真正能提升自己的自我沟通了。当我们学会和自己不喜欢的情绪相处之后，我们的人生就会更顺畅，我们就能够做更快乐、自信的自己了。

视野拓展

管控你的情绪只须冷静三秒

在盛怒之下保持三秒的沉默，就能够让人保持清醒的头脑，避免出现极端的言行，转而在最短的时间内分析各种利弊，找到解决事情的办法。

新闻中经常会看到这样的消息：街上或者店里有人因发生口角而斗殴致死或致伤。每次看到这样的新闻，大家都会叹息，好端端的人竟会因小小的口角之争而丢了自己的性命。前段时间"陈翔六点半"的演员刘某在某大学因发生口角被人捅了两刀，不幸丧命。那么年轻的生命，那么美好的年华就此戛然而止。倘若稍微冷静三秒，分析一下当时的情况，不与醉酒的人起口角之争，或许就不会发生这么悲惨的事情。

2018 年的重庆公交车坠江事件，起因不过是因为道路维修改道，司机没能在女乘客想下车的地方停车，女乘客便破口大骂，两次动手打人，司机忍无可忍进行回击，就在电光火石之间，车子冲出护栏，坠入江中。

情绪失控的后果，往往是惨烈而不可知的。仔细想想，因为一件芝麻大小的事，破坏了心情，丢掉了性命，那才叫因小失大。所以，每一起惨痛的事件看似离我们很远，实则很有可能就发生在我们身边。要想远离天灾，也许我们的力量过于渺小；但若想远离人祸，通过学会控制自己的情绪、收敛自己的言行，还是有可能的。

情绪就像一面放大镜，可以放大一个人的缺点。情绪爆发后，沉默的那三秒就是强有力的"镇静剂"，利用好这三秒的时间，可以调控好自己的情绪，避免不良事件的发生。

三、觉察自己的思维模式

自我沟通还有一个层面就是我们要和自己的思维沟通。

有的人动不动就生气，动不动就悲伤，就算没什么事情好担忧，也要努力找一些事情来担忧、生气，这就是我们常说的庸人自扰。

拓展游戏
压力自测

很多人都希望自己能够过得轻松一些，那我们就要学会觉察我们的思维模式，学着与自己沟通，活出一个不自我设限的人生。

若我们能够将意念专注于自己的身体，在不好的情绪来临之时，我们可以试着退后一步，去审视此时的情绪和思想。由于我们已成型的情绪模式，我们会不由自主地用自己固有的思维模式去诠释别人的一些行为和事情。比如说，一个人是怕打扰你而不来找你，可能你会诠释为"他不想念我，他不在乎我，所以他不来看我"。很多时候我们的思维模式会给自己增加烦恼，只有当我们可以清楚地觉察自己的思维模式时，我们才有能力去改变它。

视野拓展

费斯汀格法则

美国社会心理学家费斯汀格（Festinger）有一个很出名的论断，被人们称为"费斯汀格法则"：生活中10%的事是由发生在我们身上的事情组成的，而另外90%的事则是由我们对所发生的事情如何反应所决定的。换言之，生活中有10%的事情是我们无法掌控的，而另外90%的事情却是我们能掌控的。

费斯汀格在他的书中举了这样一个例子。

卡斯丁早上起床后洗漱时，随手将自己的高档手表放在洗漱台边，妻子怕被水淋湿了，就随手拿过去放在餐桌上。儿子起床后到餐桌上拿面包时，不小心将手表碰到地上摔坏了。

卡斯丁爱惜手表，就照儿子的屁股揍了一顿，然后黑着脸骂了妻子一通。妻子不服气，说是怕水把手表打湿才把它放在餐桌上的，卡斯丁说他的手表是防水的。于是二人便激烈地争吵起来。一气之下，卡斯丁早餐也没有吃，直接开车去了公司，快到公司时突然记起忘了拿公文包，又立刻回家。

可是家中没人，妻子上班去了，儿子上学去了。卡斯丁把钥匙落在了公文包里，他进不了门，只好打电话向妻子要钥匙。

妻子开车慌慌张张地往家赶时，撞翻了路边的水果摊。摊主拉住她不让她走，要她赔偿，她不得不赔了一笔钱才脱身。

待拿到公文包后，卡斯丁已迟到了15分钟，挨了上司一顿严厉的批评，卡斯丁的心情坏到了极点。下班前又因一件小事，跟同事吵了一架。

妻子也因早退被取消了当月的全勤奖。儿子这天参加棒球赛，原本夺冠有望，却因心情不好而发挥不佳，第一局就被淘汰了。

在这个事例中，手表摔坏是其中的10%，后面一系列事情就是另外的90%。都是由于当事人没有很好地掌控那90%，才导致了这一天成为"闹心的一天"。

试想，假如卡斯丁在那10%产生后，换一种反应会怎样？例如，他安慰儿子："不要紧，儿子，手表摔坏了没事，我拿去修修就好了。"这样儿子高兴，妻子也高兴，他自己心情也好，那么随后的一切就不会发生了。

可见，你控制不了前面的10%，但你完全可以通过心态与行为决定剩余的90%。在现实生活中，常听人抱怨：我怎么就这么不走运呢？每天总有一些倒霉的事缠着我，怎么就不让我消停一下呢？谁能帮帮我？这其实是一个心态问题，能帮助自己的不是他人，而是自己。倘若了解并能熟练运用"费斯汀格法则"处理问题，很多问题就能迎刃而解了。

我们的情绪就像调频电台，为什么有时候怎么做都调不过来呢？其实是受制于我们的思维。我们的思维时时刻刻都在影响着我们，它也左右着我们的喜怒哀乐。你怎么想一件事情，决定了你接下来的情绪反应。可是我们很少去审视我们的思维。

而如果我们能觉察自己的思维模式，每当我们陷入负面情绪的时候，我们就知道自己大脑中有一些思维在影响着自己，让自己不快乐。我们只有觉察到自己的思维模式，才能更理性、客观地看待外部世界。

2020年新冠疫情期间，在长期闭门不出的自我隔离过程中，有人感到焦虑；但是，也有人在微信朋友圈发了这样的文字：以前每天盼望多放几天假，可以睡到自然醒，现在终于可以做到了；以前想看的电视剧这次终于追完了；以前想看的书这次终于可以看完了；躺在家里就是为国家作贡献；终于有机会将家里营造出新年的气氛，陪家人多聊聊天了……

面对很多事情时，只要我们能够改变自己的想法，正面地思考问题，那些负面的"乌云"也就被镶上了金边。

微视频
陷入负面情绪，要怎么走出来

当我们接收外界信息以后，可以不产生任何情绪反应，而是由我们发达而强大的理性大脑迅速作出更合理的判断，然后再做出反应。这里的难点在于，迅速作出更合理的判断该如何实现？这当然不是一蹴而就的。当我们学会了正确进行自我沟通并实施了自我沟通的策略和技巧，我们就会发现：那些生命中最难挨的时刻，其实无人站在我们身后，而是自我沟通让我们直面困难，渡过难关。就像村上春树在《海边的卡夫卡》中写的那样："当你穿过了暴风雨，你早已不再是原来那个人。"

第五节　在自我沟通中超越自我

成功的自我沟通实际上是一个不断认识自我、提升自我和超越自我的过程。超越自我，或者自我超越，是指对自我行为惯性的突破。在社会生活中，由于受价值观、风俗习惯和周围群体的影响，每个人都会养成某种习惯性的思维方式、行为模式和处事方式。这种相对固定的思维方式、行为模式和处事方式有时会严重地限制自我上升的空间。我们只有把自己从这些束缚中解放出来，树立超越自我的意识，才能不断获得发展和进步。

超越自我是追求个人成长过程中的最高境界。通过自我沟通实现超越自我的方法和途径有以下几个。

一、建立超越自我的目标和愿景

每一个具有超越自我理念的人，在个人成长中都会有一个追求的目标和目标引导下的愿景。自我沟通中所设定的目标是自我发展和自我提升的方向和精神支柱。为了实现自己所追求的目标，我们会乐意接受他人的建议和忠告；会敞开自己的心扉，接受别人的思想，修正自己的观念和行为；也会不断审视和调整自己的动机，以达到与外部环境的协调、和谐。

微视频
是什么使你与
众不同

在目标和愿景的关系上，目标是有方向性的，是比较广泛的、抽象的，是希望达到的结果。愿景则是一种特定的结果、一种期望的未来景象，是对所追求的阶段性理想目标的具体化。从个人的长远发展看，其所追求的目标具有更大的激励作用，但目标的落脚点在于具体的愿景，因此，在短期内具体愿景的激励效果往往会更好。

因此，一个希望努力实现超越自我的人，首先就要确立超越自我的目标和愿景。目标的确定过程实际上也是一个自我定位过程。为了实现这个目标，我们会不断设定具体的、阶段性的愿景。不断设定阶段性愿景的过程是自我不断积累知识和提升能力的过程。

一个具有高度超越自我意识的人，在其成长和发展的过程中，还具有不断否定原来的目标和愿景的气魄和胆略，以实现真正的超越自我。所以，超越自我的过程，也是一个不断超越原先设定的目标和愿景的过程。超越自我没有终极境界，它是一个过程，是一种终生的追求。

二、拓展社会比较对象

社会心理学研究发现，人的自我比较具有一种自我服务的倾向，会使人在很多情况下把自己有意无意地限制在一个有限的社会领域内。在某一领域内取得成功的人常常会放弃继续努力，原因是他们发现自己与许多人相比优秀多了。而遭遇失败的人，如果与更失败的人进行比较也会找到安慰自己的理由，且从此退缩不前。由此可见，限制社会比较对象就会限制人们潜力的极大发挥。要超越自我就需要拓展社会比较对象。

从横向比较看，人们往往习惯于与自己所属的小群体内的人进行比较，在小群体内自认为表现出众就会沾沾自喜。殊不知"山外有山""天外有天"，如果与其他更为优秀的群体相比，可能就会发现自己的成功实在是微不足道的。所以，一个想要超越自我的人就应当扩展自己的社交范围，与更多的人进行交往、沟通。在一个更广泛的社会交往背景下，通过与更优秀的人比较，发现差距，提升自己的发展目标。

从纵向发展变化看，一个人还要善于自我比较，在自我比较中不断修正超越自我的目标。既可以通过把理想中的我与现实中的我进行比较，找出差距，增强动力；也可以把现在的我与过去的我进行比较，看到进步，得到激励。

三、挑战自我

每个人身上都蕴藏着巨大的潜能。但是，很多人并未认识到自己身上的这种潜能，从而为自己的发展设置了人为的障碍，在放弃行动前为自己寻找各种借口，结果自己的好多才能就这样被自身人为地埋没了。

超越自我需要大胆挑战自己原有的认识。自己到底有没有这方面的才能，能不能胜任某项工作，只有经过实践和努力才知道。尝试过一两次，失败了就放弃努力，实际上并没有竭尽全力去拼搏，这同样不是超越自我的正确做法。超越自我，需要敢于向自我挑战，充分地激发自己的潜能，努力用行动和实践去创造奇迹。

1858年，瑞典的一户富豪家中生下了一个女儿。然而不久，孩子染上了一种无法解释的瘫痪症，丧失了走路的能力。

一次，女孩和家人一起乘船旅行，船长太太给孩子讲了船长有一只天堂鸟的事。女孩被船长太太对这只美丽小鸟的描述迷住了，非常想看一看，要求保姆赶紧去找船长。于是，保姆就把孩子留在甲板上，自己去找船长。过了一会儿，孩子等得不耐烦了，就要求船上的服务员直接带她去看天堂鸟。那个服务员答应带她去看，但因并不知她的脚不能走路，就转身只顾自己在前面走了。于是奇迹发生了。女孩因为过度的渴望，竟然忘我地拉住服务员的手，慢慢地走了起来。从此，女孩的病便逐渐痊愈了。

女孩长大后，又忘我地投入文学创作中，最后成为第一位荣获诺贝尔文学奖的女性。她就是塞尔玛·拉格洛夫。

知识巩固与技能训练

本章选择题

一、思考与讨论

1. 请结合实际谈谈你对自我沟通的认识。

2. 简述自我沟通在人际沟通中的作用。

3. 自我沟通与人际沟通有哪些差异？为什么说自我沟通是人际沟通的基础？

4. 谈谈自我暗示在自我沟通中的作用。你在实际生活、学习或工作中是如何运用自我暗示进行自我沟通的？

5. 你以前尝试过哪一种自我沟通技巧？结合实际感受谈谈你的收获。

6. 如何实现在自我沟通中超越自我？

7. 在这个信息爆炸的时代，每天我们都会看到网络上充斥着各类信息，而如果我们与外部世界隔绝，无法正常地与人面对面交谈，心理上就会产生较多的应激反应。请说说你在2020年新冠疫情期间在家进行隔离的过程中的心理状况。如果再碰到类似的情况，你会如何更好地进行自我沟通？

二、活动与演练

关于"我"的思考及讨论。

1．对以下各问题做出真实、迅速的回答，一般以第一反应为准。

（1）我是什么样的人？

（2）我有什么优点？

（3）我有什么缺点？

（4）我的容貌如何？

（5）我的身体有什么特征和缺点？

（6）我的健康状况如何？

（7）我有什么爱好？

（8）我最不喜欢的是什么？

（9）我喜欢什么类型的人？

（10）我最讨厌什么样的人？

（11）我最讨厌什么样的事？

（12）我担心什么？

（13）我恐惧什么？

（14）我有什么理想？

（15）我将来能成为什么样的人？

（16）我将来能做什么事？

（17）别人怎样对待我？

（18）在别人眼里我是一个什么样的人？

（19）与别人比较我是强还是弱？

2．进行讨论交流，选择有代表性的同学，如男生一名、女生一名，外向型同学一名、内向型同学一名等，做典型评析。

三、案例分析

陈朗住在上海市松江区，上班地点在浦东新区。他每天早上6:00起床，但今天晚了半个小时，所以没有时间吃早饭。当要开车去上班时，他想起轮胎没气了，但充气的地方要到7:30才开门，更糟糕的是路上严重交通堵塞……陈朗8:50才到办公室，他只有8分钟时间来阅读那位新加坡客户的资料……当他奔向四楼的会议室时，又摔了一跤把脚踝扭了。事实上他已经没有时间考虑会不会是旧伤复发了。当陈朗一瘸一拐地踏入会议室的门时，在场的每一个人已经等了他至少10分钟了。他感到极度沮丧。接下来的一切都如一开始一样糟糕。他忘记了要给今天过生日的妻子买礼物，也没有时间去买礼物，更没有时间去给轮胎充气。回到家后，他已经筋疲力尽了，根本没有胃口，还要面对失望、唠叨的妻子……今天他觉得自己是一个特别失败的人。

问题与分析：

（1）每个人都会遇到各种不如意的事情，有时甚至也会遇到案例中陈朗那样"糟糕的一天"，让人身心俱疲。这时我们是继续让情况糟糕下去，还是适时进行自我沟通和调整，以免陷入恶性循环呢？（2）如果你是陈朗，你会如何进行自我沟通和调整，让这一天变得不那么糟糕呢？

第九章

Chapter 9

求职沟通

📖 学习目标

了解求职面试前应聘者该做的准备工作；掌握简历和自荐信的书写形式；掌握求职面试时的沟通技巧。

导入案例

小张：（推门进来，"啪"地关上门，坐在主考官的对面，默不作声地等待主考官说话）

主考官：你好！你是张毅吧？请问，你从哪所学校毕业？什么时候毕业的？

小张：我想您看过我的简历了，这些问题我在简历上都写着呢。

主考官：看了，不过我还是想听你说说。请用一分钟时间简单介绍一下你的情况。

小张：哦，好吧。（快速地）我毕业于××职业中专，学的是汽车维修专业。实习时我在××汽车大修厂学习过小轿车维修技术。上学期间，我还拿到了驾驶证。我很想到贵公司工作，因为贵公司的工作很适合年轻人的发展。我希望贵公司给我一个机会，而我将回报给贵公司一个惊喜……

主考官：（皱起眉头）好吧，回去等通知吧。

小张：嗯。（站起来走出去，又急匆匆地返回来拿起放在椅子旁的书包）

思考与讨论：

（1）你觉得小张这次应聘能成功吗？（2）请你分析一下小张在面试的哪些方面可以改善。

第一节　求职面试前的准备工作

本章将从应聘者而非面试官的角度来介绍如何做好求职沟通。

应聘者要想求职成功，必须积极应对，做好各项准备工作。应聘者求职前应做好以下三个方面的准备。

微视频
求职沟通

一、收集相关资料

（一）收集招聘单位的资料

在面试中展示出自己对招聘单位有一定了解的应聘者，往往会有更大的机会被录用，因为这至少代表了应聘者对招聘单位的兴趣和诚意。

　　首先，应聘者要尽可能了解招聘单位的性质和背景，如它属于哪一行业？生产什么产品？是国企、外企还是私企？企业文化（包括口号和标志）是什么？其次，要尽可能了解招聘单位的业务情况，如其业绩怎么样？其主要竞争对手有哪些？发展前景如何？另外，对招聘单位的组织结构、工作条件、薪酬福利等也应该事先有所了解。

　　那么，收集这些资料的途径有哪些呢？首先，可以通过新闻报道、广告、杂志、企业名录等渠道获得。其次，要善于利用身边人的信息资源，可以向父母、朋友、同学或亲戚打听，最好向在该单位工作的亲朋好友咨询。另外，访问招聘单位的官网也是一个重要途径。一般来说，公司的概况、组织结构、企业文化、产品等内容在官网中都会有相关介绍。

　　某招聘现场，一家位于沿海城市的家电公司以质量第一享誉海内外，招聘人员在招聘应届毕业生时总要问一个问题："你对我们公司有何了解？"那些对公司有深入了解的毕业生总是备受青睐。一位受到面试官连连称赞的毕业生是这样回答的："贵公司最大的特点就是高度重视质量，用质量去占领市场，用质量去获得信誉，用质量赢得市场的高价位，用质量去进行国际竞争。贵公司领导曾因此应邀去美国哈佛大学授课。我本人性格内向，对任何事情都认真谨慎，一丝不苟，符合贵公司的企业文化要求，我愿为贵公司的发展贡献微薄之力。"

　　这名毕业生能够较熟练地讲述对用人单位的详细了解，极大地缩短了面试官与其之间的心理距离，给人以"未进厂门，已是厂里人"的亲切感，这样的毕业生能不受欢迎吗？如果一个应聘者对招聘单位一无所知，则必然会被拒之门外。

　　某市场营销专业本科毕业的男生，满怀信心地去应聘化妆品公司"雅芳"（Avon）的销售人员。他认为，以自己的专业背景应聘销售人员，简直就是大材小用、绰绰有余，所以信心满满。但是，在面试中当对方招聘人员问及他为何要应聘该公司时，他不假思索地回答："因为我喜欢'雅芳'啊！"结果弄得严肃的招聘人员忍俊不禁。原来，他只知道"雅芳"是这家公司的名称，却不知道"雅芳"是女性化妆品品牌！

　　对产品一无所知的人，招聘单位又怎敢录用？

（二）了解面试官的有关情况

　　面试官对应聘者的印象往往决定着应聘者面试的成败，因此，有条件的话要尽量了解面试官的一些情况。应聘者应当知道面试官的姓名，并且能正确地称呼面试官，如"王经理""张总监"等。尤其是当面试官是外籍人士时，若其名字或姓氏不常见，要事先在词典中查出其准确的发音。然后尽可能了解面试官的性格、背景、兴趣、爱好等。当然，有些面试是不会事先公布面试官名单的，如果这样，也不必强求。

二、准备好自己的资料

（一）准备好简历和自荐信

　　　对于简历和自荐信部分的有关内容将在下一节进行详细介绍。

微视频

金字塔原则在面试及工作中的运用

（二）准备回答问题的方案

　　　应聘者应事先对如何回答可能遇到的问题进行准备。在面试时面试官可能会问的问题中，实际上一般只有 5 个基本问题需要应聘者牢记，其他问题都可以通过变换这 5 个基本问题的形式而得到答案。下面这 5 个基本问题的答案，

在任何情况下招聘者都十分想知道。

（1）"你为什么到这儿来？"

（2）"你能为我们公司做什么？"即"如果我们公司聘用了你，你会成为我们公司的累赘，还是能帮助我们公司解决问题？你有什么技能？你对我们关心的主题和领域有什么了解？"

（3）"你是什么样的人？"即"你是否随和？是否与我们的价值观一致？"

（4）"你与其他具有同样技能的人有何区别？"即"你是否比其他人拥有更好的工作习惯，如上班早、下班晚、工作细致、追求效率？"

（5）"我们公司能否雇得起你？"即"如果我们决定聘用你，你想要多少钱？我们需要根据预算，并且在低于主管人员的工资的条件下决定你的薪水。"

对面试中的"陷阱"问题的详细分析如下。

（1）"你有哪些缺点？"回答这个问题要避免陷入过分谦虚和过分自信的陷阱。有的应聘者会说"我的缺点就是散漫、不善于表达、性格比较急躁"等，也许这样说只是为了表明你有足够的自知之明，敢于剖析自我，但这会让对方认为你有待完善，怀疑你驾驭工作和处理人际关系的能力。也有的应聘者连连摇头说没有缺点，甚至有人会反问："您说呢？您能给我指出来吗？"遇到这种情况时，应聘者既不要掩饰、回避，也不要太直接，可以联系普通人，如普通大学生的共同弱点，即缺乏实践经验、社会阅历等，再结合本专业的发展趋势说说对自己知识结构、专业知识的挑战，讲讲自己正在克服和能够改正的弱点，谈谈理想与现实的差距，讲那些表面看是缺点，但对某项工作有益的个性，如"我没有那么精明，但是我忠于职守"，这样既体现了谦虚好学的美德，又正面地回答了这一问题。因此，最明智的做法是，明谈缺点，实论优点。

（2）"你希望获得多少工资？"对应聘者而言，在用人单位报出一个底价之前自报薪金价位，永远都不是一个明智的选择。因为这样容易进入两个误区：你可能自我感觉良好，以你的资历和能力抬高身价，结果吓跑了本来很不错的单位；也可能因为你不谙行情，进入用人单位后才发现自己把自己给"降价处理"了。让对方先说出一个数字，既可避免因自己开价过高而错失良机，又能避免因开价过低造成遗憾。正确的方法是，想办法让对方提出一个确定的数字之后，再根据自身的资历及人才市场上的薪金行情进行客观分析，在此基础上合理出价。这样价位不会出入太大，成功的概率也就增加了。

（3）"依你现在的水平，恐怕能找到比我们更好的单位吧。"如果你回答"是的"，那么说明你这个人也许"身在曹营心在汉"；如果你回答"不是的"，又说明你对自己缺少自信或者你的能力不足。这两种答案，你选择任何一种都不能让对方满意，这时候就需要用模糊语言来回答。

这类问题可以先用"不能一概而论"作为开头，然后回答："或许我能从别的单位得到比贵单位更好的待遇，但别的单位或许在人才培养方面不如贵单位，机会也不如贵单位多，我想，珍惜已有的最为重要。"这个问题实际上是面试官在考查你看中了该单位的什么以及你是否适合在这里工作。

（4）"你如何兼顾事业和家庭？"对男人而言，似乎这从来都不是问题。

从传统定位来说，家庭是男人的港湾、女人的城堡。工作和生活双重角色的压力，使女性既要温柔，又要坚强。所以作为女性求职者，与其打肿脸充胖子，强调自己不会因为家庭事务影响工作，还不如坦然地承认，自己知道家庭对职业女性意味着什么，而且自己既不准备追求完美，也不可能做到完美，但会尽力去做好。这样一来既可以表明自己知道工作后面临的压力，二来也可以让对方了解自己作为职业女性的素质。自己能清醒地认识精明强干的职业女性与相夫教子的贤妻良母之间的矛盾和冲突，就说明自己对此有足够的心理准备，不会因没有预见困难而在问题来临时出现顾此失彼的情况。

临近毕业，一家地市级日报社招聘采编人员。在入围面试的 10 个人中，无论是从学历还是从所学专业来看，小李都处于下风，他唯一的优势就是有从业经验——在学校主办过校报。

接到面试通知后，小李把收集到的该日报社的厚厚一摞报纸仔细看了一遍，琢磨它办报的风格、特色、定位及其主要的专栏等，做到了心中有数；他还记下了一串常在报纸上出现的编辑、记者的名字。

参加面试时，评委竟然有 8 个。第一个问题是常规性的自我介绍。第二个问题是："你经常看我们的报纸吗？你对我们的报纸有多少了解？"小李便把自己对这个报社的认识，包括其办报的风格、特色、定位等全部说了出来。最后他说："我还了解咱们报社许多编辑、记者的行文风格。例如，××老师写的文章简洁明了，××老师文风清新自然。虽然我与他们并不相识，但文如其人，我经常读他们的文章，也算与他们相识了。"他当时注意到，许多评委露出了会心的微笑。后来小李才了解到，他提到的许多老师就是当时在场的评委。第三个问题是："谈谈你应聘的优势与不足。"小李说："我的优势是有过两年的办报经验，并且深爱着报业这一行。我的缺点是拿起一张报纸，总是会情不自禁地给人家挑错，甚至有时上厕所也会忍不住捡起地上的烂报纸看。"听到这里，评委们不约而同地笑了。面试结束的时候，小李把自己主办的校报挑出了几份分给各位评委，请他们翻一翻，提出宝贵意见，并说："权当给我们学校做个广告。"评委们又笑了。最终，小李被录取了。

（三）其他随身材料的准备

应聘者面试时要准备一个大小合适的公文包，女士可以用偏向职业风的手袋，这样会使人觉得你办事大方得体，值得信赖。当然，这个包内的资料必须是"井然有序"的，可以把需要的材料全部放入而又有条不紊。首先，要把毕业证书、学位证书、专业资格任职证书、获奖证书、身份证、推荐信等相关材料准备好，放入包中并随身携带，以备面试官随时查看。公文包里除了放置上述个人资料外，还可以准备一些有关学习或工作的材料，以备不时之需。例如，当面试官提到自己意想不到的问题时，就可以拿出随身携带的笔记本："我前些时候看到一篇相关的文章，很感兴趣，顺便做了笔记，您是否有兴趣翻一下？"如此一来，面试官必定会对你刮目相看。

同时，还可以准备一本书或杂志放在公文包里，一来可以在等待面试的时候阅读，消除长时间等候导致的烦躁情绪，并且可以让自己保持镇定；二来如果遇到面试官迟到的情况，你手上有书或杂志，正好可以全神贯注地读一读。如果面试官是无心迟到的，就会对你专心读书产生欣赏之情，同时也会对你有意无意表现出的对其迟到的谅解产生好感。可见，一本书或杂志的用处真是不小。

三、熟悉求职方法

一般来说，求职者在得到面试机会前还需通过电话自荐、考试录用、网上应聘等求职方法获得面试资格。这几种求职方法之中也有一些应试技巧，掌握这些方法和技巧，有助于求职者的求职取得成功。

1. 电话自荐

通过电话推荐自己，是求职者常用的一种求职方式。如何充分地利用电话接通后的短暂时间，用简洁明了的语言清楚地介绍自己，给对方留下一个深刻、清晰的印象，是求职者十分关心的问题。

打电话之前，首先要做好充分的准备工作，要了解用人单位的有关情况，尽量做到心中有数；其次要对自己有一个客观、公正的认识；最后要根据用人单位的需求，结合自己的特长，列出一个简单的提纲，讲究条理并重点突出地介绍自己，力争给对方留下深刻的印象。另外还要调整好自己的心态，做好充分的心理准备。努力控制好说话的语音、语调、语速，在短暂的时间内展现出自己积极向上、有礼有节的良好个人品质。电话接通后应有礼貌地询问："请问是××单位人事处吗？"在得到对方的肯定答复后，应做简洁的自我介绍，并说明来电的意图。求职者一定要言简意赅，并着力展现自信的心态，在短暂的时间内展现出积极向上的个人风貌。

2. 考试录用

参加笔试前，求职者应认真复习笔试的内容。笔试一般包括以下几方面的内容：一是对于知识面的考核，包括基础知识和专业知识；二是智力测试，主要测试考生的记忆力、分析观察能力、总结归纳能力。此外，参加笔试还要求求职者准时到场，不能迟到。卷面要整洁，字迹要工整。

3. 网上应聘

求职者在网上应聘时要准备既简明又能吸引用人单位的求职信和简历。发送简历是网上求职的关键步骤。通过电子邮件发送简历时，应以"应聘××职位"为邮件的标题，并把求职信作为邮件的附件，一起发给用人单位。

四、其他准备工作

除了以上准备工作，还应事先做些"功课"。

（1）认真"温习"自己的求职履历。有些求职者会对简历进行过度"包装"，简历中甚至含有"水分"。于是，常常会出现面试时自己都记不清"工作经验"先后顺序的情况，一上阵便露出马脚，不战而败。需要注意的是，如今企业在选拔人才时会着重考查履历的真实性，"包装"过头的简历往往会适得其反。

（2）斟酌好相关用语。每个求职者都应谨慎使用求职时的用语。求职时，无论是面对面、电话沟通，还是通过网络沟通，每一句话、每一个词甚至每一个字都应仔细斟酌。因此，求职者可以针对求职时经常会遇到的问题事先做好准备。

（3）服装及配饰要与所申请的职位相吻合。不同职位对服装的要求各异，求职者必须注意服装、配饰与职位的匹配程度。例如，同样是女性求职者，如果应聘行政助理类职位，宜穿米色系的职业装，以表现亲和力强的特点；而如果是应聘广告部门，则可以穿得更加时尚、随性。但是，求职者一定要把握好服装和配饰的"度"。一般来说，求职时的正式着装应是比较典雅、成熟的，而不应是有许多装饰品、褶边或蕾丝的服装。

拓展游戏

面试游戏——超人三项

同学是面试者，教师是面试官。面试官给面试者一道游戏题：计时型的单人挑战类游戏。在面试者面前的桌上放着几样东西：一份 6000 字的项目报告，一条细线和 30 粒珠子，以及一盒袖珍型的拼图积木。要求面试者在 10 分钟内完成：阅读报告并写出 500 字的评述；将所有的珠子穿在细线上；按照图示完成拼图积木的摆放。

　　游戏结束后，请大家思考、讨论：面试时碰到此类游戏时，如何反应是最好的？

第二节　求职书面材料的准备

一、自荐信的写作

　　自荐信即求职信，其应该包括以下一些方面的内容：用人信息的来源，自己所希望从事的工作岗位、愿望以及动机，求职的理由和今后的目标。

　　在介绍所学专业与特长时，求职者应将所学的重要专业课程写出。对自己熟悉的、感兴趣的，特别是与招聘单位所需岗位关系紧密的内容，可多写一些。兴趣和特长要写得具体、真实。最后应提醒用人单位留意你附带的简历，请求给予面试机会等。

　　求职信由开头、正文、结尾和落款组成。在开头，要有正确的称呼和格式，在第一行顶格书写称呼，如"尊敬的人事处负责人""尊敬的张教授"等，加一句问候语"您好"以示尊敬和礼貌。正文部分主要是个人的基本情况，即个人所具备的条件。求职信的核心部分要从专业知识、社会实践能力、专业技能、性格、特长等方面使用人单位确信，其所招聘人才的岗位正是你所能胜任的。结尾部分可提醒用人单位回复消息，并且给予用人单位更为肯定的确认："您给我一个机会，我会带给您无数个惊喜！"结束语的后面，写表示敬意的话，如"此致""敬礼"。落款部分署名并写上日期。如果有附件，则可在求职信的左下角注明。

　　求职信的信封、信纸最好选用带有自己毕业学校名称的信封、信纸，切忌选用带有其他单位名称的信封、信纸。求职信的字迹应清晰工整。求职信的篇幅要适中，不宜过长，1000 字左右较为合适。求职信是求职者与用人单位第一次接触的媒介，所以，文笔要流畅，可以有鲜明的个人风格，但不可过高地评价自己，也不要过于谦虚。要给用人单位留下较为深刻的印象。最后，要留下自己的联系方式。

　　在毕业生就业推荐表、简历和自荐信后，还应附上成绩单及获得的各种证书、已发表的文章的复印件、论文说明、成果证明等。如果所学专业是比较特殊的专业，还应附一份本专业的介绍。

视野拓展
老罗的自荐信

二、求职简历的制作

　　简历是对求职者个人学历、经历、特长、爱好及其他有关情况所做的简明扼要的书面介绍，是求职的书面交流材料。它向用人单位表明求职者拥有能够满足其所需工作要求的技能、态度和资历。成功的简历是求职者获得满意工作的敲门砖，它用于向用人单位证明自己能够解决它们的问题或者满足它们的特定需要，自己会是令它们满意的员工。

微视频
求职书面材料的准备

（一）简历的类型

1. 时序型简历

　　有许多职业指导和招聘专家认为，时序型格式是简历格式的首选，因为

这种格式能够展示出持续和向上的职业成长全过程。它是通过强调工作经历实现这一点的。时序型格式以渐进的顺序罗列求职者曾任职的职位，从最近的职位开始，然后再回溯。时序型简历有别于其他类型的简历的一个特点是，此类型简历上罗列出的每一项职位下，求职者要说明自己的责任、成就，该职位所需要的技能。时序型简历关注的焦点在于时间、工作的持续期、求职者个人的成长与进步以及成就。

2．功能型简历

功能型格式的简历在一开始就强调求职者个人的能力、自信、资历以及成就，但并不把这些内容与某个特定单位联系在一起。职务、在职时间和工作经历不作为重点，以便强调求职者个人的能力。这种类型简历的格式，关注的焦点完全在于求职者所做的事情，而不在于这些事情是在什么时候和什么地方做的。功能型简历的问题在于一些招聘人员不太喜欢它。人们似乎默认这种类型的简历是那些存在问题的求职者所用的，如频繁跳槽者、有就业记录空白或者存在学术性技能缺陷的人以及经验不足者。一些招聘人员认为，如果求职者没有以时序方式列出自己的工作经历，那么其中必有原因，而且这种原因值得深究。

3．综合型简历

综合型格式的简历为求职者提供了最佳结合方式——首先扼要地介绍求职者的自身价值（功能型格式），随即列出求职者的工作经历（时序型格式）。这种类型的简历首先迎合了招聘的准则和要求——突出求职者的资历，并且通过专门凸显能够满足相关行业和用人单位需要的工作经历来予以支持。

综合型简历很受用人单位的欢迎。事实上，它既强化了时序型简历的功能，同时又避免了使用功能型简历而招致怀疑的问题。当功能部分信息充实，有用人单位感兴趣的材料，而且工作经历部分的内容作为佐证又能够强有力地给予支持时，尤其如此。

4．履历型简历

履历型格式的简历的使用者绝大多数是专业技术人员，或者那些应聘职位仅仅需要罗列出能够表现求职者价值的资信情况的求职者。例如，医生就是通常使用履历型简历的典型职业。在履历型简历中无须罗列其他情况，只需填写自己的履历，包括就读的医学院、驻院实习情况、实习期、专业组织成员资格、就职的医院、公开演讲情况以及发表的著作。换句话说，资信情况能说明一切。

5．图谱型简历

图谱型格式是一种与传统格式截然不同的简历格式。传统的简历写作只需要运用你的左脑，求职者的思路限定于理性、分析、逻辑以及传统的方式。而使用图谱型简历的求职者还需要开动自己的右脑（大脑的这一半富于创意、想象力和激情），简历也就更加充满活力。如果我们想与众不同，充分表现自我，那么我们就可以利用自己的聪明才智制作一份图谱型简历。

（二）简历的内容

一般来说，简历应包括以下五个部分的内容。

第一部分为个人基本情况。应列出自己的姓名、性别、年龄、籍贯、政治面貌、学校、系别及专业、婚姻状况、健康状况、身高、兴趣与爱好、家庭住址、电话号码等。姓名、家庭住址和电话号码应写在简历的顶端。

第二部分为学历情况。对大学生而言，应写明曾就读于某某学校、某某专业，以及起止时间，并列出所学主要课程及其成绩、在学校和班级所担任的职务、在校期间所获得的各种奖励和荣誉。

第三部分为工作经验情况。若有工作经验，最好详细列明。首先列出最近的资料，然后详述曾工作的单位、时间、职位和工作性质。

第四部分为求职意向。求职意向即求职目标或个人期望的工作职位，应表明自己希望得到什么样的职位以及自己的奋斗目标。求职意向可以和求职者的个人特长等合在一起写。求职意向可紧随姓名、家庭住址和电话号码之后写明。求职目标的填写要简明扼要。

第五部分为推荐信。在辞去上一份工作之前或之后的尽可能短的时间内，要让尽可能多的人为你写推荐信。一封推荐信能清晰地展示你的品格和优点，而口头推荐却使你很难知道推荐人到底为你说了些什么。推荐信可以附在简历或履历表之后，或者与你的证明材料一起交给你求职的单位。一封好的推荐信起到的积极作用甚至要比求职者自己的介绍更大。

当然，并非任何情况都需要在简历中描述，如果与应聘的职位没有直接关系，就不要将自己过去的薪资和期望的薪资水平写进去。而为体现不同人的特点或突出满足所应聘职位的需求，第二、三、四部分的排序及组合也可以根据实际情况加以调整。

（三）简历的写作要点

对于求职者来说，一份好的简历可能意味着成功的一半。那么，怎样准备一份令人过目难忘、能给别人留下良好印象的简历呢？

其实，简历不一定非要追求与众不同，只要把握好以下七个要点，就能够写出一份精彩的简历。

1. 真实

简历首要的，也是最基本的要求就是真实，因为用人单位对求职者最基本的要求就是诚实。诚实地记录和描述个人情况，能够使用人单位对求职者产生信任感。用人单位中阅历丰富的人事经理，对简历有敏锐的分析能力，遮遮掩掩或夸大其词终究会露出破绽的，何况还有面试的考验。

在简历写作中，一些不甚明智的做法通常包括：故意遗漏某段经历，造成履历不连贯；在工作业绩上弄虚作假；夸大所任职务的责权和经验；隐瞒跳槽的真实原因，如将被迫辞职说成领导无方，或将公司倒闭描绘成怀才不遇等。其实任何一个有经验的招聘人员只要仔细阅读分析，鉴别履历的真实性并不难。简历中对个人能力的过分渲染，天花乱坠的职业生涯描述，都会引起招聘人员的不满和反感。所以，与其费尽心机弄虚作假，不如将自己的真实信息客观呈现。只要有真才实学，总会争取到属于自己的机会。

2. 全面

简历的作用在于使一个陌生人在很短的时间内了解求职者的基本情况。它就像是一个故事梗概，目的是吸引招聘人员继续看下去。因此，要特别注意简历内容的完整和全面，以使招聘人员对自己有尽可能全面的了解。

通常一份完整的简历应当包括以下基本内容：姓名、年龄、性别、籍贯及家庭住址、教育背景及学历、专业、外语水平、计算机水平、工作经历、在职培训经历、特长、业余爱好、简单的自我评价以及其他重要或特殊的需注明的经历、事项等。如果用人单位是合资企业或外资企业，提供中英文双语简历往往会让求职者更受用人单位的青睐。

当然，千万不要忘记写明各种联系方式和切实表明对应聘职位的期望，并附上有关证明文

件的复印件。

3. 简练

招聘人员有时要面对大量的求职简历，一般在粗略地进行首次阅读和筛选时，每份简历所用时间不超过 1 分钟。因此，如果简历写得太长，招聘人员难免会遗漏部分内容，甚至由于缺乏耐心以致无法完整、细致地读完，这当然对求职者是很不利的。但经常有求职者觉得简历越长越好，以为这样易于引起注意，其实适得其反。过长的简历会淡化招聘人员对简历主要内容的印象。冗长、啰唆的简历不但会让招聘人员觉得阅读简历是在浪费时间，而且招聘人员还可能会得出求职者做事不干练的结论。言简意赅、流畅简练、令人一目了然的简历，在哪里都是受欢迎的，也是求职者工作能力最直接的反映。

4. 重点突出

对于不同的用人单位、不同的职位、不同的要求，求职者应当事先进行必要的分析，有针对性地设计简历。如果盲目地复制一份标准版本的简历的大量内容，效果会大打折扣。前面所讲的"全面"不是事无巨细，而是要根据用人单位的要求，巧妙地突出自己的优势，给用人单位留下鲜明、深刻的印象。但应当注意不能简单重复。简历中与应聘职位相匹配的部分是整份简历的点睛之笔，也是最能表现求职者个性的地方。求职者在写作简历的过程中应当深思熟虑，不落俗套，写得精彩、有说服力，而又合乎情理。

5. 语言准确

不要使用拗口的语句和生僻的字词，更不要有病句、错别字。如果使用外文，要特别注意不要出现拼写和语法错误，一般招聘人员考查应聘者的外语能力就是从简历开始的。同时行文也要注意准确、规范。在大多数情况下，作为实用型文体，简历的句式以简明的短句为佳，文风要平实、沉稳、严肃，以叙述说明为主；动辄引经据典、煽情议论是不可取的。

有的人写简历喜欢使用许多文学性的修饰语。例如，"大学毕业，我毅然走上工作岗位，几年来勇挑重担，为了企业发展大计披星戴月。周末的深夜，常常还能看到办公室明亮的灯光。功夫不负有心人……""虽然说'有则改之，无则加勉'，但领导无中生有的指责日甚一日，令我愤怒不已，心灰意冷，终挂印而去"，结尾还不忘加上一句"我热切期待着一个大展宏图的良机"之类的口号。这样的简历，只会让招聘人员一笑置之。

6. 版面美观

一份好的简历，除了满足以上对内容方面的要求之外，版面设计也是一个非常重要的因素，是求职者带给招聘人员的"第一印象"。版面设计应条理清楚，标识明显，段落不要过长，字体大小适中，排版美观，疏密得当。既不要为了节省纸张而使文字显得密集而局促，令阅读者感到吃力；也不要出现某一页纸上只有几行字，留下大片的空白的情况。还要注意版面不要太花哨，要有类似公函的风格，这也是体现求职者职业素养的一个方面。

简历的书面版本，通常建议使用打印文稿。如果你的字写得不错，附上一封工整、漂亮、简短的手写求职信，将会为你的求职过程锦上添花。

7. 评价客观

简历中通常都会涉及求职者对自己的评价，自我评价应当力求客观公正。行文中所表现出的语气，要做到诚恳、谦虚、自信、礼貌。这样会令招聘人员对你的人品和素质留下良好的印象。现在已经有越来越多的用人单位在重视技能和学历的同时，也对一个人的品行、开拓与合作精神等素质十分在意。在众多高学历应聘者激烈竞争的情况下，这方面的因素更加重要，也常常是这些非技能性因素使最终的获胜者脱颖而出。总而言之，求职者既不要妄自尊大，也不要妄自菲薄，在这一点上，分寸的把握非常重要。特别要注意避免夸夸其谈。坦陈自己经验等方面的某些不足，反而能赢得招聘人员更多的好感。

（四）写作简历的技巧

简历的写作不像科学研究那样要求特别严谨，而是有其特有的写作技巧。

1. 长度适当

简历 1 页就够，但是要满页。不到一页说明你没有什么值得介绍的。据求职计划顾问玛利莲·莫特·肯尼迪的介绍，现在流行的简历一般为 1 页。但是，超过 1 页的简历，第二页应有 10～12 行文字，第 2 页应放些次要的信息。两页的简历应把第一页和第二页订在一起，这样能让招聘者看见订书钉就意识到后面还有内容。同时，应注意在第二页的开头位置写上自己的名字和页码。

2. 强调重点

在写作简历的过程中，求职者对下列内容应该进行重点强调。①自己从事过的与现在应聘的职位最相关的工作。②能体现自己优于其他求职者的地方。③最近的工作、学习情况等信息。

3. 关注细节

关注细节是为了证明自己说的话是正确的。细节用于说服招聘者，让自己从所有求职者之中脱颖而出。例如，当应聘经理级别的管理人员时，求职者可以在简历中说明曾经管理过的人员数量和管理内容，以及为公司业绩的提升所作出的贡献等内容。

4. 文风简练

只要不牺牲必要的内容，简历的文风越简练越好。求职者在写作简历的过程中应经常使用词组和简练的句子，以形成简洁明了的文风。同时，为了节省空间或避免给招聘人员留下不良印象，简历中不要出现对曾经任职公司的不满和抱怨。

5. 注意格式、字体和纸张的选用

如果需要打印出来，在打印简历之前，应设置几种不同的格式进行对比，选出一份最能与自己所述内容相匹配的简历。最后，用打印机将简历打印出来，使用白纸打印最好。

第三节　求职面试时的沟通

面试的方法和技巧因人而异，种类有很多。而最为关键的是，在参加面试时，应聘者的衣着打扮要整洁、大方、得体，要注意非语言沟通以及提升自己在面试中的说服力。

一、重视非语言沟通

非语言沟通是指沟通主体通过语言沟通以外的其他方式与沟通客体交流意见和情感的过程，它具有补充、替代、调节和强调语言沟通的功能。在应聘者参加面试的过程中，非语言沟通技巧在强化应聘者的语言沟通表达能力、给招聘人员留下良好印象方面起着重要的作用。

（一）衣着打扮

心理学研究表明，在应聘面试的最初 7 秒内，应聘者的外表，尤其是衣着，会给对方留下深刻的印象，并将在很大程度上决定应聘者最终能否被录用。招聘人员可能并没有有意识地总结或分析这种印象的合理性、准确性、科学性，但这种最初 7 秒的第一印象往往"先入为主"，使之往往对后来有悖于第一印象的信息加以否定，而把与第一印象一致的信息储存起来。

某年夏天，美国一家跨国公司来华寻找代理人，某猎头公司向该公司推荐了一位年轻有为的女强人。在见面那天，该女士精心挑选了一套面料较薄、色彩柔和的大摆连衣裙前往；美方代表一见她，顿时露出不悦之色，因为对方不愿意让看上去像一个"小女孩"的人来负责自己公司的业务。

这个案例告诉我们，若想在应聘中面试成功，应聘者必须注意自己的外表和衣着，要在最初的 7 秒内给招聘人员留下良好的印象。

衣着和仪表往往能表现一个人的气质、性格和风度，还能体现一个人的文化素质和审美鉴赏力。因此，得体的着装打扮不仅能体现应聘者朝气蓬勃的精神面貌，表达应聘者的诚意，还反映出求职者的个人修养。而仪表往往左右着招聘人员的第一印象，所以应聘者在面试前应特别注意自己的着装打扮。例如，国家机关要求工作人员着装整洁、端庄，涉外单位要求工作人员着装漂亮、明快，工商企业要求工作人员着装朴素、大方，等等。就一般情况而言，应聘者在面试时应该衣着整洁而端庄，打扮稳重而得体。

（二）目光接触

眼睛是心灵的窗户，它能表达用语言难以说明的情感。而且不同的目光接触方式可以传递不同的信息，目光接触有利于双方的语言同步。黑格尔曾指出："眼睛是最能充分流露灵魂的器官，是内心生活和情感的主体性的集中点。"在面试中，运用眼神进行交流时，一是要保持与招聘人员的目光接触。目光上的接触表示自己对对方所说的内容感兴趣、在认真听取对方的发言，更为重要的是显示了对对方的尊重。二是要注意目光接触的时间。一般来说，谈话刚开始时和谈话结束时目光接触的时间应长一些，谈话中间视情况而定。这样既能引起招聘人员的重视，又可以稳定自己的情绪，消除紧张心理，使自己更好地发挥出应有的水平。三是要注意眼神的变化。在面试中不要始终以一种眼神去看招聘人员，要随着面试的内容变化，交叉运用多种眼神，从而使招聘人员知道你一直在注意他的讲话，以给他留下较好的印象。在交谈中，要避免目光飘忽不定或左顾右盼，以免给招聘人员留下"心不在焉"和"没有礼貌"的印象。

（三）面部表情

面部表情可以传递复杂的思想和情感信息，是人的内心情感的外在表现，也是传递思想、信念的桥梁，它往往是交流双方观察最频繁也最集中的一个方面。心理学家梅拉比曾总结出一个公式：感情表达=7%的言辞+38%的声音+55%的面部表情。由此可见面部表情在表达情感时的重要作用。面试中，当招聘者在介绍用人单位的基本情况及基本要求时，应聘者应表露出感兴趣的态度，从而使对方心情舒畅地侃侃而谈。在向招聘者介绍自己的基本情况和求职意愿时，应聘者应表露出诚恳的态度和希望得到对方指导的神情。在交流中，应聘者应尽量保持微笑，这样会让招聘者感到热情和亲切，并赢得其好感和信任。

微视频
求职面试时的
沟通

（四）姿势

姿势属于身体动作的一部分，强调的是全身不断的、协调的变化，它在非语言沟通中极为重要。例如，在面试中，应聘者根据讨论的内容，运用手势、身姿等辅助语言，有利于更完整地表达自己的想法。应聘者在运用姿势语言时要注意几点。一是在交谈过程中，身体要略向前倾，表明自己对对方的谈话很在意，很感兴趣。二是要注意采用开放性的姿势，尤其是在坐下交谈时，双脚适当分开，但不宜分得过开，而且双手也应该采用开放之姿，以表示积极的态度和直率的性格。三是注意在沟通中与对方保持面对面，使对方感到被尊重，也便于自己随时观察对方的面部表情，根据对方发出的非语言信息调整自己的语言和非语言动作。不恰当的非语言沟通会给对方留下不良印象，如手势变化过于频繁，会给人以手舞足蹈、略显轻浮之感；侧身朝向对方表示轻蔑、不尊重。谈话时的小动作，如压指节、挠后脑勺、抓头发，都是不文明的举动，应聘者对此应引起足够的重视，切不可忽视这些小细节，以免"一着不慎，满盘皆输"。

拓展游戏

面试游戏——正方形绳子

学生充当应聘者，教师充当招聘者。招聘者要求应聘者做一个游戏：随机安排五位应聘者，分别蒙住他们的双眼，使他们在 15 分钟内共同将三条绳子先首尾相接成圆形，再各自拉住圆形的一点将绳子最终变为正方形。

游戏结束后，大家思考：在这个游戏中怎么做最好？为什么？

二、增强面试中的说服力

关于口头沟通的讲话技巧和语言艺术，在本书的第二章已详细介绍过，本章不再赘述。在面试这种相当重要的口头沟通中，为了提高说服力，应聘者有必要特别关注以下几个方面。

（一）自信

自信的人，往往比自卑者更受欢迎。自信而不骄傲的应聘者往往比缺乏自信的应聘者更容易求职成功。一些大学生对于求职一事总是忧心忡忡，缺乏自信心。明明是自己中意的职位，可一看到应聘者众多，就打起退堂鼓，连试一下的勇气都没有。求职要靠应聘者自己去"自我介绍，自我选择，自我推销"，明明在平时是能说会道的小伙子或姑娘，可一到招聘者面前，就变得面红耳赤、手足无措，回答招聘者的简单询问时也手忙脚乱、语无伦次。这些都是应聘者缺乏自信的表现。如果一个人缺乏自信，就说明他对自己缺乏正确、全面的认识，以致在应该有信心时也表现得缩手缩脚。作为一名应聘者，应当正确认识自己的能力，认识到自己在专业技能方面所独有的长处，认识到自己更适合某些工作岗位。

微视频
盘点影视剧中的面试场景

视野拓展

自信是关键

1960 年美国总统大选时，肯尼迪和尼克松进行了一场轰动全国的电视辩论。辩论之前，许多政治分析家都认为肯尼迪处于劣势。他年轻，名望不高，波士顿口音又太重。但是，在电视屏幕上，人们看到的是一个心平气和、说话爽快、举止轻松的人，且面容诚实而自信。而在他身旁坐着的尼克松，看上去

商务沟通——策略、方法与案例

一脸风霜，显得很拘谨、紧张而不自信。这次辩论改变了许多人的看法，肯尼迪以其"自信"在美国大众面前成功地推销了自己。

（二）推销不过头

应聘者要相信自己，但不要夸大自己的能力。有些人认为自我推销就是要把自己往好里说，符不符合实际，被录用以后再说。这是不可取的，因为用人单位不只是根据求职者自身的介绍就决定录用与否，而是要经过一定的调查和一系列的考查，如笔试、试用期等，最后才做决策。招聘人员如果发现应聘者在自我介绍时自吹自擂，往往就不予录用。个人应当增强自信心，但这与自吹自擂、言过其实完全是两回事。有自信心，就会恰到好处地表现自己的长处，而吹嘘实际上是心虚的表现。

（三）重"硬件"不轻"软件"

面试过程中，应聘者要重视向招聘者展示自己的"硬件"，如学历学位证书、英语和计算机证书、各种奖励证书、科研成果等。这些"硬件"表明了应聘者过去所付出的努力和取得的成绩，以及应聘者在过去有能力做好某件事且比很多人做得更好，故在正常情况下可推知应聘者现在和将来也有这种潜能。应聘者的"软件"一般是指应聘者本身所具有的能力、技能、品行等。这些"软件"不是应聘者一时兴起"临时抱佛脚"就能获取的，更多的是靠平时的锻炼和积累。在面试中，应聘者不仅要向招聘者展示自己的"硬件"，更应让招聘者知道自己所具备的"软件"。"软件"的展示不光是口述就能解决的，更应在整个面试过程中，从应聘者自己的言语、行为、姿势、态度、精神风貌中一一展现。

某校市场营销专业毕业生小马前去应聘推销员。一早他就准备好了求职信以及能证明他大学期间优异成绩的各种证书，满怀信心地去面试了。到了面试办公室，他敲门进去后看到三个男子正跷起二郎腿，斜躺在沙发上闲聊。

"请问这是×公司的招聘办公室吗？"小马很有礼貌地问。

"你搞错了，这不是×公司的招聘办公室。"一个男子侧着身答道。

小马一愣，出门看看房间号，又走了进来："对不起，招聘启事上写的应该就是这里。"

"哦，现在还没到面试的时间呢。"另一个男子答道。

"那我可以坐在这里跟你们一起聊聊天吗？"小马问道。

"别等了，人已经招满了。"又一个男子说。

"可是招聘启事上的截止时间是明天。请听听我的自我介绍，给我一个机会，也许我会给你们一个惊喜。"小马坚持用简短的语言给自己争取机会。

"行！"那三个男子相视一笑。

小马后来被录用了。而在他之前，有数十名应聘者被几句话就打发走了。原来这几个招聘人员是在用这种方法考查应聘者是否具备判断力、自信心和锲而不舍的推销素质。

（四）结束面试

为了避免一些不该出现的情况，面试后应聘者应该注意以下几个问题。

1. 及时退出面试的房间

当招聘者宣布面试结束后，应聘者应礼貌地道谢，及时退出面试的房间，不要再做补充，也不要再提什么问题。如果应聘者认为确实有必要，可以事后写信说明或进行回访，但不能在面试结束后拖泥带水，影响其他人的面试。

2. 不要过早打听面试结果

一般情况下，招聘者每次面试结束后都要进行讨论和投票，然后由人事部门汇总，最后确定录用人员名单，这个过程可能要三到五天，甚至更长的时间。应聘者在这段时间内一定要耐心等待，切不可四处打听，更不要托人"刺探"，急于求成往往会适得其反。

3. 学会感谢

面试结束后，即使对方表示不予录用，应聘者也应通过各种途径表示感谢。如果是电话相约面试的，可再打一个电话表示感谢；如果是托熟人相约面试的，可通过熟人表示感谢；如果是写信相约面试的，则可再写一封简短、热情的信表示感谢，使自己的求职善始善终。要注意，面试后表示感谢是十分重要的，它能显示应聘者良好的个人修养。据调查，十个应聘者中有九个往往不会表示感谢，如果你没有忽略这个细节，则你会显得"鹤立鸡群"，格外突出。说不定会使对方改变初衷，也说不定会有补缺的机会。

4. 做好两手准备

面试往往是应聘者被用人单位挑选，或被录取，或被淘汰。无论结果如何，应聘者都要有所准备。面试后的一段时间内，应聘者最好不要到外地出差或游玩，当必须外出时最好向招聘单位事先说明，以表示自己的诚意。

5. 让用人单位知道你的诚意

虽然面试后不能过早地打听面试结果，但也不是说面试后就不闻不问，只等着别人通知你。特别是在竞争激烈的情况下，而自己的"硬件""软件"又和别人差不多，在适当的时候主动联系招聘单位，表示出热情和诚意，那么成功多半是属于你的。

　　某大型房地产公司欲招聘部门经理。这家公司规模大、资金雄厚、待遇优厚，其招聘广告在报纸上登出后，立刻收到了几百份应聘材料。经材料筛选、初试、复试、领导会商，A和B脱颖而出，他们被告知在一星期内等通知。

　　对比两个人的情况，从"软件"来看，A和B实力相当，难分高低；从"硬件"来看，A有一方面略占优势：该公司招聘人才的职位刚好与他在大学所学专业对口，且他具备丰富的工作经验；B的专业不完全对口，但他的经验也很丰富。

　　在等候通知期间，A信心十足，静候通知。B则主动与该公司的人事主管通过两次电话。在第一次电话中，B对该公司提供给自己面试机会诚恳地表示谢意，并感谢人事主管的关照和帮助，祝他工作愉快、顺心。在第二次电话中，B说明公司对自己有强烈的吸引力，表达了经慎重考虑后十分想为公司效劳的愿望。B打的两次电话，虽每次都只是寥寥数语，但言辞恳切。

　　一星期后，B接到了被录用的通知。

　　如果你是应聘者，你会怎么做呢？

本章选择题

知识巩固与技能训练

一、思考与讨论

　　1. 面试之前求职者应做好哪些准备工作？

　　2. 假如你遇到用人单位问你比较尴尬的或者其他"陷阱"问题，你会如何处理？

视野拓展

为什么面试后不马上录取你

3．参加面试时求职者在穿衣打扮方面应注意什么？

4．求职者应如何提升在面试中的说服力？

5．面试结束后有哪些方面需要注意？

6．简历的一般格式是怎样的？试制作一份简历。

7．请为自己撰写一份中英文的求职信。

二、活动与演练

求职面试。

3～4人为一组，商量好一家什么公司招聘什么类型的员工（建议是本市真实的、比较知名的公司）。每人轮流扮演一次应聘者，其他人为面试官。每个应聘者演练面试3分钟左右。

请大家按照所学的知识，做好面试中各种应该注意的事项。

面试结束之后小组成员相互评价。

三、案例分析

小贾是互联网行业的从业者。他作为产品经理职位的候选人去A公司参加面试。

面试官：请列举你日常工作中经常遇到的问题和困扰。

小贾：在做产品方面，最主要的就是如何把握好用户的需求，最令人头疼的就是需求变更。

面试官：那面对需求变更时，你一般会怎么把控？

小贾：做服务类项目，遇到需求变更的现象是再正常不过的了。但作为项目的管理者，必须把握好可允许的需求变更的度。打个比方说，如果在完成正常需求的计划时间内已无多余时间处理其他需求项，那么我们应该把合同作为最终的参考依据。合同中约定的需求是工作范围，其他需求可做延后考虑。如果在完成正常需求的时间内有多余精力来处理需求变更项，那么我会考虑将用户的需求变更项纳入工作任务中。

之后面试官又提出了一些专业方面的问题，小贾也对答如流。

面试官：你为什么离开上一家公司？

小贾：上一家公司的环境不利于员工的成长。

面试官：为什么？

小贾：公司没有满足员工学习专业知识、拓展自身技能需求的配套制度和资源。想学习更多更深入的行业或专业知识的员工诉求无门。

这次面试后小贾信心满满，但收到A公司的回复如下：

尊敬的贾××，经过公司相关领导慎重考虑，觉得本公司不适合成为日后您发挥才智的平台。您可以有更大的平台和机会施展才能，再次感谢！

问题与分析：

小贾有工作经验，有专业知识，为什么最后应聘失败？

基本商务沟通

📖 学习目标

　　了解演讲的特征和方式；掌握演讲前应做的准备工作；掌握提升演讲效果的各种技巧。

　　了解面谈的概念和特征；掌握面谈中应注意的事项。了解影响会议沟通的主要因素；掌握会议沟通的技巧。了解销售沟通的职能；掌握销售沟通的原则和技巧。

　　了解电话沟通的时间、地点、对象对沟通的影响；掌握电话沟通的基本礼仪和提升电话沟通效果的技巧。

> **导入案例**
>
> 　　张强是某高校的工商管理硕士研究生（MBA）。他今夜失眠了，原因是明天他要在全班做一次演讲。在读研究生之前，他有一份不错的工作，但是让他苦恼的是，他非常害怕当众说话。当众演讲总使他手脚出汗，脑子一片空白。单位内部几次提拔年轻干部，张强都因为当众演讲时过度紧张而中途停下来，最后没有入选。羞怒之下，张强从原来的单位辞掉了工作，专心学习，考到了这所著名的高校读MBA，打算一边学习先进的管理知识，一边改掉自己恐惧演讲的毛病。现在张强一想到明天早上要面对那么多学生和严谨的老师，他又紧张得浑身冒汗了，甚至准备找别人代替自己，但是他又非常不甘心：我离开原来的单位就是为了克服这个毛病，可是现在又要……
>
> 　　思考与讨论：
>
> 　　（1）在当今社会，你觉得演讲是必需的一种沟通交流方式吗？（2）你能理解张强的烦恼吗？你会给他什么建议？

第一节　商务演讲

一、演讲概述

（一）演讲的含义

　　演讲又称演说或讲演。关于演讲的定义有很多。演讲者、听众、现实背景构成演讲的三个前提条件，既强调有声语言又强调体态语言是演讲区别于其他口语表达方式的关键，劝说和鼓动听众是演讲的主要目的（在古希腊，演讲曾被称作"诱动术"）。鉴于此，我们可以将演讲的定义表述为：演讲者在特定的现实背景下，运用有声语言和体态语言，对听众发表意见、抒发情感，以达到感召听众的目的的一种带有艺术性、技巧性的活动。

（二）演讲的基本特征

演讲具有以下几个基本特征。

（1）从演讲的性质来看，它具有真实性的特征，不属于表演艺术的范畴。演讲的"演"，和表演的"演"不一样，它更多的是说明演讲具有引申、阐释或者演绎的性质。演讲首先强调的是真实性而不是艺术性，演讲不是朗诵。当然，演讲可以借用一些表演手法来增强效果，如相声般的幽默、故事般的悬念和诗歌般的激情等，但这些手法都要以不影响真实性为前提。

（2）从演讲的受众来看，它有听众不唯一的特征。其表现在"一人讲，多人听"，这与小组讨论和个别谈话不一样。讨论会上的发言、讲课、竞选、面对大众推销产品等都是演讲的形式，商务活动中的很多沟通方式都是演讲。

微视频
商务演讲

（3）从演讲的表现形式来看，它是以口头语言为主、以表情和动作为辅的表现形式。演讲所表达的内容主要是作用于受众的听觉系统而不是视觉系统。

（4）从演讲的作用来看，它具有传播演讲者的观点和主张的作用。这和播音或者话剧等的作用不同，演讲者不管搜集了多少别人的资料，都要经过理解与加工，将其变成自己的观点和主张后再加以传播。

（5）从演讲的结构来看，它具有阐述的系统性的特征。演讲与谈话不同，谈话可以根据语境边想边谈，不强调前后谈话内容的连贯性、系统性；而演讲则是一人讲、多人听，演讲者从头到尾按顺序讲完。所以，为了使演讲层次清楚、中心突出，演讲的结构应具有完整性，演讲的阐述应具有系统性。哪怕是即兴演讲，准备的时间很少，也需要尽量做到层次清楚、中心突出。

（6）从演讲的过程来看，它具有能够反馈听众信息的特征。当演讲者把信息传播给听众时，听众将会反馈给演讲者一些信息。现代演讲更加注重演讲者与听众之间的互相交流：一方面，演讲者根据听众的反馈，及时调整演讲内容和结构，短时间内输出最大的或最合适的信息量；另一方面，听众也会更有效地接收演讲者传达的信息。

（三）成功演讲的特点

一般情况下，成功的演讲应具备以下三个特点。

（1）简洁性。由于受时间因素的限制，演讲者如果在发言时注意控制时间，就可以言简意赅地讲清问题，并能较快见到效果。如林肯一生中最著名的演讲——葛底斯堡演讲虽然字数不多，但语言清晰、有力，对美国的社会发展影响深远。

微视频
林肯葛底斯堡演讲

（2）鼓动性。演讲是一种面对面的宣传鼓动形式，这种形式一方面使得演讲者的演讲内容更具鼓动性，且灵活可变、易于调整；另一方面又要求演讲者本人诚恳和有耐心。

（3）艺术性。演讲者是运用语言与非语言手段来影响听众的，因此演讲内容的哲理化、语言的文学化、姿态的戏剧化都要不同程度地渗透于演讲中。

（四）演讲的方式

在正式场合发表演讲，演讲方式的选择非常重要。演讲者要根据不同的场合、听众、性质、目的来选择不同的演讲方式。常用的演讲方式主要有以下几种。

（1）即席型演讲。即席型演讲是指没有任何准备的即兴演讲。对没有预先准备的问题的回答也可以归为这一类。即席型演讲除了解决临时的需要，很难有其他突出的优势，如果可以选择，最好不要采用这种方式。虽然一些演讲者会在即席型演讲中以机敏的口头表达给听众留下深刻的印象，但是多数演讲者往往会给听众留下负面的印象。通常这种演讲方式需要演讲者具备相当丰富的专业知识和娴熟的演讲技巧，才能使演讲精彩而成功。而且，即使一个领域的专家同样也可能在他擅长的领域做出很不专业的即席型演讲。

（2）提纲型演讲。提纲型演讲是演讲者利用前期准备的内容提纲进行的演讲。提纲可以和幻灯片的大纲一样详细，也可以非常简略。很多商务演讲都是这种类型的。提纲型演讲通常会利用提纲提示所要表达的内容，但是演讲者必须选择合适的词语来表达自己的思想。这要求演讲者要有良好的心理素质、有相当丰富的演讲经验。

（3）读稿型演讲。读稿型演讲就是演讲者按照已经写就的演讲稿向听众宣读。其优点是，从观点到细节在演讲稿中都做了预先的设置，演讲时很少会出现临时组织措辞而不流畅或说漏嘴的情况；在限定时间的演讲中，这种方式也能让演讲者通过预先设定演讲稿的长度使自己在规定的时间里讲完预定的内容。而其缺点也是十分明显的。演讲者一味读稿，缺乏与听众的交流；听众有可能会对演讲失去兴趣，场面可能会冷淡、枯燥；如果演讲中偶尔出现小小的失误，听众可能会怀疑演讲稿是否由别人代写，甚至会对演讲者的能力产生怀疑。这种方式适用于政策性强或法定性强，或者内容重要、场合严肃的演讲。

（4）记忆型演讲。记忆型演讲就是演讲者把记住的演讲稿内容表达出来，逐字逐句地背诵演讲稿的内容也被归为这一类。记忆型演讲也有很多缺点，除非演讲者非常专业，否则记忆型演讲所表现出的缺点会远大于它的优点。在记忆型演讲中，忘记某些关键词是非常尴尬的事情，往往会让演讲者慌乱不堪。因为演讲是按照一定的次序进行的，忘记一个关键词，可能就会出现"卡壳"的现象。记忆型演讲也可以变得非常有效，前提是演讲者的准备时间长、记忆力好，演讲稿短且追求演讲现场效果，如应聘时的自我介绍、到新单位的就职讲话等。

（五）演讲方式的选择

关于演讲方式的选择，管理沟通专家艾伦有以下几个建议。

（1）除非没有别的选择，否则不要做即席型演讲。

（2）记忆型演讲也有很多缺点，最好少用。除非演讲者对演讲内容非常熟悉，否则可能会导致失败。

（3）提纲型演讲和读稿型演讲是最值得推荐的演讲方式，但是二者的应用同样也需要注意一些问题。要根据听众和演讲内容来选择其中的一种演讲方式。如果是互动性的培训，那么最好用提纲型演讲；如果是一场政治性的演说，由于需要准确用词，最好采用读稿型演讲。另外，对于初学演讲者来说，读稿型演讲是最好的选择；而对于经验丰富的演讲者来说，提纲型演讲则是最佳选择。

二、演讲的准备

一场成功的演讲必然是做了充分准备的演讲。戴尔·卡耐基曾经说过："只要按照正确的方法，做周密的准备，任何人都可能成为杰出的演说家；反之，无论年龄多大或者经验多么丰富，如果没有做适当的准备，都有可能在演讲中漏洞百出。"

（一）明确目的

作为演讲者，首先必须考虑：什么是你想与听众沟通的？你是只想向听众简单地传递信息，还是要说服听众、激励听众或娱乐听众？什么是你想要达到的目的？什么才是最佳的表达方式？在你开始演讲的准备工作之前，你需要确定演讲的目的。如果你的演讲目的是报告或描述，你应该了解听众目前的知识水平和认识水平。如果你的演讲目的是教育或解释，你应当集中精力于知识面的宽度和广度，以及解释的逻辑性，并借助于图表来演示。如果你的演讲目的是激励或说服，你应集中精力思考如何改变听众的信念、态度和行为，注重吸引听众的注意；了解听众的需要和兴趣，满足听众的需要并激发听众做出适当的反应。如果你的演讲目的是娱乐，这种演讲就要讲究艺术性，要强调感召力和鼓动性，演讲要能够适应听众的口味和场景，做到别具一格。

📖 视野拓展

演讲的目的

勒德洛和潘顿（1992）把演讲的目的归纳为以下几种。①说明服务项目，介绍产品。②创立形象，制订行动计划。③取悦同事、组织和外部人员。④使人接受概念、观点、了解产品。⑤代表小组、部门和公司发表演讲。⑥表明态度，说明工作方法。⑦给出解决问题的方法，提出新概念。

（二）评估自己

作为演讲者需要了解自己：我的长处是什么？我持什么态度？我的自信心如何？我如何给听众留下好印象？演讲者需要集中精力发挥自己的长处。如果演讲者的声音洪亮、发音清晰，就应该充分利用这些条件；如果演讲者富有幽默感，不妨紧扣主题讲一个简短的幽默故事。此外，演讲者积极的态度、活力和激情将增强演讲的感召力与说服力。演讲时，演讲者应该充满自信，克服对演讲的恐惧心理，采用让自己觉得自在的演讲方法。这有助于控制自己面对听众时的紧张情绪。

（三）了解听众

要想使演讲为大部分人所理解，演讲者在演讲前要对听众有充分的了解。演讲者可以通过向自己提出下列问题来设法了解听众。

（1）有多少人会来听我今天的演讲？

（2）听众的年龄层次如何？

（3）听众的知识、职务层次如何？

（4）听众对演讲主题的熟悉程度如何？

（5）听众对演讲主题的兴趣如何？

（6）听众中是否会有人产生抵触情绪？

（7）我与听众的熟悉程度如何？

演讲者可以着手做以下几项工作。

（1）为了更好地解答这些问题，可以获取一份听众名单并了解他们的职务。

（2）了解听众所在组织的有关背景信息。

（3）在演讲前与听众交谈。

（4）从他人处了解听众的心理特点和参与意识。

（5）运用问卷方式。

（四）环境方面的准备和适应

在开始演讲之前，一定要了解演讲的环境。因为在不熟悉环境的情况下，很可能自己准备的材料、工具、辅助手段无法使用，从而影响演讲的效果。例如，可能你习惯采用 PowerPoint 作为辅助演讲的工具，结果由于环境中没有多媒体设备，你就无法按照原来的设想展开演讲，甚至因为心理准备不足而不知如何下手。在演讲中非常重要的环境因素是房间和讲台的布局以及视觉辅助仪器的配备。在房间的安排上，你应该考虑座位的安排、窗户的位置、灯光的配置等因素。在座位安排上，一般来说，听众与你的距离越近，越易引起共鸣；半圆形布局好于传统的"教室形"布局。在窗户位置的考虑上，既要使空气新鲜，又要防止穿堂风。在灯光配置上，要了解开关的位置，并避免使用位于演讲者背后的灯光。在视觉辅助仪器的配备上，要检查和了解投影仪的状况和使用情况，检查粉笔的数量、颜色和黑板擦。在讲台布局上，要考虑移动空间、麦克风和椅子的情况（如果需要坐着讲话）。

（五）明确主题

我们把演讲中讲什么叫作"选题"，把演讲中所要表达的中心思想叫作"主题"，而演讲的选题或主题的扼要概括在演讲术语中被称为"论题"。在收集和整理资料前明确主题极为重要。演讲的主题不仅是演讲者重视的，也是听众所关心的。题目是演讲者与听众最初的联结媒介，是一篇演讲稿不可或缺的部分。题目的确定与演讲的内容、风格、情调息息相关。一个新颖而富有影响力的题目，不仅能在演讲前激发听众的听讲欲望，而且在演讲之后仍能给听众留下深刻的印象。正如明代的王夫之所说："意犹帅也，无帅之兵，谓之乌合。"

> 有研究表明，以为时 45 分钟的演讲为例，在演讲刚开始时，听众的注意力很集中；注意力在 10 分钟之后达到顶峰；到了 30～35 分钟时，注意力开始减退；最后，当演讲快结束时，注意力又会增强。

由此可见，在整个演讲过程中，听众只能吸收大约 1/3 的演讲内容。因此，演讲者在阐述观点时，要简明扼要地突出主题。

（六）材料的准备

演讲材料指的是为演讲提供内容、表达主题的事物和观念。确定好演讲的目标和主题后，演讲者要做好下面四步工作。第一步，整理思路。要利用足够的时间对主题进行思考，并与周围了解或熟悉这个主题的人交流看法。要养成随时记录自己的灵感的习惯，这些灵感可能是突然冒出来的，要用简单的文字记录下来，便于在设计提纲和内容时加以整理。第二步，查阅和收集资料。只有掌握充分的资料，在演讲中才能做到游刃有余；否则，难免捉襟见肘。杂志、报纸、书籍、网络都是有效的资料来源。平时要有意识地多看些资料，丰富自己的知识库和信息库。第三步，筛选材料。在筛选材料时应参考以下三个标准：要选择最能服务主题的材料；要选择最能满足听众心理需要和涉及听众切实利益的材料；要选择适合演讲的材料。第四步，

商务沟通——策略、方法与案例

设计演讲提纲。演讲提纲主要包括开头、主体和结尾。

视野拓展

维德摩迪确定演讲选题的方法

美国 19 世纪的演讲家维德摩迪在选择了一个题目后，会把题目写在一个大信封上。他有许多这样的信封，倘若他读书时遇到了好的材料可以用作演讲的参考，他便把这些材料抄写下来，放到相应题目的信封内。他还经常带着一个记事本，在听别人演讲时会把切合他的题目的内容记下来，也放进相应的信封内。这些材料可能存放很长的时间也用不上，但是一旦有需要，即可随时取出派上用场。

当然，在演讲前演讲者还必须考虑衣着、佩饰、鞋子，甚至发型。公众场合的演讲必须避免不合时宜的衣着打扮，如刺眼的耳环、不合时宜的外套、过短的裙子、邋遢的鞋子、松垮的眼镜或者过于吸引注意力的发型。

三、提升演讲效果的技巧

视野拓展

能使听众喜欢你的方法

（一）克服演讲焦虑

1. 演讲焦虑的原因

大多数人，甚至相当多的名人在大庭广众面前都会产生紧张情绪。其表现是面红耳赤，说起话来声音颤抖变调，心里发慌。企业家发表演讲经常是在一些较大的场合，出现演讲焦虑是很正常的。一般在以下情况下会出现演讲焦虑。①认为自己处于注意力的中心。②认为自己与众不同。③以前有过演讲失败的经历。④缺乏演讲经验。

2. 演讲焦虑的类型

麦可罗斯基认为有以下四种演讲焦虑的类型。

（1）本身特有的焦虑。这是一种贯穿整个过程的口头交流恐惧。如果一个人本身就是焦虑水平很高的人，在发表演讲的时候，就更会感到焦虑。

（2）场合引起的焦虑。有些人对一些场合会感到焦虑，而对另外的场合则能够应付自如。例如，有些人在小群体演讲中可能非常轻松，但在面对更多的人时则会表现出焦虑。

（3）听众引起的焦虑。是否会焦虑有时取决于听众的类型。例如，人们在面对与自己的社会地位相当或比自己的社会地位低的听众时，一般不容易紧张；如果是面对自己的上级，则往往会出现焦虑。

微视频

如何做一场精彩绝伦的演讲

（4）特殊事件引起的焦虑。例如，在一群人面前演讲，他们会在你演讲的基础上决定你是否能够保住目前的工作，这时往往会令你感到紧张。

3. 克服演讲焦虑的方法

克服演讲焦虑的方法有很多，归纳起来，大致有以下几种。

（1）选择熟悉的题目进行演讲。选择一个你已经演讲过的题目或从事过相关研究且十分感兴趣的题目，往往会有助于演讲顺利开始。例如，知名企业家对于经营企业方面的演讲，往往是得心应手的。

（2）选择一个能够打动自己的题目进行演讲。当一个题目令演讲者非常感兴趣，或者令演讲者感到非常重要时，他就会"沉醉"其中，或者非常急切地想把自己的观点告诉听众，这种情绪会感染整个会场。

（3）要充满自信。既然被请去演讲，就说明演讲者在这方面是值得信赖的，演讲者在这个问题上是有发言权的。

（4）不要把听众看作来取笑自己的"捣蛋鬼"，而要把他们看作自己的朋友。从一开始就要寻找那些对你微笑、点头，仔细倾听你讲话的听众，首先面对他们讲话，就能克服紧张情绪。待紧张情绪消除后，再转向其他听众。

（5）预演。预演就是上台前的试讲。这是正式演讲前最后的准备工作。预演可以减轻紧张的情绪，可以帮助演讲者发现紧张的根源，促使其做进一步的准备。

（6）允许紧张的存在。要告诫自己，任何人演讲都会有紧张感，适度紧张是正常的。这样你就会忽视紧张的存在，而专注于演讲的内容。

在长期的教学与演讲中，演说家达勒·卡内基总结出克服恐惧的最好方式就是要在公众面前做一次又一次的演讲，克服一个又一个的恐惧，直到让自己形成一种乐于演讲的习惯。

视野拓展

心理暗示对消除怯场的作用

心理暗示，是指人们受外界或他人的愿望、观念、情绪、判断、态度影响的心理特点，是人们最常见的心理现象。它是人或环境以非常自然的方式向个体发出信息，个体无意中接收这些信息，从而做出相应反应的一种心理现象。

心理学家巴甫洛夫认为：暗示是人类最简单、最典型的条件反射。从心理机制上讲，它是一种被主观意愿肯定的假设，不一定有根据，但由于主观上已肯定了它的存在，心理上便竭力趋向于这些信息。我们在生活中无时无刻不在接受着外界的暗示。演讲者可以应用积极的心理暗示来消除怯场的心理，在演讲前不妨对自己说："只要我勇敢地走上讲台就没事了""我一定行""我已经做了充分的准备""演讲其实没有什么可紧张的"。或者演讲者还可以闭上双眼，想象一下自己站在演讲台上成功完成演讲时的场景。相信这些方法都可以有效地帮助演讲者克服演讲时的怯场问题。

（二）表达技巧

1. 有声语言表达技巧

（1）发声技巧。古希腊的亚里士多德在《修辞学》一书中指出"什么时候说得洪亮，什么时候说得柔和，或者介于二者之间；什么时候声音高，什么时候声音低，或者不高不低；……都是关系到演讲成败的关键问题"。演讲时，明朗、浑厚的中低音比较受人欢迎；演讲者的语速以每分钟 200 字左右为宜。同时，演讲者还应注意加强声音的共鸣，这样能使声音变得洪亮、圆润，传送得远，蕴含感情。

（2）巧用重音。在演讲中，根据表情达意的需要，可有意突出某个词或词组，从而和其他词或词组形成对比，这种技巧便是巧用重音。有的时候，读得比其他词轻也能起到突出的作用。演讲者主要根据自己的目的、理解、心境、感情等综合因素使用重音。

（3）停顿的技巧。停顿有语法停顿、逻辑停顿和心理停顿。前两种是根据语法和逻辑结构来处理语言的手段，其目的是保证语意清楚明确、重点突出。而心理停顿则是演讲停顿技巧中最常用的一种。心理停顿清楚明确、重点突出。心理停顿是有意安排的，停顿的时间比语法停顿、逻辑停顿长，听

微视频
马丁·路德·金的演讲

众可以明显感受到它的效果。具体来说，它有以下作用：第一，给演讲者和听众整理思路、体会情感的时间，从而达到"沟通同步"；第二，有利于内容的进一步展开，推动主题；第三，体现设问和暗示的作用；第四，用于引起听众的好奇、注意，令演讲产生悬念。

（4）把握节奏的技巧。节奏，即说话时由于不断发音与停顿而形成的强弱有序和周期性的变化。在日常生活中，大多数人一般不会考虑说话的节奏，其实，说话时不断变化节奏对避免单调乏味是相当重要的。演讲节奏是在指感情表达需要的前提下，该快则快，该慢则慢，做到"快有章法，慢有条理"。当演讲者要表达急切、愤怒、兴奋、激昂的感情时，快速的连珠炮般的讲话，能使听众产生一种亢奋感和紧迫感，能使听众振奋或产生共鸣；当要表达悲哀、痛苦等感情时，则要放慢节奏，使听者产生一种深邃感。演讲节奏可分为以下几种类型。

轻快型：适用于致欢迎辞、宴会祝词、友好访问辞等较为随意的场合。

持重型：适用于理论报告、纪念会发言、严肃会议开幕辞、工作报告等较严肃的场合。

舒缓型：适用于科学性演讲和课堂授课等场合。

紧促型：适用于紧急动员报告或声讨发言等场合。

低抑型：适用于追悼会等具有哀伤气氛的场合。

高扬型：适用于誓师会、动员会、批判会等场合。

单纯型：适用于做简短演讲的场合。

复杂型：适用于内容复杂、费时较长的演讲场合。

（5）语气语调的运用技巧。语气语调在演讲中也具有重要的作用。实践证明，即使是没有实际内容的声音形式也可以沟通感情。在演讲中"气徐声柔"可以表达爱；"气促声硬"可以表达憎；"气沉声缓"可以表达悲；"气满声高"可以表达喜；"气提声凝"可以表达惧；"气短声促"可以表达急；"气粗声重"可以表达怒；"气细声黏"可以表达疑。除了语气以外，语调的运用也可表达不同的感情。一般来说，平调表示严肃、平淡、压抑、悲痛；升调表示疑问、反问、愤慨、呼唤；曲折调表示讽刺、暗示、欢欣；降调表示感叹、请求、肯定、赞扬。

2. 体态语言表达技巧

（1）善用表情和眼神。面部表情是表现人的思想感情最复杂、最准确、最微妙的"晴雨表"。演讲中演讲者的表情贵在自然，切忌拘谨木然、神情慌张或故作姿态。演讲者的面部表情应随演讲内容和情感的变化而变化，一笑一颦、一展一蹙都要与演讲的内容合拍。"眼睛是心灵的窗户"，演讲表情中最重要的是眼神，所以演讲者在演讲中要尽量看着听众说话，多和听众进行目光接触。

（2）善用姿态和手势。不少演讲家提倡在演讲中使用站姿。站立的姿态，一般提倡双腿略微分开，前后略有交叉，身体的重心放在一只脚上，另一只脚则起平衡作用。这样既便于站立，也便于移动，身体也可以自由转动。长时间的演讲可以采取坐姿与站姿相结合的方式。一般来说，运用坐姿可以使演讲显得随和，适合于不那么正式的演讲。手势是身体姿态中最重要的表达手段。在演讲中，自然的手势，可以帮助演讲者平静地陈述和说明；急剧而有力的手势，可以帮助升华情绪；柔和、平静的手势，可以帮助抒发内心炽热的情感。在演讲中，手势的运用要有变化，要服从内容的需要，符合听众的习惯，简单明了，适当有节。

（三）控场技巧

虽然演讲活动大都在充分准备的基础上进行，但出乎意料的因素总是难以避免。在突发情况下，当机立断酌情控场与机变，就显得十分重要与必要。

1. 控场和机变要注意的原则

（1）观察要敏锐。要善于捕捉听众各种细微的情绪变化和反应，做出准确的判断和迅速的反应。

（2）处变不惊。当会场上出现不安和骚动时，演讲者应冷静、沉稳，要有一种震慑全场的气概，始终保持充分的自信，以毅力和韧性控制一时的骚动。

（3）有理有节。在一般情况下，绝大多数听众是通情达理的；至于个别听众的问题，演讲者要分清问题的性质、原因和责任，采取适当措施，把意料之外的突发问题消灭在萌芽状态。有时演讲者也可以采取视而不见的办法，见怪不怪，其怪自败。

2. 演讲中意外情况的处理

（1）演讲内容多而时间少。拖延时间是演讲大忌，在这种情况下，演讲者应果断压缩内容，省略某些事例，妥善使用概括语，注意保持整个演讲体系的完整性，切忌虎头蛇尾，草草收兵。

（2）发生失误。演讲者发生失误以后，最重要的是处变不惊，其次是果断采取应急措施，及时调整自己的演讲。

（3）对听众当场提出口头质疑的处理。遇到这种情况，不管是善意质询还是恶意诘难，演讲者都要头脑冷静、保持清醒，切忌感情用事，要灵活处置，保证演讲顺利进行。演讲者有时也可以抓住这一时机，深入地阐述自己的观点。

（4）发现听众反应冷漠，缺乏合作。演讲者应迅速冷静地分析可能的原因，根据实际情况调整演讲内容，切不可敷衍了事。

（5）对听众持对立观点的处理。在这种情况下，演讲者应在一开始就努力缓和对立情绪，创造宽松、和谐的气氛，便于逐步阐述自己的观点，最终说服听众。

（四）视觉辅助手段

除了非正式的商务演讲，视觉辅助手段对其他所有演讲都是必需的。有效的视觉辅助手段能够起到吸引听众、使听众集中注意力的作用。常见的视觉辅助手段包括书面材料、书写板、活动夹纸板、幻灯机、投影仪、多媒体设备等。利用视觉效果作为辅助手段会给听众留下专业化的印象。与未使用视觉效果作为辅助手段的演讲相比，使用了投影仪的演讲通常会被认为是"准备充分，更专业化，更具说服力，更可信和更有趣的"。一项调查结果显示，在演讲中被听众记住的概率上，运用多媒体（计算机制作的图片和动画）比仅使用幻灯片要高 5%，比只用语言描述要高 16%。值得指出的是，视觉效果的作用在于突出演讲的主旨，而不是细节。

好的视觉辅助手段有四个标准。①可视性。②清晰性。③简练性。④相关性。

运用视觉效果要遵循 KISS(Keep It Short and Simple，简单明了）原则和 KILL(Keep It Large and Logic，字体大、内容逻辑强）原则。

遵循 KISS 原则，要注意以下几点。

（1）不要过多地使用图标。

（2）不要连篇累牍地出现大段的文字。

（3）尽量利用图形、图表，这样有利于清楚地传递信息。

（4）在运用饼图、直方图、曲线图时，每张 PPT 上不要出现两个以上的图形。

遵循 KILL 原则，要注意以下几点。

（1）演示图片上的字体要足够大，一般在 28 号以上，32 号字体比较合适。

（2）演示图片上的图像、图表要足够大，能让听众清晰看到。

（3）前后图片的内容要连贯。

（4）图片之间的衔接要有逻辑性。

（5）要多运用逻辑性图片、总结性图片。

除了重视运用视觉效果以外，演讲者还应注意检查关系到视觉效果的其他视觉辅助设备，如演讲场所的灯光效果、电源插头、麦克风、讲台位置情况以及演讲场所的物理布局等。

第二节 商务面谈

一、面谈的概念和特征

面谈是指任何有计划和受控制的、在两个人（或多个人）之间进行的、有目的且互有听说的谈话。简而言之，面谈就是"有计划的交谈"。面谈能否成功，依赖于彼此间能否建立有效的互动关系。

微视频
商务面谈

商务情景下有各种类型的面谈，如绩效评估、聘用、劝说、离职、解决问题和提供信息等。无论何种情形的面谈，其过程都是一种密集的沟通交流。面谈通常具有以下几个特征。

（1）目的性。参与面谈的一方或双方有明确的目的。谈话者通过谈话要达到一定的目标，并且希望对方做出己方期望的行为。

（2）计划性。商务面谈需要对面谈进行计划，谈什么（What）、在何处谈（Where）、何时谈（When）、与谁谈（Who）、如何谈（How）等都要有预先的计划。

（3）控制性。至少有一方处于控制地位，或者由双方共同控制。

（4）双向性。面谈必须是相互的交流，它不是单向的讲话而无须另一方做出任何反应。

（5）即时性。面谈一般要求面谈双方即时对沟通信息做出反应。

案例阅读与思考

形象的作用

李林在爱声公司担任培训师已经十余年了，她当年找工作时爱声公司才创办两年，规模也大不如现在。当时爱声公司给她的反馈是"虽然我们眼下不打算招聘培训师，但你还是可以把简历寄过来，因为我们总是在挖掘人才"。望日，在爱声公司刘总的办公室里，秘书拿来了李林的简历，并说："我告诉她和您面谈得预约，可她执意要见您。"刘总扫了几眼简历，发现还不错，但也没有什么太多过人之处。出于礼貌，他还是见了李林。就在他见到她的一瞬间，他发现这个女孩本人比简历更能打动人。她从容淡定的气质、明亮的噪音、充满朝气的举止、优雅的姿态和真诚的笑容，无一不流露出自信，体现出才能。就在见面握手的那30秒，刘总感觉自己已经进一步了解了超越简历的那个李林。他们面谈了半个小时，两个月后，李林如愿以偿地被录用了。

思考与讨论：

（1）为什么之前爱声公司不打算招聘培训师，结果却录用了李林？（2）你有没有碰到过见面交谈后给你留下更深刻印象的人呢？

二、面谈的目的

面谈的目的主要包括以下四个方面。

1. 信息的传递

获取或传递特定信息是面谈最常见的目的之一。例如，教师向学生传授知识、新闻报刊记者的采访、产品介绍会等都属于这种情况。

2. 寻求信念或行为的改变

说服也是面谈常见的目的之一。例如，推销员与潜在顾客之间的面谈、领导对下属的指导、家长对子女的劝告、申述等。大部分的商务面谈都具有说服的性质。

3. 进行评估和决策

进行评估和决策类型的面谈，以了解事实的真相、作出决定为目的，如招聘面试、绩效评估、看病等。

4. 探求与发现新信息

探求与发现新信息的面谈是指采用某种统计方法获得有关某一问题的信息，如某种学术团体和社会团体所做的市场调查、民意测验等活动。

三、面谈的过程

如果没有做好面谈计划，不注重面谈的过程，最终往往不能达到面谈的目的，而且还可能会疏远与被访者的关系。一个完整的面谈包括准备阶段、实施阶段和结束阶段。

（一）准备阶段

1. 确定面谈的目的

明确的面谈目的有助于制订计划和采取行动，面谈的目的往往是非常具体的，如"为公司招聘合适的员工""找出生产率降低的原因，以及寻找在特定的时间内达到公司要求的解决办法""解释某个政策制定的目的，以消除人们的误会"等。在面谈准备阶段必须考虑通过面谈要解决什么问题，同时还要考虑访谈者与被访者之间关系的处理。当面谈的目的确定以后，就要考虑以下问题：你要如何进行面谈？在哪里面谈？面谈时应该避免什么问题？

2. 设计面谈的问题

面谈的问题取决于面谈的目的，它是在面谈中获取信息的基本手段。所有的访谈者都会提问，但只有精心准备的访谈者才能提出有效的问题，从而获取他们所需的信息。访谈者在面谈准备阶段应该仔细阅读有关材料，明确自己需要收集的信息的类型，并把面谈中需要获取的信息罗列出来；访谈者最好准备一张事先设计过的问题表。同时，访谈者还需要了解被访者的背景资料以预测其可能的反应，从而调整自己提问的方式以引导被访者按自己需要的方式组织信息。在问题的具体设计上，可采用两种类型的问题：开放式问题和封闭式问题。这两种不同类型的问题可以达到不同的效果，获取具有各自特点的信息。

封闭式问题给面谈对象选择答案的空间很小或者没有，通常只有一个明确的答案。例如，"你最后一次在哪里就职？""你是愿意在项目 A 还是项目 B 中工作？"封闭式问题适用的情形如下：①节省时间、精力和金钱；②维持、控制面谈的形势；③从被访者处获取特定的信息；

④鼓励被访者完整描述某个特定事件；⑤鼓励腼腆的人说话；⑥避免被访者泛泛而谈。

开放式问题与封闭式问题的特点恰恰相反，这类问题的答案通常不是特定的。例如，"你的工作干得怎样？""新的规章对部门士气的影响怎样？"开放式问题适用的情形如下：①了解被访者优先考虑的事情；②让被访者无拘束地谈论他的看法；③明确被访者的知识深度；④弄清被访者的表述能力怎样。

3. 安排面谈结构

确定了面谈的目的、设计好面谈的问题后，面谈准备的下一个步骤就是确定面谈内容的结构。为此，要考虑准备面谈指南，面谈指南中应注明面谈时提问题的顺序。这里的面谈指南是一份关于面谈者想涉及的话题和子话题的提纲，通常在每个话题下列举一些特定的问题。

4. 安排好面谈的环境

面谈环境会对面谈的气氛和结果产生较大的影响。

研究表明，大部分办公室可以分为两个区域：压力区域和半社会化区域。压力区域：办公桌周围的那片区域。其特点是办公室的主人坐在办公桌的后面，而这张桌子可能就会在交谈双方之间形成一道自然的和"心理"上的屏障，因此这一区域适合于正式面谈。半社会化区域：稍微远离办公桌的区域。如果是较大的办公室，其中可能还会有舒适的沙发和茶几。同时，心理学研究表明，双方座位成直角要比面对面的交谈自然 6 倍，比肩并肩的交谈要自然 2 倍。

5. 预估可能的问题并做好应对的准备

在准备面谈时，访谈者应当考虑可能会遇到哪些问题，被访者可能怎样回答及会提出什么异议或问题，被访者的个性以及在面谈中的地位（支配地位还是被支配地位），预计需要多长时间提问等。每次面谈都可能会遇到未考虑到的问题，如果能对这些情况提前进行预设并做好应对的准备，在实际面谈时，结果就会比仓促上阵要好很多。

视野拓展
面谈时需准备的
问题清单

（二）实施阶段

1. 营造氛围

面谈是有计划的、有互动的沟通，因此营造一个双方认可的、适合交谈的面谈氛围颇为重要。营造和谐的面谈氛围要坚持两个原则：一是尽量开诚布公；二是尽量以"建立和睦的关系"开始。大多数处于被动地位的被访者都会有紧张心理，由于所处地位的被动性，极有可能出现尴尬的情绪。因此，访谈者有必要在面谈一开始就营造一种开放、宽松的气氛，这将有助于被访者放松紧张的神经，使双方的沟通更顺畅，促进信息交流，提高面谈的有效性。

访谈者说："请坐，不要紧张。"等对方坐定后，接着说："好了，让我们开始面谈吧，我要问的第一个问题……"

或者，访谈者一边指引座位，一边说："请坐，你是怎么来的？家远吗？"待被访者回答完毕，又问："来这里工作有什么困难？"被访者表示没有，访谈者接着问："那好，你能谈谈……"

2. 交代目的

必要的放松之后，访谈者应该简短、清晰地向被访者说明面谈的目的、步骤、进度安排，以及自己的期望等。访谈者在面谈时一定要让对方明确面谈的目的，切不可自认为面谈目的显而易见而忽视对方是否明确面谈的目的，除非出于某些特殊的原因，访谈者有意不向被访者透露这些信息，否则面谈目的没有明示或者单凭访谈者主观臆断被访者清楚面谈的目的，常常会造成被访者因对面谈的目的不明确而感到困惑，从而使面谈的效果不尽如人意。

3. 交流信息

交流信息是面谈的主体部分，它占据了面谈大约 90%的时间，主要用于通过提问获取信息、传递信息和阐明信息。下面根据面谈结构化程度的高低，从非结构化、一般结构化、高度结构化的不同角度讨论如何进行信息交流。

在非结构化面谈中，访谈者只需要简单考虑面谈的目的，对可能涉及的几个问题或领域做一些思想准备。这种面谈一般具有交流性、劝告性。在一般结构化的面谈中，要准备好面谈计划和要被访者回答的主要问题的框架，若需要进一步了解某些信息，则要准备一些有关的问题。在高度结构化的面谈中，所有的面谈问题都是事先安排和准备好的。这些问题以相同的方式向每一位被访者提出。在这类面谈中也不排除出现非限定性问题的可能。

在面谈过程中，由于面谈是以自由对话的方式进行的，会见者，即访谈者提出的问题和确定的话题范围，将直接影响面谈的气氛、被访者的情绪和由此而产生的面谈结果。因此，在面谈过程中还要掌握和运用提问的艺术。

即使访谈者明确了面谈的目的，也对面谈的过程做了精心准备，但在实际沟通过程中，仍要注意避免以下一些问题：①没有把握好面谈时间，面谈时间过长，缺乏效率，也缺乏对面谈时间的控制技巧；②把大量的面谈时间放在讨论细枝末节的问题上；③访谈者（或被访者）说得过多，不让对方插嘴；④面谈没有取得预期的效果，访谈者感到不满意，并形于言色；⑤当访谈者与被访者进行的面谈结束时，被访者仍不知面谈的真正目的是什么。

（三）结束阶段

在面谈结束阶段要做好以下工作。首先，访谈者一定要明确表示面谈即将结束，说一些如"好吧，我的问题就这些"或者"你帮了很大的忙"之类的话，使被访者知道如果自己有什么问题，应该现在就问。其次，访谈者试着总结一下自己得到的信息，并复述后请被访者验证信息的准确性，如果有误，被访者可以及时纠正这些错误。再次，让被访者知道面谈的结果是什么，如是否需要再次面谈、是否需要写一个报告。最后，应对被访者接受访谈表示谢意，确保与对方建立和保持良好的关系。

结束面谈后，访谈者要及时检查自己是否记录了所有重要的信息。尽管访谈者可能很好地计划了面谈，提出了准备的所有问题，然而，如果访谈者不能准确地记住得到的信息，这次面谈就不能说是成功的。面谈的目的是获取信息，因此不能单凭记忆，否则就可能会因为遗忘而漏掉重要信息。因此，要在面谈结束后立即进行记录，还可以使用面谈指南作为记录的基础，回顾面谈的问题并如实记下被访者的回答。

记住信息的一个更好的方法是在面谈时做笔记。一定要告知被访者自己要做记录。做记录时要尽可能不引人注意，不要让被访者感到不安。要学会在做记录时仍然保持与被访者有目光接触。

📖**视野拓展**

留住优秀员工，重在及时反馈面谈

📖案例阅读与思考

不合格的面试

一天早上，技术部的小王正专注于自己的工作，人事部的电话将他匆匆叫到小会议室参与技术人员的招聘面试。事先小王对此一无所知，所以在面试过程中，他总是在查阅应聘者的资料，低头专注

于阅读简历，然后提出相应的问题，之后又忙于了解下一位应聘者的情况。就这样一上午过去了，六位应聘者的面试结束了。小王的任务也完成了。

思考与讨论：

小王在参与面试过程中存在问题吗？他可以如何改善？

第三节　商务会议

一、会议概述

会议是指有领导、有组织地使人们聚集在一起，对某些议题进行商议或讨论的活动。会议是商务活动的有机组成部分之一，商务人员在日常工作交往中必不可少的一项活动就是参加会议或者组织会议。

在商务活动中，由于不同的会议发挥着不同的作用，所以划分了多种类型的会议。依照会议具体性质的不同，商务会议大致可以分为以下四种类型。

视野拓展

更多地了解会议

（1）行政型会议：行政型会议是指企业召开的工作性、执行性的会议。例如，行政会、董事会。

（2）业务型会议：业务型会议是指企业召开的专业性、技术性的会议。例如，洽谈会、展览会、新闻发布会。

（3）群体型会议：群体型会议是指企业内部的群众团体或群众组织召开的非行政性、非业务性的会议，其旨在争取群体权利，反映群体意愿。例如，职代会、团代会。

微视频

会议概述

（4）社交型会议：社交型会议是指以扩大本企业的交际面为目的而举行的会议。例如，茶话会、联欢会。

商务会议是实现决策民主化、科学化的必要手段，是实施有效领导、有效管理、有效经营的重要工具，是达成共识、贯彻决策、下达任务、沟通信息、协调行动的有效方法，同时也是保持接触、建立联络、结交朋友的基本途径。

案例阅读与思考

管理者的会议多

《哈佛商业评论》的研究报告指出，行政主管每周花在开正式会议上的时间一般是三个半小时。另外，主管人员每周还得再花上一天时间，参加各种非正式会议及从事顾问工作。有学者通过对 160 个英国经理人的调查发现，一般主管花费在正式和非正式会议上的时间差不多是所有工作时间的一半，而且高级主管会比初级主管花更多的时间在会议上。大部分人对这样的说法似乎都有同感。有一次，有人问英国前首相威尔逊："内阁部长们平常都做些什么事？"他毫不迟疑地回答说："都在开会"。

思考与讨论：

（1）你是如何理解管理者会议特别多的现象的？（2）你觉得会议越多越好吗？

二、影响会议沟通的主要因素

从会议的定义我们知道会议是群体间相互交流信息的一种活动，群体是会议最重要的构成因素，群体沟通的结果是由一系列非常复杂的、相互联系的因素共同作用形成的。因此，对这些影响群体沟通效果的因素进行分析，有助于我们在会议沟通过程中采取相应的对策，以提高沟通效率。

（一）会议成员的数量

会议成员的数量对会议方式和效果有重要的影响。大群体较之小群体，可利用的信息、技能、才能、背景和经验更多样化；但相应地，个体参与的机会更少。研究表明，较大规模的会议中，权力大的人往往支配着可用于交流的时间，但他们却不一定有更多的知识和经验，同时，与会者可能永远听不到那些沉默者的观点。另外，随着群体规模的扩大，个人为群体作出贡献的机会也减少了。在群体中，作出过突出贡献或积极参与的成员可能具有较大的影响，对群体毫无贡献又不积极参与群体活动的成员，其影响可能比较小，这使得经常作出贡献者与其他人之间的鸿沟越来越大，领导者不得不花费更多的时间在成员关系的协调上。而且，虽然群体完成任务所花费的时间会因成员数量的增加而减少，但由于涉及任务的人数增多，沟通交流方式变得更加"机械化"，群体成员间的相互作用、相互影响可能会减少。内向的成员受到了更多的约束，而可能存在的不同意见者因为害怕被视为"异端"而更不愿意讲话。因此，必须在有利于参与和有一定广度的可利用的知识及经验这两者之间权衡并取得平衡之后，会议成员的数量才好被确定。一般来说，5～7人的会议规模是比较合适的，这种规模比较适合大多数人的社会需求和工作需要。

（二）成员因素

由于会议群体成员在个性、态度、信仰、价值观等各方面都可能有所不同，所以当人们加入一个群体时，这些因素就会影响群体参与和相互影响的程度、风格，并最终影响成员间的满意程度以及沟通的效率。因此在会议成员的组成上，一般应考虑满意程度和沟通效率之间的平衡。当加入的个体与群体之间具有较大的同质性时，成员之间的满意程度就能提高；而当群体成员之间具有较大的异质性时，群体就能得到较高的沟通效率。此外，成员在加入群体之前的身份可能也会影响该成员在新群体中的地位和影响力，进而影响他在新群体中的行为方式。

（三）任务因素

任务的性质、困难程度和特殊要求，对会议群体成员的态度、工作方式以及领导者对组织会议方式的决定具有很大影响。会议的任务一般可分为四类，一是分享信息和交换观点，二是说服和推荐行动，三是产生创意和解决问题，四是做出决策，选择方案并计划行动等四类。其中，为了分享信息的群体沟通，通常对成员有较严格的控制；而为了解决问题的群体沟通，其通常要求成员间有较高的相互影响性和较低的结构性。因此，对于不同的任务，会议成员要扮演不同的角色。

（四）领导风格

领导者是群体沟通、绩效控制的核心，不同的领导风格对会议沟通具有不同的影响。

1. 民主型领导风格

民主型领导风格的领导者只在必要时对成员进行引导，其工作的基本理念是：成员能用自己的资源实现自己的目标，成员从信任和自行决策中得到满足。因此，在民主型领导者的带领下，群体沟通的效率相当高。民主型领导风格的群体沟通一般表现出群体导向的行为，目的在于实现群体目标和取得较高的群体成员的满意度。

2. 独裁型领导风格

独裁型领导者认为，要达到群体目标就必须不断地给予成员指导，要不断地给成员强化群体目标的信念，因为成员总是从追求个人目标出发，而不是首先从群体目标出发。在独裁型领导风格的群体沟通中，一般表现出任务导向的行为，这种群体沟通的目的在于完成任务，几乎从不关心成员的满意度和群体中的人际关系。

3. 自由放任型领导风格

在自由放任型领导风格的群体沟通中，由于领导者及成员都不太关心目标的实现，群体的任务可能无法完成，成员的满足来自实现个人目标，而非群体目标。在此类领导风格的群体沟通中，一般表现为自我导向的行为，这种群体沟通的目的在于实现个人的目标。

（五）会议成员的相互影响和扮演的角色

从会议成员的角色和行为分析看，会议成员，包括领导者之间的相互影响有两个主要组成部分：工作的内容和完成工作的过程。工作的内容涉及有关主题的内容或群体将要开展的工作；完成工作的过程则涉及群体在工作时发生在成员之间和每个成员面对的问题。群体的工作过程涉及士气、气氛、影响、参与、冲突、竞争和协调等问题。

在会议成员的相互影响中，大多数人把注意力集中于工作的内容而忽视了完成工作的过程，甚至当完成工作的过程成为群体行动的主要原因时仍然如此。作为群体沟通的成员，对完成工作的过程敏感能及早帮助群体发现问题并有效地加以解决。因为完成工作的过程存在于所有的群体中，了解这些过程可以使你成为群体中更有价值、更有效率的成员。

（六）环境因素

影响会议沟通的环境因素包括以下两个方面。

1. 自然位置

首先，自然位置的接近可以促进相互影响。例如，在房间里开会，若每个人都感到邻座的人与自己之间有一定的距离就会降低群体凝聚力；把领导者与其他人分开的座位安排也会妨碍相互之间的影响，容易助长领导者独断专行的领导风格，从而降低凝聚力。其次，会议的位置安排也会对群体沟通的效果产生影响。如果会议是在管理者的办公室召开，可以加强已存在的地位关系；如果在中立的地方举行，则可以减少原来关系的影响。最后，各种设施的共享，也有助于加强群体的一致性和凝聚力。

2. 人为环境

人为环境是指群体外部人员对群体的评价和看法，以及群体成员对该群体的态度等。没有人愿意成为一个不被认同或不受重视的群体的一员。

三、有效的会议组织策略

会议是组织沟通的主要形式之一。各个企业均耗用大量时间进行会议沟通，如何组织召开有效的会议呢？如何提升会议的效率和效果呢？这就需要做好以下三个方面的工作。

1. 会议的准备

要使会议有效，在召开会议之前就应该做好充分的准备。组织者可以根据"5W"原则——为什么开会（Why）、开什么会（What）、在哪里开会（Where）、什么时间开会（When）、谁来参会（Who）——来做好会议准备工作。

（1）为什么开会？要明确召开会议的理由，如果有别的方式可以替代开会，并且能达到预期的效果，就没有必要开会；如果会议成本大大超过了潜在收益，也没有必要开会。如果会议的日程定了，但是关键人员来不了，会议是否还需要组织召开？开会的原因就是问题或者任务必须通过会议的方式解决和落实，或者通过会议能够更有效率地解决和落实问题或任务。

可以通过提出以下问题来确定是否需要开会。①是否有必要召开会议？有没有其他更好或者更简易的方式来实现既定目标？②会议的目的是什么？是信息共享还是动员激励？是解决问题还是作出决策？③会议的总目标是什么？也就是说，会议打算实现什么目标？什么是最好或者最坏的结果？④是否制订了应变和应急计划？

（2）开什么会？明确会议目的和目标只是一个大方向，为了提高会议效率，还需要设定相关的议题。议题设定的原则主要有三个。①议题适当、紧扣目标。凡是与会议目标无关的议题都不要列入会议的议程，以免分散主题，拖延时间，也可避免引起不必要的麻烦。②各项议题之间最好存在有机的联系，且按合乎逻辑的顺序排列。③应明确各项议题所需的讨论时间，让与会人员做到心中有数。

（3）在哪里开会？确定好会议的主题和议题之后，要相应做好会议的辅助性工作准备，包括一些后期保障工作。注意事项如下。首先，选择合适的会议场所，环境适宜、干净整洁。其次，检查有关设施、调试会议设备，避免造成会议的"硬伤"。再次，根据会议性质，恰当安排座位，可以结合需要确定桌牌的放置位置。最后，如果没有特殊情况，会议地点确定后，不要随意更换。

　　某企业定于×月×日在单位礼堂召开产品展览会，并发了请柬邀请有关部门的领导和各家媒体光临，在请柬上把开会的时间、地点写得一清二楚。

　　接到请柬的几位部门领导很积极，提前来到礼堂。一看会场布置不像是开展览会的样子，他们便询问礼堂负责人，这才知道上午礼堂开报告会，企业的产品展览会改换地点了。几位领导都不高兴：改换产品展览会地点了为什么不重新进行通知？

　　事后，展览会主办部门的领导才解释说，因工作人员粗心，在发请柬之前并没有与礼堂负责人取得联系，自认为不会有问题，便把展览会的地点写在请柬上。等开会的前一天下午去联系，才得知礼堂早已租给别的单位用了，只好临时改换展览会地点。但由于邀请的单位和人员较多，来不及一一通知，所以造成了上述失误。尽管展览会主办部门的领导事后逐一向各位被邀请的领导登门道歉，但造成的不良影响却难以消除。

此案例告诉我们，商务会议的礼仪至关重要，它包括会议之前的活动准备，同时包括会议进行时的相关礼仪。案例中，商务会议有计划外的变动，应及时通知每一位与会者，这是基本的礼仪和礼貌。

（4）什么时间开会？会议时间的选取应注意以下几个方面。第一，要有充足的准备时间。除非是处理突发事件，充分准备是召开会议的必要条件。第二，要考虑与会者的工作时间、日程安排。第三，除非特殊情况，会议时间应控制在两个小时之内。第四，应尽量明确会议的起止时间，在会议通知书上进行说明，并提醒与会者准时参加。

（5）谁来参会？参会者的选取，应遵循的原则主要有以下几个。首先，确定选取与会人员的总体原则是少而精，有关人员必须参加，无关人员尽量不请，以确保会议质量。其次，具体人员安排方面，要根据会议类型的不同而有所区别。例如，信息型会议，应该通知所有需要了解该信息的人；决策型会议，需要邀请能对问题的解决有所贡献、对决策有影响的权威人士，以及能对执行决策作出承诺的人参加。最后，慎重选择会议主持人。会议效率在很大程度上取决于会议的主持人，既可以选择领导者担任会议主持人，也可以由经验丰富、富有主持技巧的人来担任会议主持人，但会议主持人必须是与会议有关的人。

2. 会议的过程

会议组织者应当安排好会议程序，并抓好过程管理。严格按会议程序组织，掌握好会议进度，才能高效率地召开会议并取得好的效果。一般而言，会议的过程可分为以下四个阶段。

（1）开始阶段。主持人宣布会议开始，说明召开会议的目的及要求，介绍与会的重要人物，提醒与会者注意相关的会议事项。

（2）讨论或报告阶段。与会者在主持人的引导下分别针对会议目标提交报告、发表意见或交流讨论。所有的交流，都应当指向会议目标，一定要避免经常性跑题或者陷于情绪性争辩。这个阶段特别需要会议主持人的引导交流技巧以及局面控制能力。

（3）总结阶段。在与会者充分讨论后，主持人应对各种意见加以归纳、总结评价，以便达成共识，作出决策，切忌议而不决，浪费时间。

（4）结束阶段。在宣布散会前，主持人或会议秘书应再次确认会议结论，以取得与会者认同；散会时，主持人应向与会人员致谢。

3. 会后的工作

会议结束之后，会议组织者还应注意以下事项的落实。

（1）处理好会后的后勤事务。及时办理，注意细节，避免给他人和自己带来麻烦。

（2）根据工作需要，整理会议记录或者编写会议纪要和会议简报。对于任何形成了决策的会议，都应当清楚记录决策的形成过程、最终决策内容、决策执行细节等重要问题。会议记录既能明确、监督和敦促责任人的工作落实情况，还能有效地保存历史信息，以备核查。

（3）及时评估会议效果。检查目标与任务的完成情况，形成促进工作的跟踪反馈机制。

四、有效的会议沟通技巧

会议需要管理，会议沟通需要技巧。要提高会议效率，掌握会议沟通的技巧具有非常现实的意义。会议管理者主要有三类：主持人、与会者、会议工作人员。明确与会者的角色安排，掌握各自的职责要求和沟通技巧，做好彼此的配合协同，是改进、组织、管理会议绩效的必要条件。

（一）主持人的职责及沟通技巧

会议能取得效果，达到会议目标，主持人的作用十分关键。会议主持人的职责主要是主持会议、维持会议秩序并确保与会者的积极参与，具体表现为以下五个方面。

（1）会议控制。为了实现会议目的，会议主持人必须从行为标准和结果导向两方面来控制会议的过程。会议主持人应在会议中遵循以下五个基本原则。①决定讨论主题。②明确讨论范围。③确保与会者围绕主题依次发言。④尽可能做到公正，避免与会者的争论。⑤确保与会者了解会议进展。

（2）过程引导。会议中，要对与会者的行为进行引导，确保在良好的会议秩序下进行交流和讨论。主持人需要清楚地了解会议的主题、核心问题、重点与难点，在会议中引导与会者结合主题展开讨论，始终聚焦实质性问题，确保每个与会者都知道自己的责任。

（3）促进讨论。在沟通过程中，会议主持人要及时根据会议的进程和讨论的话题，围绕主题恰当地提出问题以激励与会者。需要注意的是，主持人不但要控制滔滔不绝的发言人，还要鼓励沉默不语的倾听者，还要适当控制那些不假思索讲话的人。

（4）处理分歧或者不同意见。会议进行过程中，与会者出现意见不同及观点分歧是正常现象，主持人应努力保持讨论的话题集中，避免使会议演变成与会者之间的个人冲突。主持人必须妥善处理与会者的竞争和偏激的发言，否则，人际关系和情绪问题将会转移与会者的注意力，影响会议任务的完成。为了促使与会者关注事实和建议，可以要求他们列出概括性观点，这是一个有效的方法。

（5）做出决定。会议进行最后总结时，可以采用多种方式，如采用正式投票或者举手表决的方式，或采取由成员一致同意或者多数同意的其他方法得出结论，或恰如其分地引出解决问题的最佳答案。

会议主持人要想使会议按照预期目标进行，获得有价值的体现主题的结论，需要掌握以下沟通技巧。

（1）思路清晰，逻辑清楚。主持人应保持头脑清醒，始终不忘会议的主题和组织的利益诉求，在引导会议的全过程中，具有大局观和逻辑性，确保会议有序、有效地进行。

（2）营造和谐气氛。主持人应当鼓励所有与会者积极参与，必要时还应点名让那些保持沉默的人发言，鼓励那些消极的与会者发表意见。要是主持人富有一定的幽默感，并在恰当的时候巧妙运用，就会使会议气氛更加活跃、更富有成效。

（3）保持中立态度。热烈而理智的辩论是必要的，但要减少与议题无关的争辩和讨论。主持人应该引导积极、有益的辩论，维持会议的秩序，避免造成负面的影响。

（4）控制会议进程。主持人应准时开会，不要因个别迟到者而扰乱会场的气氛。主持人还要结合会议议程，确保以良好的秩序进行与主题相关的讨论，稳步推进会议。

（5）通过提问引导会议节奏。提问可以引导出积极的行为，引导发言者解释令人困惑的发言，提问可使话题逐步深入。提问还可以体现主持人对与会者的尊重，有利于控制会场内出现的一些无意义的争执，避免出现会议中意见一边倒的情况。

（6）善于总结归纳。主持人既要通过适时总结，帮助与会者理清思路和逻辑，将大家的意见分类整理和归纳，还要通过做简短的总结，确认大家的一致结论，也便于记录员记录，方便会后整理。

（二）与会者的职责及沟通技巧

参加会议的所有成员对于会议的效率、效果均有重要的影响。对于所有与会者来讲，明确会议目的、议程以及自己与其他与会者在会议中的角色，对于提升会议效率是很重要的。与会者应做到以下五点。

（1）树立积极的态度。作为与会者，应该思想开放、认真听取别人的意见，积极对待会议。

这样不仅会大幅提高会议的质量和效果，与会者也能够拓展自身视野，实现自我提升，如通过听取其余与会者的观点，获得启发，更好地了解同事们的经历、个性、价值观以及行为倾向，还能够提高自身对所从事工作的参与感。如果与会者都能够认真参与会议，会议对每个人都会产生价值。

（2）事先有所准备。保证了解会议主题和做好会议准备。与会者拥有的信息的质量决定着会议的质量。

（3）理性对待他人。不要带着偏见和情绪看待他人，应认真倾听并尽力理解他人的发言，不要打断他人的发言，与会者应共同营造一种开放、积极的氛围。

（4）协助完成会议。如果会议主持人无法控制会议的局面，与会者应机智地使会议处于正常进程中；如果会议主持人彻底失去对会议的控制，应该有一名与会者站出来主持会议，使会议秩序得以恢复。

（5）执行会议决定。全力贯彻会议精神，按时完成会议达成的工作任务。

基于与会者的职责，会议参与者应该掌握以下一些技巧。

（1）做好准备，准时参会。为了提高会议效率，与会者要带着问题参加会议，要有时间意识，不要因为自己而影响他人和会议节奏。会议准备的内容主要包括自己如何发言。

（2）发言有重点，讲话有条理。会议发言一定要清晰，井井有条，切中要点；在关键之处可稍微加大音量，最有效的是一次只讨论一个重点，不要用一些与自己观点无关的细节来干扰大家。

（3）适时发言，口吻自信。没必要说话时，不必急于表现。如果对于某些观点或问题不明确，要发言询问、寻求解释，不能逃避。讲话时要注意口齿清楚，陈述有力，音量适当。发言时不要模棱两可、含糊不清。

（4）认真倾听，尊重他人。会者应与发言者保持适当的目光接触，认真理解其发言背后的隐含意义，杜绝对发言者不敬的言语和行为。

（5）肯定为先，反对有据。如果有必要反对或质疑他人的意见，要先肯定后否定，自己发表的言论要有根有据，态度要平和。

视野拓展

从与会者的角度看，他们会问自己："我在会议中要扮演什么角色？要发挥什么作用？"迈克尔·哈特斯利（Michael Hterley）在《管理沟通：原理与实践》一书中对这一问题作出了详细的阐述，如表10.1所示。

表10.1　角色扮演策略

扮演的角色	发挥的作用
开玩笑者	通过恰当的幽默打破会议僵局，缓解紧张气氛和冲突的人
看门人	遵守会议议程，确保会议顺利进行的人
"魔鬼"代言人	明确指出即将达成的会议共识的不足，有助于形成更好的可替代方案的人
评论家	从别人的意见中看出问题，但又提供不出更好的解决办法的人
确定议程者	定期把新的意见和事项放到会议上讨论的人
建立共识者	发现即将达成的共识，并且集思广益提出行动方案的人
摇旗呐喊者	善于指出对立双方的实际共同点，对好的观点进行鼓励和赞美的人
模仿者	应声虫，简单附和他人言论的人
偏执狂	在会议上重复讨论同一话题或意见的人
局外人	与会议进程相脱离的人
领导者	以经验和权威主持会议，拥有最终发言权的人

（三）会议工作人员的职责和沟通技巧

会议工作人员主要是指会议秘书、记录员和相关的后勤保障人员。会议秘书很重要，直接对主持人负责。会议工作人员应做好以下几项工作。

（1）筹备会议。要根据会议目的，准备会议的议程、文件和相关资料，及时通知与会者，安排和布置会议场所等。

（2）做好记录和维持议程既定顺序。主要包括记录会议时间、参加人员、会议内容，协助主持人对各项议程计时并及时提醒，总结和归纳会议讨论结果。

（3）做好会议记录和协助督办会议决定的主要事项。应做到：第一，对重要的会议进行录音；第二，记录者的笔记应流畅不失真；第三，记录内容全面而正确；第四，及时厘清重点和含混不清的观点；第五，与与会者共同修正错误部分；第六，将会议记录发送给与会者。

第四节　销售沟通

销售是最重要的商务活动之一。可以说，销售是企业生存和发展的生命线。

固然，从经营的角度看，影响产品销售的因素有很多，如市场需求、产品性能、品牌形象、渠道能力等。但不容否认的是，在其他条件相同的情况下，销售人员与目标客户的沟通也对销售业绩有重大影响。即使销售同样的产品，善于沟通的销售人员的销售成果也会比不善于沟通的销售人员好得多。销售人员的工作热情、工作态度、工作技巧对销售业绩有着十分重要的作用。

📽️ 案例阅读与思考

一次成功的销售沟通

某高尔夫球场的销售代表王先生近日报名参加了一个网球培训班。在一次网球训练结束之后，王先生和身边的一位队友聊天。聊天过程中王先生得知这位队友是一位体育运动爱好者，不仅经常参加足球、篮球等球类比赛，而且还多次获奖。更让王先生佩服的是，这位队友还参加过"骑单车入西藏"等活动。这位队友表示，自己酷爱各项体育运动，希望能够学习更多的体育技能。

当队友得知王先生从事的工作之后，他说自己很可能会参加高尔夫球训练。王先生迅速抓住这一机会，并约好下个周末就带他到公司的高尔夫球场去参观。同样喜欢体育运动的王先生和队友不仅成了好朋友，而且还在队友的介绍下发展了一大批客户。

思考与讨论：

你认为这是王先生成功的销售沟通吗？你从中学到了什么？

一、销售沟通的职能

销售沟通在经营中的职能是多方面的，其中突出的方面有以下四个。

1. 有助于全面、准确、及时地将产品信息传递给目标客户

微视频
销售讲解

在现代社会化大生产的条件之下，生产是高度集中在一个或几个区域内的，而目标顾客则分散在世界各地，获取产品信息是顾客购买产品的必要前提，这在很大程度上是通过销售沟通实现的。有些时候，顾客也不太了解自己的需求以及相对应的解决方案。此时，销售沟通的重要性尤其显著，它同时也起到了激发需求和实现销售两个方面的作用。

2. 有助于树立企业的良好形象

在很多时候，顾客是不了解企业生产、经营的全过程的。不仅个体消费者如此，一些企业客户和经销商也是如此。对于这些顾客而言，了解企业的渠道除了大众媒体之外，最直接的就

是与销售人员沟通。如果说顾客对大众媒体的宣传还心存怀疑，那么通过与销售人员沟通所获得的关于企业的信息就更为真实、直观。

3．有助于促成直接的销售

销售沟通是一种多功能的行为。销售人员通过销售沟通不但可以向顾客介绍产品信息、宣传企业形象，更能促成直接交易，甚至完成售后等服务。

4．有助于了解顾客的需求

取得销售成功的一个重要前提就是了解顾客的需求。在顾客需求的差异化、个性化越来越明显的今天，销售人员与顾客直接的沟通能为企业带来大量珍贵的第一手需求信息。

二、销售沟通的原则

要顺利实现销售沟通的目标，销售人员在销售沟通中要遵循一些基本原则。这些基本原则主要包括以下几个。

1．以顾客为本的原则

以顾客为本就是在沟通过程中处处考虑顾客的利益和感受，以此作为沟通的核心内容。在销售沟通过程中，以顾客为本的原则可以用"顾客就是上帝"来概括。"顾客就是上帝"是很多销售人员经常提到的一个基本原则。从销售沟通的角度看，"顾客就是上帝"具有以下几重含义：①顾客是企业和员工的衣食父母，销售人员必须竭尽全力为顾客服务；②作为"上帝"的顾客是没有错误的，不能以挑剔、指责的态度对待顾客；③顾客是有权提出各种要求的，尽管这些要求销售人员不一定都要满足。

2．利益诱导原则

与管理沟通不同的是，在销售沟通中，沟通双方处于完全平等的地位，不存在地位的高低之分。销售人员要达到沟通的目的，只能对顾客采取利益导购的方法，而不能采取逼迫的方法。尽管有些时候由于供不应求等使得销售人员处于有利地位，销售者有意无意地会用到逼迫的策略，但从长期看，这样必然会损害企业与顾客之间的关系，正如《孙子兵法》所云，"合于利而动，不合于利而止"。销售人员在销售沟通中，首先必须清楚地向顾客传递信息，如自己的产品或服务能给顾客带来什么利益，对顾客有什么好处；与竞争对手的同类产品相比或与替代产品相比，有什么优点等。其次，需要注意的是利益的表现形式是多样化的，既可以是物质利益，也可以是精神利益。无论何种形式的利益，只要是顾客需要的就可以。同时，利益的主体也是多样的，可以是顾客本人，也可以是他的亲朋好友。

3．情感原则

销售沟通的对象是人。无论他是何人，无论他处于什么地位，也无论他代表什么样的机构、具有什么样的社会属性，都无法改变他是一个人的基本属性，而每一个人都是具有感情的。因此，在销售沟通中尽量不要以金钱作为利益诱导手段，而应采取更富有人情味的方式。例如，销售人员可以建立客户档案，记录每个客户的特点、爱好、父母亲的生日、结婚纪念日、孩子的生日等，在适当的时候给予客户不同的关怀、照顾和祝福，这是建立感情的重要方法，而且可以收到投入小、见效大的效果。

　　有一位妇女给小孩买马蹄衫上用的扣子，营业员见到她的小孩就说："这是你的小孩吧，真漂亮。"妇女高兴地说："你不知道，淘气着呐！"营业员说："活泼好动的孩子长大了才会更有出息！"接着又问："你想看点什么？""我想买五个扣子。"营业员说："市面上卖的马蹄衫胸前钉的是五个扣子，袖口上还应再钉两个。小孩好动，常掉扣子，加上一个备用。你买十个吧。"这位顾客很高兴地说："你比我想得还周到，听你的，买十个。"

　　这位销售人员的"情感销售"，你能感受到吗？

4. 法制原则

　　从法律角度讲，销售人员与顾客之间达成的各种协议，特别是书面协议，都是具有法律效力的，受到法律的保护，双方都必须遵守。此外，除了协议中的约定之外，还存在大量强制性的法律法规。在销售沟通中销售人员应该树立法制意识，既要严格遵守法律法规的强制性规定，也要从法律角度考查沟通的内容和形式是否合法。

5. 诚信原则

　　任何法律上的合约都不可能把销售中可能发生的所有事情都考虑进去，即使合约规定得比较缜密，也还存在是否执行的问题。要保持长期的互惠互利关系，沟通双方必须在沟通过程中和其后的执行过程中坚持诚信原则，不可言而无信。

三、销售沟通的技巧

1. 消除对方的抵触感

　　一个人不能总想着让别人相信自己是对的，而应先看看别人已经相信了什么，在这个基础上再想办法让他接受自己的观点。不管是从事什么行业，即使对方提出了非常不专业的问题，也不要第一时间否定他；而应在引导中慢慢消除对方的抵触感，让对方相信自己，并理解自己说的话。要知道，在说服别人时，对方一定会有某种程度的抵触心理，不消除这种抵触感是很难让对方相信自己并购买自己的产品或服务的。

　　一个化妆品推销员最近遇到一位难缠的客户。当推销员踏进该客户的店门，想推销自己产品的时候，这位客户就大声嚷道："你没有走错地方吧！我才不会买你们公司的产品。"后来这位推销员换了一种方式，他盖上手提箱，很真诚地对客户说："您对化妆品一定很在行，商品推销经验很丰富。我是一个刚进入推销行业的新人，您能否教我一些推销技巧？还望前辈能不吝指教。"

微视频
消除对方抵触感示例

　　当她看到客户的脸色渐渐转变时，便再度打开了手提箱。

　　"想当年，我开始做这一行的时候……"这个化妆品店的老板终于打开了话匣子，一口气讲了15分钟。她在介绍自己艰辛而辉煌的经历时，越来越喜欢这个仔细倾听、不断点头称是的年轻女推销员了，最后这位老板终于购买了这位女推销员所在公司生产的化妆品。而这位难缠的客户最终成了那位年轻女推销员的长期客户。

2. 用微笑让对方放下架子

　　亲和力对于每个人来说都很重要。有人说："如果想要天天点钞票，就要张嘴就会笑。"在生意场上，笑代表了一种善意，具有很大的作用，没有人不喜欢和一个精力充沛、笑容饱满的人打交道。如果想和客户搞好关系，赢得客户的信赖，就要给对方展示善意的微笑。笑的亲和

商务沟通——策略、方法与案例

力一旦发挥作用，即使遇上难缠的客户，也能使其在微笑面前放下架子，这正是笑的亲和力的作用。

3. 态度是语言的调味品

微视频
态度决定你的高度

态度是语言的调味品，它可以使交谈变得如沐春风。与人谈话时要投入感情，这样才会以情动人。在与陌生人接触时，无论能否将其发展成自己的最终客户，都应该表现出销售人员的职业素养。以真诚的态度对待每一位客户，要知道营销是在帮助客户满足需要，而不是伸出手向客户拿支票。

有一次，一位中年妇女走进乔·吉拉德的展销室，说她想在这儿看看车，打发一会儿时间。她告诉乔·吉拉德，她想买一辆白色的福特车，就像她表姐开的那辆一样。但对面福特车行的推销员让她过一小时再去，所以她就先来这儿看看。她说，这是她送给自己的生日礼物。"今天是我的 55 岁生日。""生日快乐！夫人。"乔·吉拉德一边说，一边把她引进办公室，自己出去打了一个电话。然后，乔·吉拉德继续和她交谈："夫人，您喜欢白色的车。既然您现在有时间，我给您介绍一下我们的双门式轿车，也是白色的。"他们正谈着，女秘书走了进来，递给乔·吉拉德一束玫瑰花。乔·吉拉德郑重地把这束花送给这位妇女："尊敬的夫人，有幸知道今天是您的生日，送您一份薄礼，祝您好运！"她很受感动，眼眶都湿了。"已经很久没有人给我送礼物了，"她说，"刚才那位福特车行的推销员一定是看我开了辆旧车，以为我买不起新车，我刚要看车，他却说要去收一笔款，于是我就上这儿等他。其实我只是想要一辆白色的车而已，只不过因为表姐的车是福特，所以我也想买福特。现在想想，不买福特也可以。"

最后她在乔·吉拉德手里买走了一辆雪佛兰，并填写了一张全额支票。

其实从头到尾乔·吉拉德都没有劝她放弃福特而买雪佛兰。只是因为她在这里感觉受到了重视，于是她放弃了原来的打算，转而选择了乔·吉拉德的产品。

无论什么样的性格，人们都会适应并接受，人们不能接受的是不好的态度。无论性格如何，对一个人说话时，态度是冷淡还是热情，对方肯定是能感受到的，因此在和人交流的时候，无论在什么情况下，都尽量不要去敷衍别人，要有一颗真诚的心。

4. 循序渐进地与客户沟通

（1）学会观察。观察客户的装束，再选择用什么样的态度来接近客户。例如，看到客户穿运动品牌，大概可以判断出这个人喜欢轻松的交谈；如果客户穿的是很正式的西装，那么与其聊天可能要注意保持一种认真、严肃的态度。在沟通的时候，要随时留心对方态度的变化以及时做出回应，抓住机会。

一位汽车销售人员正在做客户回访。他看到那位客户的同事正在网上看一组汽车图片，他觉得这是一位潜在客户，于是，他对那位潜在客户说："您可以看看我们公司的汽车，这是图片和相关资料。"但这位潜在客户马上拒绝了，他表示自己马上要出去办事。"只需要五六分钟就可以看完了，而且我可以把东西留在这里。"销售人员急忙说道，同时他迅速拿出几款男士比较喜欢的车型图片，这时他看到潜在客户的目光停留在其中一款车的图片上，而且刚刚拿起皮包准备走的他又把皮包放回桌子上，坐了下来。销售人员意识到，潜在客户已经对那款车产生了兴趣，于是趁热打铁，展开了推销。这位汽车销售人员很善于观察，客户由拒绝到"目光停留"的行为细节，正是成交的开始。

（2）注意信息的交流。销售人员需要先敞开自己的心扉，可以先自我介绍，再去请教客户的姓名、职业，然后试探性地引出彼此都感兴趣的话题。毕竟与陌生人接触时，如果不做介绍

就开始询问对方的情况，可能会被认为是一种试探。一般情况下，销售人员在哪方面介绍了自己的情况，客户也往往乐意就这方面谈谈他个人的情况。

（3）注意倾听。学会倾听是所有销售人员的必修课，在对方讲述的过程中，一定要保持认真倾听的状态，不要随意打断对方说话，应该及时回应，如说一句"真想不到，您说的这一点太有趣了"，会让对方觉得自己很愿意听他讲话，使对方在第一次谈话时就会有相识已久的感觉。

吉尼斯营销纪录保持者乔·吉拉德的职业生涯中，不乏失败的案例。其中就有一次他以为客户要签单了，但客户却忽然说要再考虑考虑。后来他经过多次询问才知道原来客户觉得下午和他说话时他似乎心不在焉，仿佛一旦谈妥生意，就不想应付自己了。

连吉拉德都曾由于不注意倾听而失败，我们还有什么理由不去认真倾听呢？

（4）营造轻松、愉快的沟通气氛。要将不同的商品推销给不同的客户通常需要不同的有效说服方法，并没有一个公式化的语言程序。我们在接触客户的时候，要努力营造一种轻松、愉快的气氛。沟通过程中要懂得回避一些话题是不变的规则，如不要问对方的婚姻状况，因为即使不是那么年轻的人也有可能是单身。此外，还有许多单亲家庭。每个人的婚姻生活都可能有一些独特性，为避免尴尬，一定不要轻易发问，除非是对方主动提及时候，才给予回应。面对沉默时要保持淡定。当从一个话题跳跃到另一个话题时，或许会出现一段沉默的时间。当双方都沉默的时候，不要因片刻的沉默慌张，必要的沉默是很正常的。

A公司有意销售一批产品给B公司。有一次，刘经理代表A公司去拜访B公司的李经理，这一次是初次拜访。刘经理一进办公室就注意到沙发旁边不起眼处有一个羽毛球拍。刘经理自己也是羽毛球爱好者，因此他敏锐地感觉到这可能是拉近彼此距离的一个好方法，一问，果然李经理和他一样是羽毛球爱好者。于是他们以聊羽毛球开始，交谈很愉快……刘经理看时机差不多了，感情交流得很好，接下来就进入了正题……结果这笔生意顺利成交。

上例中，刘经理发现双方有共同的"爱好"——打羽毛球，敏锐地感觉到这是与对方建立谈话基础的前提。这是一个很典型的拜访陌生人时先沟通感情再沟通业务的案例，如果没有前面的兴趣爱好做铺垫，后面切入正题可能也就没那么愉快和顺利了。

案例阅读与思考

两个业务代表不同的沟通方式

先看下面的一段对话。

业务代表A：刘老板在吗？我是大名公司的业务代表周军，今天来是想问问贵店目前使用收银机的状况。

商店老板：你认为我店里的收银机有什么毛病吗？

业务代表A：并不是有什么毛病，我是想问是否已经到了需要换新的时候。

商店老板：对不起，我们暂时不考虑更换新的收银机。

业务代表A：不会吧？！对面孙老板已经更换新的了。

商店老板：我们目前没有这方面的预算，将来再说吧！

我们再来看看业务代表B的销售沟通。

业务代表B：刘老板在吗？我是大名公司的业务代表任军，经常经过贵店。看到贵店一直生意都是那么好，实在不简单。

商店老板：您过奖了，生意并不是那么好。

业务代表 B：贵店对客户的态度非常亲切，刘老板对贵店员工一定非常用心，对面的孙老板对您的经营管理也相当钦佩。

商店老板：孙老板是这样说的吗？孙老板经营的店也非常好，事实上，他也是我一直学习的榜样。

业务代表 B：不瞒您说，孙老板昨天换了一台新功能的收银机。他非常高兴才提及刘老板的事情。因此，今天我才来打扰您！

商店老板：咦？他换了一台新的收银机？

业务代表 B：是的。刘老板是否有更换新的收银机的想法呢？目前您的收银机虽然也不错，但新的收银机有更多的功能，速度也较快，您的客户将不用排队等太久，因而也会更喜欢光临您的店。请刘老板一定要考虑这台新的收银机。

思考与讨论：

你觉得业务代表 A 的销售沟通为什么不成功？你有更好的办法吗？

我们比较上面案例中业务代表 A 和 B 与客户沟通的方法，很容易发现业务代表 A 在初次接触客户时，直接询问对方更换新收银机的事情，让人感觉很突兀，遭到商店老板的反问："你认为我店里的收银机有什么毛病吗？"然后该业务代表又不知轻重地抬出对面的孙老板已更换新收银机这一事实来企图说服刘老板，更激发了刘老板的逆反心理。

而业务代表 B 却能把握正确方法，在打开客户的"心防"后，才自然地进入推销商品的主题。业务代表 B 在接触客户前先做好准备工作，了解刘老板店内的经营状况、清楚对面孙老板以他为学习目标等，这些细节令刘老板感觉很愉悦，业务代表 B 和他的对话就能轻松地继续下去，这都是促使业务代表 B 成功的要素。

人们往往认为：产品市场中销售人员只是在销售商品。其实，从沟通学的角度来讲，销售人员销售的其实是人。只有懂得推销自己，懂得与人沟通的技巧，才能使交易成功，这是商品销售的最高境界。

拓展游戏

销售技巧

全班分为若干小组，五个同学一个小组，每组确定一个同学为买主，其他四个为销售人员，四个销售人员在固定时间，如两分钟内分别向买主销售同一种商品。最后，小组总结讨论哪位同学的销售技巧使用得更为成功。

最后，整个班级的小组进行交流讨论，各小组扮演买主角色的同学总结本组哪位同学的销售技巧在他这里使用得更为成功，并说明理由。大家讨论并比较。

视野拓展
网络时代的客户管理

四、互联网时代的销售沟通

互联网使得企业目标客户的范围更加精确或具体。传统企业的营销对象一般集中于人口密集的区域或社会协会和团体等大型组织，而互联网的发展使得越来越多的个体进入企业的营销范围，使企业服务的对象由最初的群体性客户向个体性客户转变。有的企业更是率先建立起网络平台，与客户尝试"一对一"互动的新型营销模式，体现了企业为适应时代发展而针对客户设计的个性化服务。

互联网经济是一种"寓大于小"的发展模式。在互联网时代，企业不再是社会经济活动的最小单位，个人才是社会经济活动的最小单位。这使得传统企业的形态、边界正在发生变化，开放、灵活、"寓大于小"成为商业变革的趋势。"寓大于小"的发展模式要求企业更加关注客户的个性化需求，满足客户对产品和服务的价值需求，更加关注客户价值，分析客户价值影响，更好地服务、维护客户。

　　商场经理检查新来的售货员一天的业务情况。"今天你向多少位顾客提供了服务？"经理问。"一名。"这名售货员答道。"仅仅一名顾客？"老板又问，"卖了多少钱？"售货员回答，"58 334美元。"经理大吃一惊，他请这位店员解释一下怎么卖了那么多钱。"首先我卖给了那个男人一只钓鱼钩，"售货员说，"接着卖给他一根钓竿和一个卷轴。然后我又问他打算到什么地方钓鱼，他说去海上。所以我建议他应该拥有一条船，他就买了一艘小型汽艇。运走时，我带他到咱们商场的汽车销售部，卖给了他一辆微型货车。"老板惊愕不已地问道："你真的卖了那么多东西给一个仅仅来买一只钓鱼钩的顾客？""不！"新来的售货员回答，"他本来是到旁边柜台为他患偏头痛的夫人买阿司匹林的。我对他说，'先生。您的夫人身体欠佳，周末如果有空，你不妨带着她去试试钓鱼，那真是太有意思了！'"

　　案例中该售货员成功地发掘了一名客户，为公司卖出了很多产品。是他运气好吗？刚好碰到一位有经济实力的客户？答案不止于此！该售货员有一双善于观察的眼睛，通过客户的行为发现客户的真实需求，进而以客户的需求作为自己营销的目标，步步引导，激发客户满足需求的欲望，从而在提供服务的同时将价值创造变得水到渠成。越是在互联网时代，企业的销售沟通越要关注个性化客户的价值。

第五节　电话沟通

　　电话作为一种成熟的通信工具，在现代社会的各个领域发挥着重要的作用。电话可以给远方的朋友带去温馨的祝福，可以传递浓浓的爱意，也可以帮助销售人员联系业务。电话营销已成为一个专门的领域。作为一名商务工作人员，有必要全面了解电话沟通的基本礼仪、接打电话的技巧，以便于自己的工作更加顺利地展开。

一、情境分析与电话场景

　　情境分析法就是在前面几节中提到过的"5W1H"技巧，即通话时间的选择（When），通话地点的选择（Where），通话对象的选择（Who），通话内容的选择（What），分析打电话的原因（Why）和确定打电话的方式（How）。在打电话时应注意使用情境分析法做好电话沟通计划，这也是通过打电话成功实现沟通的关键步骤。

（一）通话时间的选择

　　选择恰当的时间打电话是一种基本的礼貌，也是取得成功的前提。在打电话之前要非常清楚对方的工作性质和时间，否则打电话的时间选择不当，即使自身的业务水平再高，也不能达到预期目的。一般来说，可以通过不同的标准来划分打电话的时间。

1. 按职业来分

会计师：避开月初和月尾，最好是月中给其打电话。

医生：上午 11 点以后和下午 2 点以前给其打电话，打电话最好的日子是雨天（因为去医院的人少，医生会没平时那么忙）。

推销员：给其打电话的时间最好是上午 10 点以前或者下午 4 点以后，最热、最冷的日子或者雨天打电话更好。

行政人员：给其打电话的时间最好是上午 10 点前后到下午 3 点为止。

证券行业从业者：避开开市时间段，最好在收市后给其打电话。

银行家：上午 10 点以前或下午 4 点以后给其打电话。

公务员：给其打电话的时间最好是工作时间内，切勿在午饭前和下班前给其打电话。

饮食行业人员：避免在用餐时间给其打电话，最好是在下午 3 点至 4 点给其打电话。

律师：最好在上午 10 点以前或下午 4 点以后给其打电话。

零售商：避开周末和周一，最好在下午 2 点至 3 点给其打电话。

2. 按星期来分

星期一：这是新一周上班的第一天，客户肯定会有很多事情要处理，一般公司都在星期一开商务会议或安排工作，所以大多数人会很忙碌。如果要洽谈业务，尽量避开这一天。星期二到星期四：这三天是电话营销最合适的时间。星期五：一周工作的结尾，如果这时打电话过去，得到的回复多半是"等下个星期我们再联系吧"。这一天可以开展调查和预约工作。

3. 按一天的时间来分

8:00—10:00：这段时间里大多数客户会紧张地做事，电话营销人员不妨也安排一下自己的工作。

10:00—11:30：这时大多数客户不是很忙碌，一些事情也已处理完毕，这段时间是电话营销的最佳时段。

11:30—14:00：午餐和休息时间，不要轻易打电话。

14:00—15:00：这段时间人会感觉到烦躁，尤其是在夏天。

15:00—18:00：努力打电话吧，你可能会在这段时间取得成功。

（二）通话地点的选择

良好的谈话氛围可以促使双方尽快进入角色，在有限的时间内达到通话的目的。在一个嘈杂的环境里面，可能彼此连对方的话都不能听清楚，这会使对方产生反感情绪而结束电话交流；在接电话或者打电话给对方的时候马上结束与同事、朋友的嬉笑和谈话也是为了尊重对方，创造良好的谈话氛围，促成通话目的；和对方通话时，如果要交流比较重要的商业信息，最好能在一个私人的空间里进行，避免泄露信息。这些都是选择通话地点时应该注意的基本问题。

（三）通话对象的选择

在通话前要知道自己准备和谁交谈，通话时要弄清楚是谁在和自己交谈，因此在接通电话向对方表明身份之后要先确认对方身份。如果出现拨错电话的情况，就要有礼貌地道歉；如果打电话的目的是想找决策者，但接听的是秘书或者其他人，不能因为对方没有决策权就摆出居高临下的态度、在措辞和语气上盛气凌人。切勿在介绍自己以后不管对方是谁，就开始介绍自

己的产品或者服务，这会使对方产生你在强迫他接听电话的感觉，效果通常不好，只会浪费双方的时间。

（四）通话内容的选择

在通话时我们一般要考虑对方的时间安排，遵循"电话3分钟原则"，即尽量在3分钟内把要讲的内容讲完，这也是基本的礼仪。因此通话双方应该明白自己的主要目的是什么，用简练的语言清晰地表达自己的意图。滔滔不绝或者语无伦次不仅不能达到自己的目的，而且也会浪费对方的时间，使其产生厌烦的情绪。

案例阅读与思考

失败的电话沟通

某家广告公司的销售人员张先生想和另外一家公司负责形象设计的经理讨论关于企业形象设计的业务，以下是此次沟通的电话实录。

销售人员："嗨，你好，张经理，最近生意还好吗？我也姓张，500年前我们还是一家呢。贵公司就要上市了，是不是整天在想如何把效率提上去呢？"

客户："你是谁啊？有什么事情吗？"

销售人员："你不是张经理吗？我找张经理。"

客户："我是，你有什么事？"

销售人员："我是××广告公司的，免贵姓张，我想找你们企业负责企业形象设计的人谈一谈……"

思考与讨论：

（1）你认为这次通话表明了销售人员的主旨吗？（2）如果你是这个销售人员，你在电话里会怎样表达？

（五）分析打电话的原因

在分析打电话的原因的同时，可以确定本次通话的预期目的。好的通话原因可以避免对方产生反感。要尽量做到自己的电话不会给对方造成困扰。

（六）确定打电话的方式

在电话接通后怎样做才能进行有效的沟通，从而达到双方通话的目的呢？有很多方面的原因会影响通话的结果。例如，打电话的一方是否做好了通电话的准备工作，包括是否明白顾客的性质、其公司的产品是否适合顾客、是否可以应对顾客提出的各种问题等。在电话沟通中，对方不能看到自己用非语言沟通表达出的信息，唯一可以判断己方沟通诚意的标准就是己方的声音和措辞。

1. 声音

日本推销大师原一平说过："音调的高低也要妥善安排，以借此引起对方的注意和兴趣。"电话交流时，只有引起了对方的注意才有继续通话的可能。声音包括音量、语速、呼吸和发音。

（1）音量。你在电话里面的声音的大小应该与你和桌子对面的人交谈时的音量相同。不能离话筒太近，这样对方会感觉很刺耳，让对方心烦；同时也不能离话筒太远，这样你说的话对方可能听不清楚。如果对方的声音很小，一定要提醒对方，以免造成信息遗漏。

（2）语速。电话沟通者要尽量在3分钟内把电话沟通的目的表达清楚，但是也不能不顾对

商务沟通——策略、方法与案例

方的感受，一定要注意自己的语速，必要的时候可以延长交流的时间。如果说得太快，客户可能因为听不清楚而感到沮丧；如果说得太慢，客户可能会不耐烦。

（3）呼吸。我们可以通过控制呼吸来更好地控制音量，使自己的声音更有"力度"。

（4）发音。发音受到以下因素的影响。其一是姿势。坐在椅子的前半部分，这样可以迫使我们端正姿势，也可以使我们的声音更有力、更清晰。如果我们在通话中突然站了起来，对方往往就会感觉到压迫和发怒的气势。其二是妨碍物。千万不要在打电话的时候嚼口香糖或含着香烟以及糖果之类的东西，这些东西会和我们的牙齿、嘴唇产生摩擦，发出的声音，会让对方感觉到自己没有被尊重。

2. 措辞

措辞主要是指在电话交谈中应该注意用语的技巧，慎用俚语、术语和行话，多使用礼貌用语。

（1）俚语。和对方通话的时候最好不要用俚语，虽然对方可能听得懂，但是用俚语会让对方觉得你并不尊重他、做事不够认真。

（2）术语和行话。客户当中可能很少有人是行家，他们只是对产品本身好奇，所以只要以最简洁的语言把产品的好处和提供的服务介绍清楚即可。

（3）礼貌用语。教养体现于细节，礼貌的电话用语是必不可少的。当我们接电话时要说"您好"，然后先将自己的名字或者公司的名称报给对方；当我们打错电话时要道歉，"对不起，我拨错了号码"；当我们没有及时接听电话时，应该说"抱歉，让您久等了"，在整个通话过程中应注意多使用敬称和尊称。说完"再见"以后挂电话时要轻放话筒，这是一种无声的电话礼仪。

二、打电话和接电话的技巧

（一）打电话前做好准备工作

1. 研究目标客户的基本资料

在和客户沟通之前要了解目标客户的基本情况，并根据客户的情况寻找产品的诉求点。例如，在争取新客户到本公司设立股票账户时，业务人员可以在电话中这样介绍："张先生，若您选择在我们营业部开户，您会感受到我们优质的服务，买卖股票会更顺手（感性诉求），而且我们的手续费是业界最合理的（理性诉求）。"对客户情况熟悉以后，通过以前的电话沟通和交流，可以初步判断客户的类型，如客户是分析型、犹豫型、挑剔型还是擅长交际型。再根据不同类型客户的特点使用不同的沟通技巧。

2. 确定自己的主要目标和次要目标

打电话之前一定要确定自己的主要目标，确定在电话结束之后要达到什么样的目标，即使自己的主要目标没有完成，但是能完成次要目标也是可以的，否则这次通话就是效果不佳的。以销售人员为例，通话前，销售人员可以列一个表，填写完毕后再拨通对方的电话，如表10.2所示。

表 10.2　电话沟通目标

主要目标	电话目的	我为什么要打电话？
	明确目标	电话沟通结束后，我希望客户采取什么行动？
	两个问题	客户为什么会与我交谈？客户的目标是什么？
次要目标		在不能和客户达成协议的情况下，和客户形成什么样的关系？

在有明确目标的情况下，销售人员在电话中即使没有达成销售目标，也不会出现情绪低落的情况，而且这个表格也可以测评销售人员的通话效率。

一家国内 IT 企业进行笔记本电脑促销活动，销售人员打电话给一位潜在客户。以下是此次沟通的电话实录。

销售人员："先生，您好，这里是××公司个人终端服务中心，我们在搞一个调研活动，您有时间吗？有的话，我们可以问您两个问题吗？"

客户："你就是在推销笔记本电脑吧！不是搞调研吧？"

销售人员："其实，也是，但是……"

思考与讨论：

（1）你认为销售人员的主要目标是什么？

（2）你觉得这个销售人员在打电话之前是否做了详细的准备工作？在顾客提出疑问时，你认为销售人员应该怎么办？

3. 整理一份完整的建议书

在研究客户资料以及确定自己的主要目标之后，还要根据不同工作背景和客户类型拟定详细的建议书。面对不同的客户要及时调整思维，使用不同的方法保证对方不挂电话并且及时做出决策。在客户提出疑问时要引导客户向自己期望的方向发展。切勿一味按照自己设计好的思路进行推销，这样很有可能会失去客户。

许强是××公司的销售员，在朋友李飞的介绍下要将自己公司的软件推荐给另外一家公司使用。下面是此次沟通的通话实录。

（开场白略）

许强："您公司里现在的办公软件怎么样？"

客户："那已经是 1998 年安装的办公软件了，现在已经跟不上业务的发展了，大家普遍反映不太好。"

许强："那您对现在的软件主要的不满意在哪里呢？"

客户："第一是速度太慢……"

许强："这些问题对您的影响很大吗？"

客户："当然啦，说白了公司不得不两个人做一个人的事……"

许强："那我个人认为您应该解决这些问题，如果这些问题不存在，会给您带来什么呢？"

客户："那还用说吗？公司可以省好多钱，而且也不用那么难受了。"

许强："那您理想的软件包括什么功能呢？"

客户："……"

许强："那您觉得现在不用尽快解决这些问题吗？"

客户："噢，我一直想着手做，就是没时间。"

思考与讨论：

（1）你觉得这次电话沟通会成功吗？（2）你认为许强在打电话之前做了哪些准备工作？

（二）注意电话沟通礼仪

1. 接电话的礼仪

（1）一般应在电话铃响三声之前接听电话。接听电话后的第一件事是自报家门："您好，这里是××公司，请问您找谁？"

（2）聆听对方讲话，并不时用"嗯""对""是"等给予对方积极的反馈。

（3）一般应左手拿电话，右手做记录，用事先准备好的纸笔及时将对方提供的信息记录下来，特别是记录下时间、地点、数量等内容，并向对方复述一遍。如果对方向自己或企业发出邀请或会议通知，应记录下来并致谢。

（4）如果自己正忙手头工作，不能和对方长谈，则可委婉地告诉对方改天再打，或稍后回拨电话给对方。

（5）如果对方打电话要找的人不是自己，请对方稍等后，应把电话轻轻放下，走到受话人身边通知他。不能电话尚未放下，就大喊："××，你的电话！"这样很不礼貌。万一找的人正在忙工作或在卫生间，应说："对不起，请稍等一下，他马上就来。"最好不要说"他在卫生间"之类的话。

（6）若对方要找的人不在，不能把电话一挂了事，而应耐心地询问对方的姓名、电话号码、是否需转告，征得对方同意后详细记录下来。记录的要领包括：对方所属单位、姓名、来电的具体内容、来电的日期和时间、是否需要回电话、回电话给何单位的何人等。通常应将留言记录当面转交，如不能当面转交，应置于相应人员办公桌上，同时写上接电话的时间、地点和自己的姓名。

（7）商务人员代表上司拦截电话，一定要礼貌、友善，不要恶作剧地说："我们经理说他不在。"之类的话而应在询问对方的姓名、单位后，按照上司的意思加以拦截，或通知上司，或记录下来后再呈送上司。如果对方还没讲完，自己便挂断电话是很不礼貌的，当然，一些明显的骚扰电话或推销电话除外。

（8）一般应由打来电话的人先结束谈话，但切忌啪的一声放下电话。挂电话时应向对方说再见后再轻轻放下电话。

2．打电话的礼仪

给对方打电话时应注意的礼仪有以下几点。

（1）注意打电话的时间和通话时长。如果打电话要占用对方5分钟以上的时间，就应该先说出自己要办的事，并询问对方："您现在谈话方便吗？"假如对方回答说不方便，就应和对方另约一个时间打电话。

（2）接通电话后，应首先说："您好，我是××公司的×××，请帮忙找一下×××先生（小姐）接电话，谢谢。"如果对方说要找的人不在，应致谢，并可以说"改日再打"之类的话。当拨错号码时，应向对方致歉，不能不说话就直接挂断电话。

（3）打商务电话时尤其应注意：准备一张在电话中所要提及的要点的核对单；在心中仔细想好这次谈话的内容或在打电话前想办法取得所有相关材料；集中精力，避免分心；如果涉及事实或数字，应将所有的参考资料、计算器放在触手可及的地方。

（4）电话中的语言礼仪应注意：语调不要过高或过低。如果语调过高，就会使对方感到自己严厉、生硬、冷淡、刚而不柔；如果语调过低，则会使对方感到自己无精打采、有气无力。尾音也不能过长或过短。如果尾音过长，就会显得自己懒散拖拉；如果尾音过短，则会显得自己不负责任。一般情况下，在和对方打电话时语气要适中，语调稍高些，尾音稍微拖长，这会使对方感到亲切、自然。同时，还应多使用礼貌用语"请""谢谢""您"等。

案例阅读与思考

如此沟通

某杂技团计划于下月赴美国演出，该团团长刘明就此事向市文化局请示，于是他拨通了市文旅局局长办公室的电话。可是电话响了足足有半分多钟的时间，也没有人接听。刘明正纳闷着，突然电话那端传来一个不耐烦的女高音："什么事啊？"刘明一愣，以为自己拨错了电话，赶紧问道："请问是市文旅局吗？""废话，你不知道自己往哪儿打的电话啊？""哦，您好，我是××杂技团的，请问王局长在吗？""你是谁啊？"对方没好气地盘问。刘明心里直犯嘀咕："我叫刘明，是杂技团的团长。""刘明？你跟我们局长什么关系？""关系？"刘明更是丈二和尚摸不着头脑，"我和王局长没有私人关系，我只想请示一下我们团出国演出的事。""出国演出？王局长不在，你改天再来电话吧。"没等刘明再说什么，对方就啪地挂断了电话。刘明感觉像是被人戏弄了一番，拿着电话半天没缓过神来。

思考与讨论：

该文旅局职员接电话的态度有利于工作的开展吗，有利于文旅局的形象吗？请就该职员接电话的言行进行分析。

3. 使用手机的礼仪与安全注意事项

我们在日常生活中经常会碰到这样的场景：在公交车、地铁上，有些人不断大声重复"你在哪里？""我在公交车上"之类的经典对话，吼得周围人都能听到，他自己却还以为对方听不到，旁人大感吃不消时，通话人自己却浑然不知。

英国一位名叫约翰·代特里奇的艺术家建立了一个网站，在网上宣传以"反对手机吼叫"为主题的内容，提倡文明使用手机。他认为有很多人喜欢对着手机大声讲话，而且声音大得完全没有必要，不知不觉地把周围的陌生人都卷进了自己的私事之中。这种"手机吼叫"现象甚至衍生出一种痛恨"手机吼叫"的亚文化。

微视频
手机礼仪

手机的普及为人们带来了方便，提高了人们的生活水准，但也凸显了一些人的自私及对周围人士的冷漠。现在无论在社交场合还是工作场合，不当地使用手机已经成为礼仪的最大威胁之一，手机礼仪越来越受到人们的关注。

（1）使用手机要遵守公共秩序。第一，不应在公共场合，特别是楼梯、电梯、路口、人行道等人来人往的地方，旁若无人地使用手机，应该把自己的声音尽可能地压低一些，一般不要大声说话。第二，不能在要求"保持安静"的公共场所，如音乐厅、美术馆、影剧院等场所，对着手机喊叫。必要时，应关机或让手机处于静音、震动状态，把对他人的影响降到最低。如果不得不回电话，采用静音的方式发送手机短信是比较适合的。手机铃声也不能调得过大，以两米之内可以听见为宜。有些人的铃声像是"凶铃"，在大家埋头干活时突然刺耳地响起，让人心跳都会加快。第三，在会议中或和别人洽谈的时候，最好把手机关掉，起码也要调到震动状态。这样既显示出对别人的尊重，又不会打断说话者的思路。而那种在会议中铃声不断，像是业务很忙的人，大家的目光都会转向他，会显示出这样的人缺少修养。第四，和别人交谈时不要在别人注视你的时候查看短信。一边和别人说话，一边查看手机短信，是对别人的不尊重。第五，平时与人一起用餐（特别是自己作为主人宴请客人时）最好不要频繁地使用手机。当着客人的面打电话往往会使客人不知所措。如果有电话找自己，最好先和客人致歉说一声"对不起"，然后再去洗手间等处接电话，而且接电话的时间要短，这是对客人的尊重。第六，个性化的铃声应注意使用场合。现在很多年轻人都喜欢选用搞笑语言、动物叫声等各种铃声，如果这种铃声在办公室和一些严肃的场合不断响起，会对周围人造成干扰。

（2）使用手机要有安全意识，主要包括：不要在开车的时候使用手机；不要在病房、油库、加油站等处使用手机；不要在飞机飞行期间启用手机；不要在路上一边走一边打电话；等等。如果确实有急事需要接打电话，应站在某个安静人少的地方打电话。

讲究手机礼仪不能只靠个人素养，一位手机研发人员提出：手机礼仪的养成不仅需要规范，还有赖于科技的进步，如语音激活免提技术、车载电话的自动拨号等功能设计。同时，移动通信运营商还应该着眼于开发更多、更新的有助于人们文明使用手机的新业务。

📖 知识巩固与技能训练

一、思考与讨论

1．简述演讲的基本特征以及成功的演讲的特点。

2．为什么要强调演讲者的准备？它对演讲这一沟通行为的影响如何？

3．分析你曾经的一次演讲经历，该演讲是否成功？如果演讲成功，成功在哪里？如果演讲不成功，问题出在哪里？你是如何使用有声语言和体态语言表达技巧进行演讲的？

本章选择题

4．演讲过程中应如何有效使用视觉辅助手段？

5．根据工作或生活中的实例，说明你是如何设计面谈过程的。

6．影响会议沟通的因素有哪些？

7．如何做好会议的准备工作？

8．销售沟通的原则有哪些？

9．结合你自己的生活经验，说说你曾经被某销售人员成功说服，买了自己本来没打算买的产品，或者多买了某种产品的经历。并且总结一下这位销售人员取得成功使用的销售沟通策略。

10．结合生活中的实例，说说社会上存在哪些使用手机/电话沟通的不文明现象，并说明应该如何纠正。

二、活动与演练

（一）演讲

1．实训方法和步骤

将班级的同学分为几个由 8～10 人组成的小组。由指定小组长主持，每个同学依次在以下选题中选择一个主题（也可以自由拟订选题），先在小组内进行 2～3分钟的即兴演讲：①如何才能使每门课的评分更公平、更合理；②对大学生创业的认识；③我的职业生涯设计；④怎样使大学生活更充实；⑤如何正确对待就业和择业。

演讲的自我评价

一位同学在组内演讲后，小组内其他同学按照以下的评价标准对其评分。等全组所有人演讲完后，推选出得分最高的同学作为代表在班级演讲，由全班同学对其作出评价。然后，根据得分高低推选出班级演讲第一名。

2．评价标准

所有听众都要从下列几个方面对演讲者的表现进行评价：①演讲主题和目标是否明确；②演讲内容是否充实、条理是否清晰；③演讲者的语言表达技巧如何，是否富有激情；④演讲者是否充分利用了非语言沟通手段；⑤演讲者是否与听众保持了互动沟通；⑥演讲者能否有效控制怯场。

对每方面的评价都分为五个等级："很不满意""不满意""一般""良好"和"优秀"，相应的分值为：1分，2分，3分，4分，5分。把六个方面的得分相加，就得到演讲者的综合得分（假定六个方面的权重相等）。把所有听众的评分相加，就可得到每位演讲者的总分。

3．反馈和总结

分小组和班级两个层次，把对每位同学的演讲评价反馈给他（她），肯定演讲者的优点，提出提升演讲总体效果的对策。

（二）面谈

1．大家对某门课程的老师的教学方式不太满意，你受全班同学的委托去与这位老师进行沟通，希望他能改进教学方法。那么你在与这位老师面谈前会做些什么准备工作？你打算如何与这位老师进行面谈？

2．如果你所在社团（任何你现在所在的社团或你知道的社团）要招聘新的成员，一共有20个新生来应聘5个空缺位置，假如你是负责招聘的两位面试官之一。那么你在招聘面谈前会做些什么准备工作？你打算如何进行此次面谈？

三、案例分析

请扫描二维码阅读案例，然后回答每个案例后面的问题。

案例分析原题

第十一章

Chapter 11

商务谈判

📖 学习目标

掌握谈判的定义和分类；了解商务谈判过程的特点；掌握商务谈判的策略与技巧；了解跨文化谈判中应注意的差异及双赢策略的使用。

导入案例

因为唱片公司在葛钰录制的唱片中录入了未签入合同的广告，葛钰欲起诉唱片公司违约。唱片公司则有意出一笔钱私下解决。在这个谈判过程中，唱片公司提出了一个赔偿金额逐次递减的解决方案：五天之内解决，赔偿 25 万元；十天之内解决，赔偿 21 万元；十五天之内解决，赔偿 20 万元；之后，唱片公司就只肯出 15 万元进行赔偿。葛钰本想上法庭讨说法，但现在每迟疑一天就会付出极为昂贵的代价……

思考与讨论：

（1）你如何评价唱片公司在这次谈判中使用的技巧？（2）如果你是葛钰，你会怎么做？

第一节　商务谈判概述

微视频
商务谈判

现代商业社会，企业无时无刻不处在与其他企业构成的竞争与合作的环境之中。因此，谈判成了企业在经营管理中不可避免的活动。它是决定企业运作，以及企业与供应商、分销商和消费者关系的一个重要方面，也是决定企业经营成败的重要一环。掌握商务谈判中一些普遍适用的基本手段和策略，有助于企业在商务谈判中处于更加主动的地位。

一、谈判的定义

商务谈判之道在于"诚如铜币，外圆内方"。美国谈判学会会长、著名律师杰勒德·尼尔伯格曾说："谈判的定义最为简单，而涉及的范围却最为广泛，每一个要求满足的愿望和每一项寻求满足的需要，都是诱导人们展开谈判的潜因。只要人们是为了改变相互关系而交换观点，只要人们是为了取得一致而磋商协议，他们就是在进行谈判。谈判通常是在个人之间进行的，他们或者为了自己，或者代表着有组

织的团体。因此，可以把谈判看作人类行为的一个组成部分，人类的谈判史与人类的文明史同样长久。"因此我们可以把谈判定义为双方之间的一种沟通形式，旨在就以下问题达成协议：一是双方认为重要的问题，二是可能引发双方冲突的问题，三是需要双方合作才能得以解决的问题。

二、谈判的相关概念

（一）谈判协议最佳替代方案

谈判协议最佳替代方案这个概念由费希尔（Fisher，1981）和乌里（Ury，1991）提出，指的是替代当前多个谈判方案中最好的方案。如果除了目前的谈判结果之外，其他比较好的可能性微乎其微，那么谈判者就应该尽量将谈判促成而不是放弃。一个人对谈判协议最佳替代方案的估计决定了这个人的谈判底线或临界点，在这一点之上，任何谈判条件都超越他的期望，都是他可以接受的。

谈判协议最佳替代方案的形式多种多样。

张勇到一家车行购买新汽车，他可以不买这辆新汽车而坐公共汽车上班，或者到另一家已经给他报价的车行去买。如果张勇选择公共交通作为他的谈判协议最佳替代方案，那么他的价格底线会比较难确定；如果他选择另一家车行的报价作为谈判协议最佳替代方案，那么他的价格底线就比较容易确定，因为这两者容易比较。

可以看出，谈判协议最佳替代方案事实上决定了一个人在谈判中的目标。一个人的谈判协议最佳替代方案越优，底气越足，他就越能掌握主动权，越有回旋余地，越有讨价还价的资本。相反，他的后路就越少，越被动，越容易被对方牵着鼻子走，越没有可能与对方讨价还价。

（二）谈判双方的立场与利益

谈判双方坐到谈判桌上之前，对自己的立场一般都有明确的认知。这里的立场指的是己方想要达到的谈判结果。例如，把合同签下来，并确定一个好价钱，最低价格不能低于每件 300 元人民币；或者谈工资，要求年薪 10 万元人民币，这就是所谓的立场。利益则是隐藏在立场后面的原因。如你为什么要把合同签下来，是为了完成领导交给你的任务？是因为产品是你研发的，不到每件 300 元不足以支持研发费用？是为公司创造收益，还是为了显示你是一个谈判高手？或者为什么要求年薪 10 万元，是证明你的实际价值，还是因为你的同学都拿这样的年薪？是因为这个公司给的平均年薪就是这个数，还是因为你维持家庭的开销要求你必须达到这个年薪水平？这些原因就是谈判者的根本利益所在，也就是谈判者最关心的东西。谈判的时候，关注谈判者的利益比关注其立场对达成良好的谈判有更加明显的作用。

微视频
影视剧中的商务谈判

两兄弟抢一个橘子，抢了一阵后两人开始谈判，谈判的结果是平分，一人一半，公平合理。从表面上看，冲突解决，两人应该高兴。但是，妈妈问哥哥为什么要橘子，哥哥说他想用橘子做橘子汁；问弟弟为什么要橘子，弟弟说他想用橘子皮做小橘灯。虽然两个人的立场冲突，都想要整个橘子，但是他们要整个橘子背后的原因并不相同。如果关注利益，最好的方法就是把所有的橘子皮给弟弟，而把所有的橘子肉给哥哥，这样才能各得其所，皆大欢喜。

（三）讨价区间与成交的可能性

前面我们谈到了谈判的底线。如在买卖双方的谈判中，买方的谈判底线是自己愿意出的最高价格，而卖方的谈判底线就是自己愿意接受的最低价格。而在薪资谈判中，雇主的谈判底线是自己愿意出的最高工资，而雇员的谈判底线就是自己愿意接受的最低工资。讨价区间就是谈判双方谈判底线的重合区域。讨价区间可正可负，也可能为零。当谈判双方的谈判底线有重合区域时，称为其讨价区间为正。当谈判双方的谈判底线没有重合区域时，讨价区间就为负。讨价区间为零指的是当谈判双方的谈判底线只在唯一的点上重合，除了那一点，没有其他地方重合。

假如你是即将毕业的 MBA 学生，已经被一家大公司录取，其他条件都谈好了，就差工资这一项没有谈好。假如你期望的年薪是 7 万～9 万元，低于 7 万，你宁愿不去；录取你的公司也有一个标准，像你这个层次的雇员他们一般给的年薪在 5 万～8 万元，超过 8 万元，宁愿放弃。此时，在你的底线与公司的底线之间就有一个重合区域，那就是 7 万～8 万元。这就是讨价区间，如图 11.1 所示。

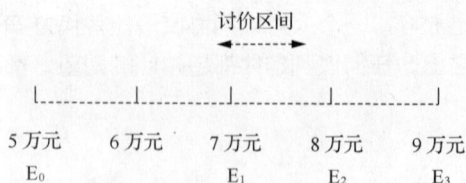

图 11.1 讨价区间

在图 11.1 中，E_0 是公司最初报给你的工资；E_1 是你的工资底线；E_2 是公司的最高工资线；E_3 是你最初的要价。

如果你对工资的期望在 9 万～11 万元，而公司可以给的工资在 5 万～8 万元，那么两者就没有重合区域，就是负的讨价区间。

从理论上说，当讨价区间为正或零时，双方往往能够达成交易，通常在双方底线的中间点上成交，如 7.5 万元就是你与公司在工资上的中间点。而当讨价区间为负时，通常是不可能达成交易的。

三、谈判的分类

根据不同的分类标准谈判可分为不同的类型。根据谈判双方的输赢导向不同，谈判通常可分为两种类型：对抗式谈判和合作式谈判，如表 11.1 所示。

表 11.1 对抗式谈判和合作式谈判的比较

要素	对抗式谈判	合作式谈判
预期的目标	短期目标，双方目标不相协调，都在争取眼下的利益，无视长期关系的发展	长期目标，双方同时强调眼下利益和长期合作关系
对对方的态度	不信任，怀疑，相互提防	开诚布公，倾向于相信对方
谈判的导向	强调己方的要求和谈判的实力地位，无视对方的利益	设法满足对方的要求，认为这样对达到自己的目标更有利，努力增进双方的合作关系，或者至少不损害双方的合作关系
妥协让步的做法	让步越小越好	如果必须，可以妥协让步，旨在促进双方的合作关系
谈判时间	将时间用作谈判手段迫使对方让步	把时间看作解决问题的手段，尽量和对方沟通，让对方有考虑的余地

（一）对抗式谈判

对抗式谈判是指谈判双方就一份固定数量的资源应如何分配进行协商，是一种"赢-输"

式谈判。在对抗式谈判中，每一方都有自己希望实现的目标点，也有自己最低可接受的水平，即抵制点。目标点与抵制点之间的区域为愿望范围。如果谈判双方在愿望范围内有重叠部分，即存在前面所讲的讨价区间，就存在一个解决范围使双方的愿望都可能实现。在进行对抗式谈判时，双方的目的都是试图使对方接受自己的具体目标点或尽可能接近自己的目标点。

对抗式谈判主要有以下四个特点。

（1）只关注自身利益。对抗式谈判中，谈判双方通常要价较高，而又很少做出让步。谈判双方最初的提议往往很不合理，在谈判中让步幅度很小，都要求对方做出明显让步；而且有时即使对方接受己方的部分条件，自己也不肯退步以达成协议。

（2）操纵时间。对抗式谈判中，谈判双方通常会把时间当成一个重要的武器，往往在谈判中提出的提议只在一定的期限内有效，并强迫对方接受这个期限，以此来控制谈判进程，要求对方接受己方的各种条件。

（3）运用情绪。对抗式谈判中，谈判双方通常会利用发脾气、吵架、离开会场等手段迫使对方接受己方的条件。

（4）最后通牒。对抗式谈判中，谈判双方往往会利用威胁等手段逼迫对方接受自己的条件。

例如，劳资双方的工资谈判。一般情况下，工人代表总是想从资方得到尽可能多的工资，而工人工资的提高又会增加资方的费用，双方在谈判中都会表现出攻击性，都想在谈判中击败对手。

因此，这种类型谈判的本质是对如何分配一份固定利益进行协商。

（二）合作式谈判

合作式谈判是指谈判双方寻求一种或多种解决方案以达到双赢目的的谈判。这种谈判将谈判双方团结在一起，并使每一方在离开谈判桌时都感到自己获得了胜利，因此，它构筑的是长期的合作关系并能推进将来的合作。但合作式谈判需要一些条件：信息的公开与双方的坦诚；一方对另一方需求的敏感性；信任对方的能力；双方具有维持合作的愿望。

合作式谈判的特点主要表现在以下四个方面。

（1）分清人际关系与要解决的问题。将人际关系与要解决的实质问题区别开来，直截了当地处理每一个具体问题。不进行人身攻击，只集中精力于寻求解决问题的方案。

（2）注重利益，不固守立场。谈判要解决的问题是满足双方不同的需要和利益要求。因此，在谈判中应致力于弄清、承认对方的利益，并寻求协调双方利益的解决方案。

（3）谋求互惠的解决方案。在谈判中应尽可能提出多种解决方案，并从中选出能达到双赢目的的最佳解决方案。

（4）使用客观的评判标准。谈判双方都应以客观、公正的标准作为谈判的基础，如法律、效率、市场价值等。

目前，三源公司的财务状况资不抵债，其最大债主是荣欣公司。为此，两家公司进行了多次谈判，但仍没有找出解决的办法。

最近，三源公司进行了改组，新任总经理决心改变经营方向。他们与生化研究所联系，提出对研究所的一些实用性强的研究专利进行生产开发。但研究所对这些专利索价 800 万元，这是三源公司难以承受的，况且如果正式投入生产，公司还缺少一笔约 100 万元的启动资金。新任总经理召开领导班子会议，研究分析“二企一所”之间的关系与各自的需要。三源公司要还债、要起死回生改变经营方向，需要资金。荣欣公司要讨回债款。生化研究所要出让专利。经过仔细的探讨，相关人员在这个会议上拟订了一个既满足自身需要又满足对方需要的计划。

新任总经理首先与生化研究所进行谈判，诚恳说明己方的开发计划和能力，希望对方能以 500

万元的价格出让专利，并以参股形式将此笔款项作为投资。显然这些研究专利留在研究所里是不会产生效益的，对研究所来说，以专利做投资可以获得长期稳定的收益，是一种有吸引力的理想方式。但 500 万元的价格偏低了，经过双方谈判，确定这些研究专利的价格为 620 万元。

接着，三源公司新任总经理又找到荣欣公司进行谈判，把他的计划以及与生化研究所的谈判做了详细介绍，着重说明新的经营方向的美好前景，提出延期偿还债务；同时为实现此项生产，向荣欣公司增借 100 万元启动资金。事实上，如果一定要三源公司立刻偿清以前的债务，那三源公司只能倒闭，不可能完全偿还债务。鉴于生化专利项目的发展前景确实好，并且考虑到研究所也以入股方式做了投资，荣欣公司经过对风险和收益进一步分析，最终同意了三源公司的计划。最终，三源公司、荣欣公司和生化研究所得到了一个三赢的结果。

第二节　谈判过程

谈判过程一般包括准备和计划、开局、阐述和辩论、结束和实施四个阶段。本节将结合中日货车故障索赔谈判的过程，在谈判的各个阶段的解析中加入案例内容进行直观论述。

一、准备和计划

谈判开始前，需要做一些准备工作。这些准备工作主要包括确定谈判目标、收集对方的谈判信息、选择谈判人员和确定谈判协议最佳替代方案等。准备工作做得越充分对谈判越有利。

视野拓展

中日货车故障索赔案例之中方的准备工作

中方在谈判开始前就确定了索赔目标，并做了下列准备工作。

首先，邀请日方代表到存在质量事故货车的现场查看，并由商检人员和专家小组对货车质量进行鉴定，同时提请商检人员拍摄录像，由公证机关进行公证。

其次，选择了擅长经济管理和统计、精通测算的主谈代表，翻阅了大量国内外相关资料，对每辆车的修理费和整体索赔数额都进行了精确的计算，同时为这两者确定了一个合理的区间。

1. 确定谈判目标

谈判目标包括顶线目标、底线目标和现实目标。顶线目标是指谈判所能取得的最好结果，通常也是对方能容忍的最高限度。底线目标是指谈判的最低要求。现实目标是谈判可以争取或让步的范围。

视野拓展
会议座次安排

2. 收集对方的谈判信息

谈判信息就是指与谈判有关的各种数据与资料。对方的谈判信息主要包括冲突的性质与原因、对方参与谈判的人员、对方对谈判的理解、对方的谈判目标与要求、对方对己方谈判目标的态度与反应、对方坚守自己立场的程度、对方最重要的利益是什么等。如果是组织间的商务谈判，还需要了解市场、技术、金融、法律等相关信息。

3. 选择谈判人员

谈判的过程是双方谈判人员沟通、互动的过程。因此，谈判的成败与谈判人员的素质和谈判技能密切相关。谈判人员应具备以下素质：良好的职业道德；良好的心理素质，如勇于决断、充满信心、敢于冒险、沉着应战等；具备较强的沟通能力；掌握与谈判有关的专业知识。

4. 确定谈判协议最佳替代方案

谈判协议最佳替代方案决定了谈判协议中双方可接受的最低价值水平。只要在谈判中所得到的对方提议优于己方的谈判协议最佳替代方案，谈判就不会陷入僵局。反之，如果己方的提议不能让对方感到优于他的谈判协议最佳替代方案，也就很难获得谈判的成功。因此，在谈判之前确定己方并了解对方的谈判协议最佳替代方案，将有利于在谈判中占据主动地位。

视野拓展

良好的谈判环境能够提高己方的谈判地位和增强谈判实力。美国心理学家泰勒尔和他的助手兰尼做过一个有趣的实验，证明了许多人在自己的客厅里谈话比在别人家的客厅里谈话更能说服对方。因此，对于一些关系重大的商务谈判工作，如果能够进行主场谈判是最为理想的，因为在这种环境下己方谈判人员可能会发挥出较高的谈判水平。如果不能争取到主场谈判，至少也应选择一个双方都不太熟悉的中性场所，这样也可避免"场地优势"给一方带来的便利和给另一方带来的不便。

二、开局

谈判双方刚进入谈判场所时，难免会感到拘谨，尤其是谈判新手在重要的谈判中往往会产生忐忑不安的心理。为此，必须讲求入题技巧，采用恰当的入题方法。我们来看下面的中日货车故障索赔谈判。

谈判开始。中方首先简明扼要地介绍了 FP-148 货车在中国各地的损坏情况以及用户对此的反应。中方在此虽然只字未提索赔问题，但已为索赔说明了理由和事实根据，展示了中方的谈判依据，恰到好处地拉开了谈判的序幕。日方对中方的这一招早有预料，因为货车的质量问题是一个无法回避的事实，日方无心在这一不利的问题上纠缠。日方为避免陷入劣势，便不动声色地说："是的，有的车子轮胎炸裂，风挡玻璃破碎，电路有故障，铆钉震断，有的车架偶有裂纹。"中方觉察到对方的用意，便反驳道："贵公司代表到现场看过，经商检人员和专家小组鉴定，铆钉非属震断，而是剪断，车架出现的不仅仅是裂纹，而是裂缝、断裂！而车架断裂不能用'有的'或'偶有'形容，最好还是用比例数据表达，更科学、更准确。"日方淡然一笑说："请原谅，比例数据尚未准确统计。"

"那么，对货车质量问题贵公司能否与我方取得一致意见？"中方对这一关键问题紧追不舍。"贵国的道路是有问题的。"日方转移了话题，答非所问。中方立即反驳："诸位已去过现场，这种说法是缺乏事实依据的。""当然，我们对贵国实际情况考虑得不够。""不，贵公司在设计时就应该考虑到我国的实际情况，因为这批车是专门为我国客户生产的。"中方步步紧逼，日方步步为营，谈判气氛渐趋紧张。

中日双方的谈判开始不久，就在如何认定货车质量问题上陷入僵局。日方坚持说中方有意夸大货车的质量问题："货车质量的问题不至于到如此严重的程度吧？这对我们公司来说，是从未发生过的，也是不可理解的。"此时，中方觉得该是举证的时候，于是将有关材料向对方一推，说："这里有商检、公证机构的公证结论，还有商检拍摄的录像。如果……""不！不！对商检、公证机构的结论，我们是相信的，我们是说贵方是否能够做出适当让步。否则，我们无法向公司交代。"日方在中方所提质量问题的攻势下，及时调整了谈判方案，采用以柔克刚的手法，向对方踢皮球，但不管怎么说，日方在质量问题上设下的防线已被攻克了。这就为中方进一步提出索赔价格要求打开了缺口。随后，谈判双方在对 FP-148 货车损坏的问题归属上取得了一致的意见。日方不得不承认，这属于设计和制造上的质量问题。

　　初战告捷，但是中方代表意识到更艰巨的较量还在后头。索赔金额的谈判才是最重要的。

同步案例
中日货车故障索赔
谈判案例

1. 迂回入题

为避免谈判时单刀直入、过于直接，影响谈判的融洽气氛，谈判人员可以采用迂回入题的方法，如先从题外话入题，从介绍己方谈判人员入题，从"自谦"入题，从介绍本企业的生产、经营、财务状况入题等。

2. 先谈细节，后谈原则性问题

围绕谈判的主题，谈判人员可以先从洽谈细节入题，条分缕析，丝丝入扣，待各项细节问题谈妥，也就自然而然地达成了原则性的协议。

3. 先谈一般原则问题，后谈细节问题

一些大型的经贸谈判中，由于需要洽谈的问题千头万绪，双方高级谈判人员不应该也不可能介入全部谈判，往往要分成若干等级进行多次谈判。这就需要采取先谈一般原则问题，再谈细节问题的方法入题。一旦双方就原则问题达成一致，那么，洽谈细节问题也就有了依据。

4. 从具体议题入手

大型商务谈判总是由具体的一次次谈判组成的。在具体的每一次谈判会议上，双方可以首先确定会议的具体商谈议题，然后从这一具体议题入手进行谈判。

视野拓展
哈佛谈判法的 5 条
制胜秘诀

三、阐述和辩论

谈判双方表明各自对相关问题和利益的看法，包括：对问题的理解，即谈判应涉及哪些问题；双方的利益，即双方希望通过谈判各取得哪些利益；双方的首要利益；双方对谈判的态度；等等。

双方对对方的立场、观点、条件等展开分析、论证与辩论。这一阶段不一定是对抗性的，实际上是双方就有关问题进一步交流信息与意见的过程，如问题的本质是什么、该问题为什么对双方都很重要、双方最关心什么、如何达到对方要求等。

同步案例
经典谈判案例集
锦三篇

四、结束和实施

结束和实施阶段主要是将已达成的协议正规化，并为实施协议和监控协议执行制定出所有必要的程序，包括签订协议、落实协议、谈判总结等。下面来看一下中日货车故障索赔案例之谈判尾声。

　　前一阶段的阐述和辩论之后，日方代表用电话与日本 S 公司的决策人密谈了数小时。接着谈判重新开始，此轮谈判一开始就进入了高潮，双方舌战了几个回合，又沉默下来。此时，中方意识到，己方毕竟是实际经济损失的承受者，如果谈判破裂，就会使

己方获得的谈判成果付诸东流；而要诉诸法律，就更加麻烦了。为了使谈判已获得的成果得到巩固，并争取新的突破，适当让步是打开成功大门的钥匙。中方主谈人与助手们交换了一下眼色，率先打破沉默说："如果贵公司真有诚意，彼此均可适当让步。"中方主谈人为了防止己方率先让步带来不利局面，建议双方采用"记分法"，即双方等量让步。"我公司愿意付 40 亿日元，"日方退了一步，并声称："这是最大让步了。""我们希望贵公司最低必须支付 60 亿日元。"中方坚持说。

这样一来，中日双方各自从己方的立场上退让了 10 亿日元。双方各让一步。谈判又出现了转机。双方接受点之间仍有 20 亿日元的差距。几经周折，双方共同接受了由双方最后报价金额相加除以 2，即 50 亿日元的最终谈判方案。一场重大的索赔案终于公正地交涉成功了！

1. 签订协议

为确保谈判双方都能充分理解达成的协议，对谈判结果一一进行记录是最佳的方式。并且，在签订协议前，双方组织谈判人员应逐一核实协议的所有条款，尽量使协议内容明确，避免使用模棱两可的语句。

2. 落实协议

在谈判协议中应包括一项落实协议的条款，该条款应明确规定做什么、何时做、谁来做等。

3. 谈判总结

在谈判结束后，应做高效总结，包括：对谈判结果是否满意；谈判人员中谁是高效的谈判者；哪些策略与行动是有效的；哪些策略与行动阻碍了谈判进程；谈判中时间利用得如何；谈判中是否了解对方最关心的问题；谈判是否达到了对方的目的；谈判前的准备工作是否充分；此次谈判有哪些方面值得以后学习，有哪些方面需要吸取教训等。

第三节 商务谈判的策略与技巧

一、商务谈判的策略

商务谈判的策略是指谈判者为取得预期的谈判目标而采取的措施和手段的总和。它对谈判成败有直接影响，关系到双方当事人的利益和组织的经济效益。恰当地运用谈判策略是商务谈判成功的重要前提。面对不同的谈判者、不同的情境，商务谈判人员应采取不同的谈判策略。下面介绍几种比较常用又有效的谈判策略。

微视频
商务谈判策略

（一）声东击西

声东击西是指为了达到自己的真正目的，而故意将谈判引向对我方来讲并不重要的问题上，以分散对方的注意力。

这种策略可以做到一举多得：既表明我方对讨论问题很重视，以表示我方谈判的诚意，如果在谈判中我方做出一定的让步，往往会让对方感到满意和高兴；又可以转移对方的视线；还可以通过目前问题的谈判摸清对方的虚实，为主要问题的谈判铺平道路；而且将主要问题的讨论暂时搁置起来，有利于拥有更多的时间做更充分的准备；还能麻痹对方，延缓对方在主要问题上所要采取的行动。

某工厂要从日本 A 公司引进收音机生产线，在引进过程中双方进行了谈判。在谈判开始之后，

A公司坚持要按过去卖给某厂的价格来定价，坚决不让步，谈判陷入僵局。该工厂为了占据主动权，开始与日本B公司频频接触，洽谈相同的项目，并有意将此信息传播出去，同时通过有关人员向A公司传递价格信息。A公司信以为真，不愿失去这笔交易，很快接受了该工厂提出的价格，这个价格比过去从其他公司引进的价格低了26%。

（二）疲劳战

疲劳战是指和对方展开拉锯战，或从体力上使对方感到疲劳，从而使对方精神涣散、反应速度降低、工作热情下降，这样我方就能趁机达到目标。疲劳战的具体做法有以下几种。第一，在商务谈判前期，为谈判对手安排许多游玩活动，然后再接着安排谈判活动，在谈判对手处于疲劳状态时一举攻破对方的防线。第二，在谈判过程中，反复就某一个或几个问题进行陈述，从心理上使对手感到疲劳。而我方要注意的是，准备的问题必须是的确能使对方在不知不觉中感到疲劳的问题，而且要注意记录对方的回答中错误的和对我方有利的信息。

疲劳战术主要适用于对付那些锋芒毕露、咄咄逼人的谈判对手。

（三）白脸、红脸

谈判小组的成员分别扮演白脸和红脸等不同的角色，白脸向对方提出苛刻的条件并且在谈判中寸步不让。当谈判中双方争得不可开交时，红脸出面缓解气氛，促成相互谅解，以达成协议。

需要注意的是，白脸不能表现得过于蛮横，以致对手过于反感，甚至直接导致谈判破裂；红脸也不能失掉气节、过于软弱，使白脸费尽千辛万苦争取的成果都付诸东流。

但如果对方使用此策略，我方就应该注意：第一，不理会是红脸还是白脸，贯彻己方的谈判风格；第二，以红脸对付红脸，以白脸对付白脸；第三，以退席表示对白脸的不满，或向其上司抗议，或公开谴责他。

（四）最后限期

提出签约的最后限期会给对方施加压力，尤其是当对方有签约使命时。这样有利于促使对方加快谈判的进程，而且对方可能会在局部利益上有所让步，从而带来对我方有利的局面。但如果我方有签约使命，使用该策略时就一定要慎重。

使用这一策略，我方须注意的是：第一，谈判中我方必须处于有利的主导地位，这是运用这一策略的基础条件；第二，必须在谈判的最后关头再使用这个策略，当谈判双方都花费了大量的人力、物力之后，双方都想尽快结束谈判的心理已经非常急迫，这时候恰到好处地抛出"最后通牒"，对方很有可能因为不舍得之前已花去的大量成本而接受我方的条件以达成协议；第三，"最后通牒"的提出必须清晰、坚定且毫不犹豫，不能给谈判对手以心虚、模糊、不自信之类的感觉。

但如果对方使用此策略，我方就应该注意：第一，不要泄露自己的底线，即不让对方了解我方必须在什么时间之前完成谈判；第二，仔细研判对手设定最后期限的动机以及超过该期限可能招致的后果；第三，绝大多数的最后期限都有谈判的余地。

一个美国代表被派往日本谈判。日方在接待的时候得知对方须于两个星期之后返回。日方没有急着开始谈判，而是花了一个多星期的时间陪他在日本旅游，每天晚上还安排宴会。谈判终于在第

12 天开始，但每天都早早结束，为的是客人能够去打高尔夫球。终于在第 14 天谈到重点，但这时候美国代表该回去了，已经没有时间和日方周旋，只好匆匆答应日方的条件，签订了协议。

（五）沉默法

俗话说，沉默是金。沉默法就是在谈判中尽量避免对谈判的实质问题发表议论。沉默在商务谈判中的确有很大作用：第一，达到使热烈的谈判气氛降温的效果；第二，对谈判对方施加心理压力。

而我方在应用沉默法时需注意两点：第一，沉默要有理由，不能随便就不说话了，这样可能会让对方觉得你业务不熟练、谈判方案有漏洞等；第二，沉默要有度，不能一直都不说话，要抓住时机，适当予以反击。

沉默法主要适用于对付两种谈判对手。第一，飞扬跋扈的对手。让这种对手自顾自地说，不予回应，越是硬碰硬的反击，越谈不出结果。第二，坚持并且积极表达自己意见的对手。不用马上回应我方是否同意对方的观点，给自己留出思考的时间，也让对方动脑筋揣测我方的策略。

（六）吹毛求疵

吹毛求疵主要应用于商务谈判中"讨价还价"的过程。这种技巧通常被买方用来压低卖方的报价，方法是故意找碴儿，提出一大堆问题和要求，其中有些问题的确存在，有些则是"鸡蛋里挑骨头"，故意制造出来的。谈判一方主要可以从质量等方面"吹毛求疵"，这样，对方便在不知不觉中处于不利地位。对于买方的百般"挑刺儿"，多数不够耐心的卖方只能通过让价来求得买卖合同的签订。

需要注意的是，这种策略必须是在买方市场的条件下才能采用。如果卖方具有垄断性，那么他完全可以说："有毛病也卖这个价，你爱买不买！"这样的情况下，买方就非常被动了。这种策略的采取要适可而止，谈判毕竟是为了双赢，因此不宜通过无理的"挑刺儿"过分地压低对方的报价。

（七）货比三家

货比三家就是指精明的买家在付款之前要比较各个卖家的商品情况。在进行谈判之前，一定要了解市场行情、动态。不然在谈判中对方随便报一个高价，我方心里都没有可以参考的价格，就很容易受制于谈判对手，在谈判中处于被动地位。同时，货比三家之后得到的商品信息，可以作为价格谈判中的筹码。因此，货比三家这一策略对谈判的顺利进行很重要。

应用这一策略需要注意的是，要保证得到的信息真实、可靠。

（八）挡箭牌

视野拓展

步步为营谈判案例

挡箭牌是指谈判一方推出假设决策人，表示自己权限有限，以此来隐藏自己，金蝉脱壳。上司的授权、国家的法律和公司的政策以及交易的惯例限制了谈判一方拥有的权限。一个谈判人员的权限受到限制后，他可以很坦然地对对方的要求说"不"。因为对方无法强迫己方超越权限作出决策，而只能根据己方的权限来考虑这笔交易。因此，精于谈判之道的人都信奉这样一句名言："在谈判中，受了限制的权力才是真正的权力。"这种策略的应用可以使己方在遇到棘手的问题时争取更多的反应时间，不必马上满足对方的要求。

（九）针锋相对

商务谈判中往往可以发现有些难缠的人像"铁公鸡"一样一毛不拔，他们往往报价很高，然后在很长时间内拒不让步。如果你按捺不住作出让步，他们就会设法迫使你接着作出一个又一个让步。

美国心理学家们针对这类谈判者做了一些实验，分别让采取不同让步程度的谈判对手与之进行谈判。实验结果表明，对于这种强硬难缠的谈判对手，最好的办法就是以牙还牙，针锋相对，使自己也成为难缠的谈判对手。但需要注意的是，与对手针锋相对不是目的，只是达到目的的手段，因此针锋相对也要适度。

微视频
电影中的谈判

（十）心理战术

心理战术是指以让对方不舒服或以情感人的方法促使对方让步的谈判策略。如以感情拉拢的方式动摇对方意志；以示弱等软方法来博得对方的同情与怜悯；以发怒、震惊等爆发行为使对方手足无措；制造负罪感使对方产生赎罪心理；恭维对方使其被冲昏头脑而失去正常的判断力与控制力；激怒对方以扰乱对方正常的思维；以谈判代表的某些安排影响对方的谈判策略等。

如果对方使用此策略，我方应该注意：第一，要保持冷静，千万别令自己失去心理平衡；第二，与对方只谈事实，不涉及感受；第三，对对方充满感性的话语重新组织，使之更加理性，以显示你听懂了对方所表述的事实。

📖 案例阅读与思考

某年，上海甲公司拟引进外墙防水涂料生产技术，日本乙公司与我国丙公司报价分别为 22 万美元和 18 万美元。经调查了解，两家公司技术与服务条件大致相当，甲公司有意与丙公司成交。在终局谈判中，甲公司安排总经理与总工程师同乙公司谈判，而全权委托技术科长与丙公司谈判。丙公司得知此消息后，主动大幅降价至 10 万美元与甲公司签约。

思考与讨论：
此案例中，你认为甲公司采取了什么谈判策略在这场交易中赢得了较好结果？

（十一）出其不意，攻其不备

为打乱对方的计划，采取对方预想不到的措施。如提出对方毫无准备的问题、突然改变谈判的时间和地点、突然亮出我方所掌握的对对方不利的信息等。

如果对方使用此策略，我方应该注意：第一，保持冷静以免惊慌失措；第二，多听少说，以争取时间思考对策；第三，必要时可暂停谈判，并设法了解对方的用意，因为在不熟悉的情况下轻举妄动最容易上当。

某年，济南市第一机床厂厂长等人在美国洛杉矶同美国卡尔曼公司进行推销机床的谈判。双方在价格问题的协商上陷入了僵持状态，这时我方获得情报：卡尔曼公司原与另一家公司签订的合同不能如期履行，而卡尔曼公司又与自己的客户签订了供货合同，客户要货甚急，卡尔曼公司陷入了被动的境地。我方根据这个情报，在接下来的谈判中沉着应对，卡尔曼公司终于沉不住气，以我方提出的价格购买了我方的 150 台机床。

（十二）信息干扰

信息干扰是指故意给对方介绍一些毫不相关的情况或提供一大堆琐碎的资料，以分散对方的注意力实现自己的真实目的。

如果对方使用此策略，我方应该做到以下两点：第一，要保持冷静的头脑；第二，谈判之前尽可能多地了解问题的本质，以便对信息有较强的分辨力。

> 1982 年，石家庄市第三印染厂准备与联邦德国卡佛公司以补偿贸易形式进行为期 15 年的合作生产，由对方提供黏合衬布的生产工艺和关键设备。卡佛公司宣称该工艺包含了很多专利，并给印染厂提供了大量有关专利的资料数据，初次谈判，对方要求我方支付专利转让费和商标费共 240 万马克。我方没有被专利资料干扰，马上派人对这些专利进行了专利情报调查。调查发现其中的主要技术——"双点涂料工艺"专利的有效期将于 1989 年到期失效。在第二轮的谈判中，我方摆出这个证据，并提出降低转让费的要求，对方只得将转让费降至 130 万马克。

（十三）以退为进

以退为进是指为了以后更有力地"进攻"或实现更大的目的，暂时做出退让或妥协。通常的做法是先提出温和的要求，或接受对方的一些条件，然后以此为砝码，提出更有利于己方的条件，获取更大利益。

（十四）得寸进尺

得寸进尺是指根据己方掌握的情况，在对方作出一定让步的基础上继续"进攻"，提出更多的要求，以逐渐接近己方的谈判目标。

> 我国某厂与美国某公司为购买设备谈判时，美方报价为 218 万美元，我方不同意，美方降至 128 万美元，我方仍不同意。美方佯怒，扬言再降 10 万美元，118 万美元不成交就回国。我方谈判代表因为掌握了美方的历史交易情报，所以不为美方的威胁所动，坚持再降。第二天，美方果真回国了，我方毫不吃惊。果然，几天后美方代表又来到中国继续谈判。我方代表亮出在国外获取的情报——美方在两年前以 98 万美元的价格将同样的设备卖给了匈牙利一客商。该情报出示后，美方以物价上涨等理由狡辩了一番后将报价降至我方所要求的合理价格。

（十五）最高预算

最高预算是指对某方案表示有兴趣，但提出自己的最大授权或最高预算不允许接受该方案，以迫使对方作出让步的方法。

运用该策略时需要注意以下几点。第一，要在对对方报价中含有多少水分充分了解的情况下运用该策略。如果未充分了解对方大致的价格底线、利润水平，一下子开出不合适的价格，对方可能就会选择不理会最高预算而坚持自己原来的价格方案。第二，要注意灵活应对，不宜过于坚持自己的报价。事实上，最高预算的报价往往不是最终的成交价，只是用最高预算这种手段使最终报价更接近己方的目标。因此，应在合适的时机、合适的价格上促成交易，以免贻误谈判时机。

这种策略往往与心理战术一起应用，用示弱的方法表示自己的权限有限，只能开出某种价格。

（十六）化整为零，化零为整

化整为零，化零为整是指针对整体谈判条件不能达成共识的时候，转而谈局部的条件，采

用各个击破的手法来实现谈判目标；或者，在局部条件谈不拢的时候，转而谈一些宏观条件。这样做可以保证至少在某一方面完成谈判目标,保证谈判不至于在一个方面搁浅后就停滞不前。采取这种策略需要注意的是，谈判的主要目的是实现双赢，因此在转移谈判目标的时候也要适当做些让步，适当为谈判对手的利益着想。若坚持把整体条件拆分后接着谈判或者把局部条件加总后接着谈判，必将使谈判对手感到厌烦并且觉得我方没有诚意。因此，在运用这种策略的时候需要本着双赢的理念。

二、商务谈判的技巧

（一）语言运用的技巧

微视频
谈判中语言运用
技巧示例

商务谈判过程的实质就是谈判者运用语言进行磋商并谋求一致的过程。而在谈判中如何把思维的结果用语言准确地再现出来,则反映了一个谈判者的语言能力。说话方式不同，常常结果也会不同。

甲、乙两个人在教堂里时烟瘾来了。

甲问神父："祈祷的时候可不可以抽烟？"神父回答："不可以！"

乙问神父："抽烟的时候可不可以祈祷？"神父回答："当然可以！"

乙就点上一支烟抽了起来。

谈判中的语言运用技巧主要有以下几点。

1. 谈判中的语言运用要注意客观性

（1）从谈判卖方来看，谈判中语言的客观性主要表现在介绍的己方情况要真实；产品报价要切实可行，既要努力谋求己方利益又不能损害对方的利益；确定付款方式时要充分考虑是否双方都能接受。

（2）从谈判买方来说，谈判中语言的客观性表现在介绍己方的购买力时不要夸大事实；评价对方产品的质量、性能要实事求是，不可吹毛求疵，任意褒贬；讨价还价要充满诚意，如果提出压低价格，要有充分依据。

2. 谈判中的语言运用要有针对性

针对不同的谈判对象、不同的谈判内容和不同的谈判场合应运用不同的谈判技巧。

针对不同的谈判者在文化程度、知识水平、接受能力、风俗习惯上的差异应采用不同的语言表达策略。

如针对同一谈判者的不同需求，恰当地使用有针对性的谈判语言或着重介绍产品的质量、性能，或侧重介绍己方的经营状况，或反复说明产品的价格合理等。

3. 谈判中的语言运用要有逻辑性和论辩性

谈判中语言的逻辑性是指谈判者的语言表达要符合思维规律，表达概念要清晰，判断要准确，推理要严密，要充分体现客观性、具体性和连贯性，论证要有说服力。

谈判的艺术在某种程度上就是论辩的艺术。只有对谈判议题进行辩论，才能拓展题的外延和内涵，使议题更加明晰，进而更容易有针对性地找到解决问题的方法。

案例阅读与思考

谈判的艺术

广东一家玻璃厂与美国欧文斯玻璃公司谈判引进设备，谈判过程中两家公司在全部引进还是部分引进这个问题上陷入僵局。这时该厂的谈判代表说："你们公司的技术、设备和工程师都是世界一流的。你们用一流的技术、设备与我们合作，我们就能够成为全国第一。这不仅对我们有利，对你们更有利！但是我们厂的外汇有限，不能将贵公司的设备全部引进。现在，你们知道，法国、比利时、日本都在跟我国北方的厂家谈合作，如果你们不尽快跟我们达成协议，不投入最先进的技术设备，那么你们就可能会失掉中国市场，人家也会笑话你们公司无能。"这一番话使陷入僵局的谈判气氛立刻得到缓解，最后双方达成了协议。

思考与讨论：

你是如何看待这一段能够缓和气氛、打破僵局的发言的？

（二）倾听的技巧

拉夫·尼可拉斯是一位专门研究如何"听"的学者。他发现，即使是积极地听对方讲话，倾听者也只能记住不到 50%的讲话内容，实际上，他发现讲话者只有约 1/3 的讲话内容是按原意被听取的，1/3 的讲话内容未按原意被听取，而另外 1/3 的讲话内容则丝毫没有被听进去。而且不同的人对于自己听取的内容理解也是不同的。因此，谈判者必须学会有效地倾听，尽可能让对方多说话，并应完整、准确、及时地理解对方讲话的内容和含义。

掌握商务谈判倾听的技巧，要牢记"五要"和"五不要"，其具体内容如表 11.2 所示。

表 11.2　商务谈判倾听的"五要"和"五不要"

五要	五不要
要专心致志、集中精力地听	不要因轻视对方而抢话或急于反驳而放弃听
要通过记笔记来集中精力	不要使自己陷入争论
要有鉴别地倾听对方发言	不要为了急于判断问题而耽误听
要克服先入为主的倾听方式	不要回避难以应付的话题
要创造良好的谈判环境，使谈判双方能够愉快地交流	不要逃避交往的责任

（三）提问的技巧

在谈判中，人们一般以发问的方式来试探对手的态度与实力。在适当的时机提出适当的问题对谈判的进程和结果有很大的影响。在商务谈判中，提问一般有以下两种方法。

1．封闭式提问

封闭式提问是指提问者提出的问题带有预设的答案，回答者的回答不需要展开，从而使提问者可以明确某些问题。封闭式提问一般在明确问题时使用，用来澄清事实，获取重点，缩小讨论范围。封闭式提问又可以分为以下三种。

（1）诱导式发问。诱导式发问是指对答案具有强烈暗示性的提问方式。诱导式发问法是发问试探最基本的方法，它适用于所有类型、所有场合的谈判。例如，"这样的报价对双方都有利，是不是？"

（2）探索式提问。探索式提问是指答复时要举例说明的一种提问方式。例如，"我们想增加进货量，贵方能否在价格上更优惠一些？"

（3）借助式提问。借助式提问是指借助权威人士的观点和意见影响谈判对手的一种提问方式。例如，"某某领导认为谈判小组要把工作重心放在成交日期上，你以为如何？"

2．开放式提问

开放式提问是指可以在广泛领域内引出广泛答复的提问方式。这类问题通常无法以"是"和"否"来回答。例如，"你对我们产品的印象如何？"由于开放式问题不限制答复的范围，所以答复时可以畅所欲言，提问者也可以得到更多的信息。

（四）答复的技巧

商务谈判中有问必有答，提问是主动的，回答是被动的。一般来说，回答必须针对所提的问题。正是这一点让人们普遍觉得回答谈判问题不是一件容易的事。因为不但要根据对方的提问来回答，并且要把回答尽可能地说明白、讲清楚，使提问者的问题得到答复，更重要的是回答代表着一种承诺，应对回答的每句话负责。因此，掌握谈判答复的技巧尤为重要。

（1）回答问题之前，要给自己留出思考的时间。

（2）针对提问者的真实心理做出答复。

（3）不要毫无保留地回答问题，因为有些问题可以不必回答。

（4）对于不知道的问题不要回答。

（5）逃避问题的方法是答非所问。

（6）反问对方，让对方把问题说清楚。

（7）在谈判中，与事实相符的答案未必就是好答案。所以，不能只因其"与事实相符"就没有选择性地都告知对方。

微视频

答复技巧示例

（五）说服的技巧

谈判中能否说服对方接受自己的观点，是谈判能否成功的一个关键。谈判说服是指综合运用听、问等各种技巧，让对方改变起初的想法，心甘情愿地接受己方的意见。在谈判中，说服工作常常贯穿始终。

（1）取得他人的信任。在说服他人的时候，最重要的是取得对方的信任。只有取得对方的信任，对方才会正确地、友好地理解己方的观点。如果对方不信任己方，即使己方说服的动机是友好的，己方的动机也会经过"不信任"的"过滤器"的作用而变成其他的东西。

（2）站在对方的角度设身处地地谈问题。要说服对方，就要考虑对方的观点或行为存在的客观理由，即要设身处地地为对方着想，从而使对方对己方没有敌意。这样，对方才会更容易信任己方，感到己方是在为其着想，说服的效果将会更加明显。

（3）说服的用语要经过推敲。事实上，说服他人时，用语的感情色彩不一样，说服的效果就会截然不同。在谈判中，维护对方的面子与自尊是一个极其敏感而又重要的问题。

许多专家指出，在洽商中，如果一方感到失了面子，即使是最好的交易，也会留下不良后果。当一个人的自尊受到威胁时，他就会全力保护自己，对外界充满敌意，有的人反击，有的人回避，有的人则会变得十分冷淡。这时，要想与之沟通交往，就会变得十分困难。

拓展游戏

从A到K

游戏规则：四个人一组，每人一张卡片，卡片一面是A，另一面是K，每个人可以选择自己出哪一面。总共玩十局。第五、第七、第九局可以商量出牌，其余局不能商量。最后统计大家的得分。

计分规则如下。

出现四个A时，每人输掉一分。

出现三个A一个K时，出A的每人赢一分，出K的每人输三分。

出现两个A两个K时，出A的每人赢一分，出K的每人输两分。

出现一个A三个K时，出A的每人赢三分，出K的每人输一分。

出现四个K时，每人都赢一分。

第四节　跨文化谈判

虽然前面阐述的谈判基本要点一般可以在多数情形下使用，但跨越国度的跨文化谈判却有其独特的挑战。下面从跨文化谈判的风格差异、文化差异、语言差异和非语言差异以及跨文化谈判双赢策略等方面分别进行阐述。

一、跨文化谈判的风格差异

在现实中，文化的差异多种多样。国家与国家之间、文化与文化之间的不同，越来越多地体现在谈判活动中。研究表明，阿拉伯人普遍注重情感，注重人与人之间的长期关系，在谈判时出手比较夸张，要价高，但愿意让步，而且视谈判让步为必要。相反，俄罗斯人比较死板，一切从理念出发，而不是从实际谈判情势出发，不仅要价高，而且不肯让步，视让步为懦弱，同时又对合同的期限不加理会。而北美人又与阿拉伯人和俄罗斯人都不同，他们讲求理性和逻辑，只要有道理就愿意改变自己的立场，比较灵活，但不为情所动；愿意建立短暂的商务关系，但不愿建立长久的个人关系，同时视期限为不可更改的承诺，必须遵守。

试想，如果一个北美商人与一个阿拉伯商人谈生意，彼此都从自己的风格出发，用自己认为最有效的方法去说服对方，会有什么样的结果。北美商人的逻辑很难打动阿拉伯商人，而阿拉伯商人的"以情动人"也无法打动北美商人，最后的结果只能是谁也不买谁的账，而且彼此会觉得对方荒唐，建立不起信任，更达不成交易。

实际上在具体谈判中，每个个体都是具有其不同的个体特征的，而且随着世界各国交往的不断加深，各国的风格差异也在减小。

案例阅读与思考

两次不一样的沟通

1975 年，美国前总统福特访问日本，美国哥伦比亚广播公司（Columbia Broadcasting System，CBS）受命向美国转播福特在日本的一切活动。在福特访日前两周，CBS 谈判人员飞抵东京就租用器材、人员、保密系统及电传问题进行谈判。美方代表是一位年轻人，雄心勃勃，提出了许多过高的要求，并且直言不讳地表述了自己的意见，而日方代表则沉默寡言。第一轮谈判结束时，双方未达成任何协议。两天后，CBS 一位要员飞抵东京，他首先以个人名义就本公司年轻职员的冒犯行为向日方表示歉意，接着就福特访日一事询问日方能提供哪些帮助。日方转变了态度并表示支持，双方迅速达成了协议。

思考与讨论：
为什么第一位美方代表的谈判没有取得成功，而第二位要员很快就和日方达成了协议？

二、跨文化谈判的文化差异

除了谈判风格之外，谈判的过程、谈判者如何做决策、谈判者的价值观和行为也有很大的文化差异。

视野拓展

聪明的船长

有下面这样一个流传很广的故事：

一群商人在一条船上谈生意，船在中途出了故障，只有跳水才能逃命。船长命令大副通知这些商人穿上救生衣，从甲板上跳下去。可是，谁也不愿意跳下去。船长经验丰富，并对各个国家的文化特点了如指掌。于是，他转过身来对一名英国商人说："跳水是一种体育运动。"因为英国人一向喜爱体育运动，英国商人听罢，纵身跳入水中。接着，他对法国商人说："跳水是一种时髦，你没看见英国人已经跳下去了吗？"法国人爱赶时髦，也随之跳进水中。然后，船长面对德国商人，表情非常严肃，"我是船长，现在你必须跳水，这是命令！"德国人一向遵守纪律，服从了船长的命令，也跳进水中。于是，船长走到一向具有逆反心理的意大利人面前，大声地说："乘坐别的船遇险可以跳水，但今天你乘坐的是我的船，我不允许你跳水！"对于意大利人来说，不让他跳，他非跳不可，于是意大利人也纵身跳进水中。现在只剩下一个美国人和一个中国人了。只见船长对美国商人说："我这只船办了人寿保险，跳吗？你不会吃亏！"美国人一向非常现实，听罢也跳进水中。最后，船长转向中国商人说："先生，你家里不是有一位 80 岁的老母亲吗？你不逃命，对得起她老人家吗？"中国商人听罢也跳进了水中。这样，船长依据不同国家的人们所具有的文化特性，让所有的人都按他的意图做了。

尽管这是一则幽默故事，但它从某种程度上反映出各个国家的文化特性和存在的文化差异。

船长对各国商人"投其所好"的成功"劝说"，是各个国家文化差异的客观反映。文化差异对东西方人的思想、观念、行为习惯产生了较大的影响。

前面讨论了许多重要的跨文化维度，不同文化在这些维度上的不同表现方式，是直接影响相应文化背景下的谈判者的谈判行为的因素，皮埃尔·卡塞（Pierre Casse，1982）在他的《跨文化经理培训》一书中描述了日本人、北美人和拉丁美洲人在谈判过程中表现出的文化差异。

这三个地区的人在以下几个维度上表现出不同。

第一个维度是情绪的表露，也就是皮埃尔提出的中性—情绪维度。日本人含而不露，拉美人热情奔放，北美人则处在这两者之间。他们谈判时的表现是：日本人掩盖情绪，同时对他人的情绪异常敏感；拉美人充分表达情绪，同时对他人的情绪敏感；相反，北美人不觉得情绪是谈判的一个重要部分，倾向于忽略情绪这个因素。

第二个维度是个体主义—集体主义维度，就是指决策是由一个人作出的还是集体作出的，决策的最终受益者是个人还是集体。显然，日本文化和拉美文化都强调集体主义，但日本文化对个体与集体有清楚的区分，而拉美文化则倾向于把个体和集体混为一谈，北美文化则强调个体主义。

第三个维度是特定关系—散漫关系维度。在这一点上，日本人与拉美人有相似之处，都偏向于散漫关系、讲面子；而北美人则相反，只讲理性，不讲面子。

第四个维度是普遍主义—特殊主义维度。北美人讲求恪守法律规范，不受特殊利益群体的影响；而日本人和拉美人都认为受特殊利益群体影响是可以接受的。格雷厄姆（Graham）和拉姆（Lam）曾经比较过美国人与中国人在谈判过程中的差异，指出中国人在谈判时潜在的八大原则为：利用人际关系、使用中间人、注重社会地位、追求人际和谐、讲究整体观念、节俭、顾及面子以及吃苦耐劳。中美谈判者在具体的谈判表现上有四个方面的不同：一是谈判前的准备不同；二是信息交换的方式不同；三是说服对方的方法不同；四是合同的目标不同。中美谈判者在谈判中的主要差异如表 11.3 所示。

三、跨文化谈判的语言差异

谈判的过程是双方沟通的过程，是信息交流的过程。不同文化背景中的人在最主要的沟通方式，即语言沟通方面，也存在较大差异。

路易斯曾经观察总结了在会议开始的半小时内，不同国家的人沟通的内容有什么不同。他发现德国人、美国人和芬兰人大概只花 2 分钟时间在彼此介绍上，然后就入座讨论正题。但是在英国和法国，这样做会被认为粗鲁无礼。他

表 11.3　中美谈判者在谈判中的主要差异

	美国人	中国人
谈判前的准备	快速会议 随意 直接给陌生人打电话	冗长的熟识过程 正式 通过中间人介绍
信息交换的方式	谈判者有较高的权威 直截了当 先陈述提案	谈判者只有有限的权威 拐弯抹角 先给出解释
说服对方的方法	用进攻的方式 缺乏耐心	用提问的方式 耐心持久（吃苦耐劳）
合同的目标	达成互利的交易	建立长期的关系

们会花 10～30 分钟的时间寒暄问候，英国人尤其不愿意开口说出进入正题的话。在日本，大家一般花 15～20 分钟的时间介绍彼此，互问冷暖，直到一位年长者突然发话宣布会议开始，然后大家就都低头准备开始。西班牙人和意大利人一般会花 30 分钟左右互问冷暖，谈足球，谈家里的事，一边谈一边等待姗姗来迟的参会者，人到齐后再开始会议。

四、跨文化谈判的非语言差异

调查统计表明，口头沟通占谈判过程的 80%～90%，但这些通过语言传达的意义恐怕还不及整个谈判过程传达的意义的 20%，其他的意义都是通过非语言的方式传递的。在不同的文化背景下，非语言沟通的方式和偏好也有所不同。

1. 谈判的场所与布置

谈判场所本身具有正面或负面的效应，且主方比客方更有优势，因为环境在其掌控之下，客方就没有这种掌控力。主方可以决定在哪个城市、哪座办公楼中进行会谈，如果谈判地点是在主方办公楼的会议室里，那么主方就会感到非常熟悉，而且很多资源可供利用。但对客方而言却不是这样，他们必须试图习惯一个陌生的环境，这就分散了他们对谈判目标的注意力。如果他们待得更久，则他们还可能要经历更严重的文化冲击。

在谈判场所的布置上各国也有不同的喜好。例如，美国人在谈判时喜欢坐在桌子对面以便保持与对方的目光接触；而日本人在谈判时则喜欢与对方坐在一边，注视白墙或地面，说话时眼睛也不直视对方。

座位与座位之间的空间距离也因文化背景的不同而异。东方人、北欧人、德国人一般认为人与人之间合适的空间距离在 1.2 米左右，但墨西哥人、南美人、阿拉伯人却认为 0.5 米左右是合适的距离。

在涉外谈判时我们应按照国际通行的惯例来做。否则，哪怕是一个细微的疏忽，也可能会导致功亏一篑、前功尽弃。

张先生是市场营销专业的本科毕业生，就职于某大公司销售部，工作积极努力，成绩显著，工作三年后升任了销售部经理。一次，公司要与美国某跨国公司就开发新产品问题进行谈判，公司将

接待安排的重任交给张先生，张先生为此也做了大量的、细致的准备工作，经过几轮艰苦的谈判，双方终于达成协议。可就在正式签约的时候，美方代表团一进入签字厅就拂袖而去，项目告吹，张先生也因此被调离岗位。

原来在布置签字厅时，张先生错将美国国旗放在签字桌的左侧。中国传统的礼宾位次是以左为上，以右为下，而国际惯例的座次位序是以右为上，以左为下。

2. 着装与态度

美国人比较随意，经常直呼对方姓名，有时谈着谈着就会脱去西装，松开领带，有的人还喜欢嚼口香糖，跷二郎腿，甚至有的人还会把鞋底对着对方。但其他国家的人并不能完全接受这种随意的行为。日本人喜欢正式，德国人不愿意对方对他们直呼其名，法国人不习惯对方把西装脱去，泰国人认为将鞋底对着对方是一种侮辱。

3. 沉默

倾听在谈判过程中的重要性不容忽视。日本人和芬兰人非常善于倾听。中国有句古话，"知者不语，语者不知"，这一点完全被日本人和芬兰人认同。在日本和芬兰，沉默是社交过程中不可或缺的一部分。在他们看来沉默意味着你在认真倾听和学习。事实上，大多数人会认同沉默能帮助我们保护隐私，也是对他人的尊重。

美国人的"大声思维"，法国人的"舞台表演"，意大利人的"推心置腹"，这些用来取得对方欢心和信心的方法，常常给日本人和芬兰人带来恐惧。因为在这两个国家，说出的话就是泼出的水，不仅收不回来，而且应该像承诺一样严格遵守。

微视频
印度小伙示范印度人说话时摇头的不同方式和含义

4. 肢体语言

肢体语言是人类早期沟通的主要工具。后来由于口头语言的发展，人们依赖肢体语言沟通的程度逐步降低，但是无论口头语言如何发达和精确，人类的许多深层情绪似乎还得依赖肢体语言来表达，但在这方面有相当大的文化差异。

意大利人、南美人、多数拉美人、非洲人和中东人就比日本人、中国人和芬兰人更常使用肢体语言来传递信息。意大利人在培训谈判人员时，总是让他们关注对方的坐姿：如果对方身体向前倾，那就说明他有兴趣或诚意；如果对方向后靠，就说明他不感兴趣，或者有自信让局面向他们想要的方向发展。交叉的双臂或双腿显露出了对方的警惕和防卫，在这种情况下我们努力尝试缓和气氛、使其放松是不错的选择。如果发现对方在无意地敲击桌子，或脚在无意抖动，不妨让他们说话。在快要结束谈判时，应该坐得离对方近一些，这些主动示好的行为常会使谈判的结果对己方更有利。

五、跨文化谈判的双赢策略

既然文化差异渗透于谈判的各个方面，那么如何才能取得跨文化谈判的成功呢？目前，学者普遍认为成功的跨文化谈判取决于三个因素：谈判者的个体特征、谈判的场所、谈判的策略和技巧。

视野拓展

许多有谈判经验的组织，往往在比较重要的谈判前都要进行模拟谈判，组织人员扮演谈判对手，让扮演者尽情"挑刺""刁难"，以找出在一般情况下难以发现的问题。

（一）谈判者的个体特征

皮埃尔（1982）详细描述了不同国家成功谈判者的特征。印度的谈判者谦逊、耐心、尊重对方，同时愿意作出让步。而美国的谈判者则强调"立场坚定"。阿拉伯人与其他国家的谈判者都不同的地方是，他们更像中间协调人，而不像普通意义上的谈判一方的成员，因此他们一般不可能与对方发生直接冲突。成功的瑞典谈判者小心谨慎，善用事实和细节；而意大利谈判者恰恰相反，他们表情丰富，但远不如瑞典人来得直截了当。

格拉厄姆（1983）在研究美国、日本和巴西的谈判者时发现这些地方的成功谈判者具有的个体特征不尽相同。表 11.4 给出了这些地方的谈判者的文化差异。

了解了不同文化背景下对成功谈判者特点的要求，谈判者就可以突出自己在某方面的特点以取得谈判的成功。索尼公司的创立者莫里塔（Morita）先生曾经说，自己在美国与美国人谈生意的时候就变成了一个"美国人"，而回到日本又变回了"日本人"，意思就是要调整自己的行为和特点以适应文化环境的特征，以取得谈判的成功。

表 11.4　美国、日本、巴西谈判者的文化差异

美国谈判者具备的特点或能力	日本谈判者具备的特点或能力	巴西谈判者具备的特点或能力
准备和计划能力	对工作的献身精神	准备和计划能力
在压力下思考的能力	感知和利用权力的能力	在压力下思考的能力
判断能力和智慧	赢得尊敬和信心	判断能力和智慧
口头表达能力	正直可信	口头表达能力
产品知识	良好的倾听能力	产品知识
感知和利用权力的能力	视野广阔	感知和利用权力的能力
正直可靠	口头表达能力	有竞争能力

案例阅读与思考

弄巧成拙

一位英国商人在伊朗谈判，一个月来事事顺利，同伊朗同事建立了良好的关系。他在谈判中尊重伊斯兰文化，感觉自己成功地避免了任何有潜在危险的政治闲谈。最后，这位英国商人兴高采烈地和对方签订了合同。他签完字后，对着他的伊朗同事竖起了大拇指。几乎是立刻，空气变得紧张，一位伊朗官员离开了房间。这位英国商人摸不着头脑，不知道发生了什么，他的伊朗同事也觉得很尴尬，不知如何向他解释。

思考与讨论：

（1）你认为问题可能出在哪里？（2）查阅相关资料，看看你的猜测是否正确。

（二）谈判的场所

前文已经谈到，谈判的场所对谈判双方都有很大的影响。谈判场所本身具有正面或负面的效应，是在自己公司、对方公司还是第三方地点进行谈判，谈判的会场如何布置、座位如何安排等都有重要的意义。

谈判者之间保持合适的距离非常重要。前面说到，东方人、北欧人、德国人一般认为人与人之间合适的空间距离在 1.2 米左右，但墨西哥人、南美人、阿拉伯人却认为 0.5 米左右是合适的距离。如果与一个墨西哥人保持 1.2 米的距离谈生意，墨西哥人会觉得需要大叫才能让对方听到。

（三）谈判的策略和技巧

前面我们已经讨论了许多有助于谈判取得成功的技巧。这些技巧原则上都可以使用，只是

商务沟通——策略、方法与案例

到了跨文化的情境中其内涵便有了扩展，表现形式有了变化。阿德勒（Adler，2002）曾经在合作式谈判的基础上提出了"协作谈判"的概念，作为跨文化谈判者应该遵循的谈判技巧，其包含以下五个要点。

（1）做好充分的准备。在谈判准备阶段，主要是研究谈判对手的各个方面，包括可能的立场、根本利益、谈判协议最佳替代方案等。因为文化背景的不同，为跨国谈判所做的准备工作要多很多，而且很多时候不一定能确保所做的研究可靠。有许多例子表明，对文化的深刻理解不是一朝一夕就可以达到的，需要长期的努力。如果有相应文化背景的人相助，往往可以达到事半功倍的效果。

在这一点上，美国福特汽车公司曾在我国得到过惨痛的教训。由于它事前对我国文化没有充分了解，所以合资公司长安福特在成立之初出现大量跨文化冲突，组织效率低下、全球战略的实施受到影响，失去了最佳市场发展机会。若非如此，今天在我国道路上行驶的大量汽车可能就是福特汽车，而不是其他汽车公司的汽车了。

（2）建立良好的关系。建立关系包括两个部分：先处理与人有关的问题，再处理与谈判事项有关的问题。当与来自不同文化背景的人建立关系时，除了要了解对方处事方式的表面特征之外，还一定得探究背后的原因，了解对方深层次的价值观和信念，搞清楚为什么相应文化背景下的人会把一些己方认为不重要的事情看得那么重要。

美国人常常重事不重人，不愿意在与人建立关系上"浪费时间"；而中国人又常常重人不重事，往往会花很多时间来了解对方派来的谈判代表，结果可能此人没几个月就离开了，只能重新花时间了解新来的谈判代表。只有来自"关系"文化和来自"任务"文化的谈判双方方能适当调整自己的价值取向，认识到"人"和"物"都是谈判取得成功不可或缺的方面，才有可能真正建立良好的关系，使谈判顺利进行。

（3）充分交流信息。谈判过程中有相当一部分的时间是花在信息交流上的。通常人们会关注与谈判议题直接相关的信息，如产品的款式、用料、价格、送货时间、服务的范围、性质、质量等信息。在这些与"物"有关的信息交流过程中，虽然讨论的都是客观的东西，但由于谈判双方沟通方式上的文化差异，也免不了出现一些误解，双方必须事先对另一方的沟通方式仔细研究才行。

例如，美国人比较直截了当，想了解什么方面的信息会直说，不会遮遮掩掩；但日本人就不会直接告知对方自己需要了解什么信息，而是会通过不断问问题的方式来了解信息。此外，西方人的思维偏于线性，喜欢一个议题接着一个议题讨论，不回头；而东方人偏于非线性思维，讨论到后面的问题时还会不断回过头去讨论前面讨论过的问题，然后不断调整在各项议题上的立场。所以，分享信息的时候一定要时刻牢记双方沟通习惯的差异，从而想办法填补沟通的鸿沟。

另外，很重要的一点是对"人"的信息的交流分享。要与对方建立良好的关系，光靠对"物"的信息交流是无法做到的。花时间了解对方每个谈判人员在谈判中的角色、在公司里的职位，他们的教育背景、个人特长、生活背景、家庭情况、个人爱好等，对建立良好的关系至关重要。了解了每个参与谈判的人员的个人特征，就更易理解他们的沟通方式，并了解他们的立场背后的根本利益所在，从而更容易从满足对方的根本利益出发去寻找解决方案。

有一次，一家美国公司与一家中国公司进行谈判，各项事宜都谈得差不多了，仅在价格上有一点分歧。中方经理对美方经理说，他已经对自己的员工和领导许诺他肯定能把价格谈下来，如果不成功，他就会不好交代。美方了解到原来价格只是立场，而面子才是利害所在，就想出了一个不让中方经理丢面子的方法，他们保持价格不变，但同意让中方的10名技术员去美国培训一个月，于是双方皆大欢喜。因此，谈判双方信息交流越充分，达成协议的可能性就越大。

（4）创造双赢方案。在建立良好关系、充分交流信息的前提下，提出与双方文化习俗相适应的解决方案往往是水到渠成的事情。事实上，由于文化价值观的不同，己方看重的东西可能恰恰是对方不太重视的东西，而于对方而言很有价值的东西也可能正是己方觉得价值不大的东西。文化价值观的不同在跨国谈判上有时反而会对达成协议有利，它使谈判者更容易找到同时满足双方利益的解决方案。

当然，情况并不完全如此简单，有时候文化差异导致的冲突也会使双方都陷入困境。

美国人非常看重"最后期限"，希望在合同上写明具体的交货时间和地点。但日本人很不愿意这样做，总是想留一点余地以免发生意外。这样双方就有了冲突。怎么办呢？在这里首先得分析一下为什么。

美国人愿意写上具体的交货日期，因为他们是按时间表做事的，没有了具体的时间就像没有了指南针一样，会迷失方向，会不知所措。而有了具体的时间和地点，就有了明确的目标，虽然有可能到了那一天无法按时交货，但没有关系，可以到那时告诉对方具体情况，再考虑把最后期限延后几天。

但对日本人来说，信守承诺是事关个人品质的事。如果写上了具体时间和地点，到那个时间交不出货，那就是打自己的嘴巴，失信于人，从此不得人心。所以如果有不确定性存在，他们就不太愿意把具体日期和地点写进合同。经过反复讨论，最后双方认为给一段"时间区间"是比较理想的解决方案。这样对美国人来说有了时间的参照，对日本人来说也有了时间的灵活性，符合双方的文化特点。

（5）促进达成协议。谈判的最后阶段是达成协议。对大部分美国人来说，合同签了事情就完成了，不用再操心，以后一切照着合同做就行了。但对很多亚洲人（如日本人、中国人、韩国人、马来西亚人）来说，签合同只是一切的开始，在项目进展过程中，还会不断出现需要再协商谈判、修正合同之类的事情。也就是说，不同文化背景的人对合同的看法不尽相同。美国人倾向于将合同看成法律文件，一字一句都不可更改；而亚洲人往往只把合同看成一纸协议书，有很多随着情况的变化可以修改的空间。因此，谈判双方必须对最后签订的合同达成共识，这样才不会导致合同执行过程中出现种种问题。

此外，因为是跨国谈判，最后的合同一定得有两种语言的版本。假如是中美两家企业的谈判，就应该有中文和英文两个版本的合同。为了保证两个版本的合同内容完全一致，通常遵循的程序是"翻译—再翻译"。如果合同一开始是英文版的，就需要一名精通中文和英文的人将英文翻译成中文，然后再让另一名精通中文和英文的人把翻译成的中文重新翻译成英文，最后比较翻译版英文合同与原来的英文合同有无出入。如果有，就说明中文的翻译不准确，需要修正。如果没有，那么就说明中文的译文准确地反映了原来英文的意思。这个过程一定不能缺少，否则，翻译带来的误差可能会导致双方关系的破裂和最终生意的失败。

知识巩固与技能训练

一、思考与讨论

1. 什么是谈判？

2. 按照谈判双方的输赢导向不同，谈判通常可分为两种类型。请简述谈判的这两种类型。

3. 请简述商务谈判中你觉得最有效果的五种谈判策略。

4. 谈判中"答复"对方时应把握哪些要点？

5. 跨文化商务谈判要注意哪几个方面的问题？

二、活动与演练

和你的同伴分享一个成功的谈判案例（可以是电影里的，也可以是你实际碰到过的），仔细描述其过程，分析其成功的原因。

本章选择题

三、案例分析

巴西一家公司到美国去采购成套设备。巴西谈判小组成员因为上街购物耽误了时间。当他们到达谈判地点时，比预定时间晚了 45 分钟。美方代表对此极为不满，花了很长时间来指责巴西代表不遵守时间，没有信用，如果一直这样下去，以后很多工作难以合作，浪费时间就是浪费资源、浪费金钱。对此巴西代表感到理亏，只好不停地向美方代表道歉。谈判开始以后，美方代表似乎还对巴西代表来迟一事耿耿于怀，一时间弄得巴西代表手足无措，说话处处被动，无心与美方代表讨价还价，对美方提出的许多要求也没有静下心来认真考虑，匆匆忙忙就签订了合同。等到合同签订以后，巴西代表冷静下来，头脑不再发热时才发现自己吃了大亏，上了美方的当，但为时已晚。

问题与分析：

（1）上述谈判中，美方运用了哪种谈判策略？（2）巴西公司谈判人员应如何扭转不利的谈判局面？（3）如果你是巴西方的谈判代表，你会怎么谈？

第十二章

冲突沟通

12 Chapter

学习目标

知晓冲突的定义与处理决冲突的意义，了解组织中冲突的来源；清楚对待组织冲突的三种观点，熟悉冲突沟通的风格；掌握冲突沟通的策略和技巧。

> **导入案例**
>
> 一家茶店内，一位顾客对服务员高声喊道："小姐，你们的牛奶是坏的，把我的一杯红茶都糟蹋了！"大家都转身看这个服务员。服务员柔声道歉："真对不起，我马上给您换一杯。"
>
> 过了一会儿，新红茶换好了，碟边还是跟前一杯一样放着新鲜的柠檬和牛乳。服务员轻轻走到顾客跟前，轻声说："先生，我建议您，在放柠檬的同时不要加牛奶，因为柠檬酸会造成牛奶结块。"这时候顾客的脸"腾"地红了，匆匆喝完茶，走了。
>
> 邻桌顾客笑问服务员："明明是他'土'，你为什么不直说呢？他那么粗鲁地叫你，你不还他一点颜色？"
>
> "正因为他粗鲁，所以要用婉转的方法来对待，正因为道理一说就明白，所以用不着大声！"服务员说，"理不直的人，常用气壮来压人；理直的人，则用和气来交朋友！"
>
> **思考与讨论：**
> 服务员这种处理冲突的方法，你觉得怎么样？请你想象换一种处理方式的结果。

第一节　冲突概述

一、冲突的定义

有关冲突的定义，学术界一直存在分歧。大多数专家认为，尽管对立、不和谐以及交互作用是冲突的重要组成部分，但关键是对冲突的感知。换言之，如果没有人感觉到冲突，那么冲突就不存在。

由此，我们可以把冲突定义为：冲突是一个过程，这种过程肇始于一方感受到另一方对自己关心的事情产生消极影响或将要产生消极影响。美国北卡罗来纳州格里斯博罗的 HR Alliance（人力资源联盟）咨询公司的埃里克·范·斯莱克（Erik Van Slyke）认为"实际上，冲突是任何时候阻碍我们前进的意见分歧。"他认为那些未加制止的微不足道的小事会迅速从工作中的冲突演变为个性冲突，从这个意义上讲，从生产率、工作关系到股票价格，每一件事情都可能

微视频
冲突沟通

会产生冲突。

二、冲突的类型

依据冲突对组织的不同作用来分类，冲突可以分为建设性冲突和破坏性冲突两种。

建设性冲突表现为：双方对实现共同目标的关心；乐于了解对方的观点和意见；以争论问题为中心，输赢为其次；双方时常友好交换相关信息。破坏性冲突表现为：不愿意听取对方的观点或意见；双方由意见或观点的争论转变为人身攻击；双方对赢得观点的胜利最为关心；双方很少或不能友好地交换相关信息。当然，建设性冲突与破坏性冲突并非泾渭分明，有时破坏性冲突也可能会表现为建设性冲突，即借争论方案来掩盖利益之争。

管理者应在企业中大力倡导建设性冲突，引入良性冲突机制，对那些敢于向现状挑战、提出新观点甚至只是提出不同看法和进行独立思考的个体给予大力奖励，如晋升、加薪或采用其他奖励手段。

良性冲突在美国通用电气公司新建立的价值观中相当受重视，该公司经常安排员工与公司高层领导进行对话，韦尔奇本人也经常参加这样的面对面沟通，与员工进行辩论。通过真诚的沟通直接激发高层与员工的良性冲突，从而为改进企业的管理提供决策依据。

在运用沟通激发冲突时要特别注意运用非正式沟通来激发良性冲突。

日本著名企业家、索尼公司创始人之一，前总裁，被誉为"经营之圣"的盛田昭夫就是在与员工的非正式沟通中激发良性冲突的。如在一次与中下级主管共进晚餐时，盛田昭夫发现一位小伙子心神不宁，于是鼓励他说出心中的话来。几杯酒下肚后，小伙子诉说了人力资源管理中存在的诸多问题，盛田昭夫听后马上在企业内部进行了相应的改革，使企业的人力资源管理步入了良性轨道。

三、组织中冲突的来源

组织中的冲突可能来源于任何问题或因素，总体上可以归纳为以下五个方面的问题。

1. 有限的资源

无论组织大小，都可能遇到资源稀缺或减少等问题。其中可能涉及管理层的责任、对其他员工的监管、办公室或仓库的大小、预算、工具和设备、培训，以及员工与上司见面的机会等。当一个人感知到另外一个人拥有某种优势时，无论公平与否，冲突就有可能因此而产生。产生冲突的原因可以简单到仅仅是某员工使用的复印机更好，或者复杂到由谁会负责公司的新产品开发。

2. 价值观、目标和优先权

冲突经常产生于特长、培训及信仰的差异。美国宾夕法尼亚州沃顿商学院的卡伦·A.耶恩（Karen A. Jehn）在一篇实证文章中阐述道："如果人们拥有共同的价值观，他们之间就不太容易发生冲突，无论任务或工作条件情况如何。"

3. 责任的界定不清

冲突可能产生于正式的职位描述与非正式的工作期望之间的差异。工作条例上说的是一回事，而实际工作中要求的又是另一回事。很多时候，工作设计问题源于对从工作进度、薪酬福利到绩效考核体系等方面错误的界定、模棱两可或不准确的描述。

4. 变化

在组织中维持不变的只有变化本身。年度预算、优先顺序、权力等级、责任限制、重组、合并、资产剥离及解聘等方面的变化都会导致组织成员产生焦虑和冲突。

5. 对成功的人为驱动

冲突也可能是目标导向型组织中的副产品。实际上，任何组织，包括非营利组织，都会通过雇用许多为报酬而竞争的人以在组织中营造一种竞争的氛围。竞争者报酬之间的差距越大，冲突产生的可能性就越大。例如在一家房地产企业中，如果销售绩效与工资挂钩，那么员工争抢客户的行为往往会加剧员工之间的冲突。

🎲 拓展游戏

需要裁判 1 人，解说人 1 人。说明如下。

如有 20 人，则分为 4 组，每组 5 人，每组选 1 人做探险者，另外 4 人做援助者。4 组中的探险者站成一排，而每组的援助者正对本组的探险者，距离不同站成一列。

游戏开始，解说人说："探险者开始了他们艰辛的旅程，他们走到沙漠了，天气非常炎热，需要水！"各组援助者必须以最快速度跑过去将水送到探险者手中，由裁判统计分数，最快送到的记 4 分，往下依次记 3 分、2 分、1 分，最后分数高的组获胜。游戏继续，解说人可以临场指挥探险者到某个地方拿需要的东西。

四、处理冲突的意义

妥善地处理冲突，对个人和组织都是大有益处的。

1. 对个人的意义

（1）可增强人际关系。通过开诚布公地表达自己的想法，你可以收获更紧密的人际关系。

（2）可增强自我尊重感。你会变得自我感觉良好且不再为小事斤斤计较。衡量专业人员的一个关键因素就是他能否接受反馈以及能否以专业的方式而非个人的方式处理批评意见。批评可能不是针对某个人的，而是针对组织、针对手头的任务及针对某位下属工作的。

（3）有利于个人发展。当个人偏见不再是障碍，并且你能够从容不迫地对待偏见时，你就能不断地学到新东西并得到他人的支持。而且，一旦组织中的其他人逐渐认识到他们可以信赖你时，团队成员之间就会更加团结，成功就更加有可能。

2. 对组织的意义

专业地处理冲突不但对个人有利，对组织也大有好处。

（1）有利于提升效率和效果。与其让员工浪费时间纠结于工作场所的冲突，还不如让他们专注于工作。把员工的努力导向他们更易出成绩的领域，他们就能更加有成效地完成工作，从而达到更高的生产效率。

（2）有利于创造性思维。通过鼓励员工从错误中分享和学习经验，组织可以收获由创造性思维及空前的学习氛围所带来的益处。通过对冲突的早发现、早处理，管理者能够有效降低工作场所的不和谐。对于任何有跳槽念头的员工而言，他们考虑的一个主要方面是他们的工作从长期来看能否受到管理层的赏识和认可。如果让员工了解到公司并不是"抓住错误不放"，那么就会减轻员工对于犯错误的恐惧感，并使员工更有信心尝试新想法和新的思维方式。

（3）有利于增强团队精神。通过互相帮助，管理者及其下属能够精诚为顾客和客户服务。我们经常会听到"顾客至上"的说法。而在许多亚洲国家，管理者开始意识到"员工至上"。通过关心员工，发扬员工的团队精神和培养员工的组织忠诚度，员工就会以服务好顾客来回报组织。

案例阅读与思考

A是大三学生，她来心理咨询处表示最近三周根本不想待在寝室，感觉自己与人相处很失败，现在就连和同学交往都有些害怕了。她感到焦虑、郁闷、苦恼，感觉"大家都挺虚伪的，一回到寝室，就胸口发闷"。她自述："寝室里最讨厌的就是那个所谓本地的女孩子，老是和我针锋相对。上周一晚上熄灯后，我用台灯在看书，她觉得影响了她，她就说早点睡觉，明天还要上课呢！我就关了灯。第二天早上她起来得特别早，我想她肯定是在报复我，我就说让她小声点儿，她就很生气地和我吵了起来。还有一件事就是班上的同学竞争入党，我得到了入党的机会。一天我回寝室发现她们几个在聊天，听到她们好像说什么就会讨好老师，拍马屁什么的，我一听就知道在说我，从那天以后她们几个关系变得更好了，我心里特别不舒服，我和室友的关系很糟糕，已经到了孤立无援的地步。"

思考与讨论：

（1）作为一名普通的大学生，你认为应该如何看待同学之间的冲突？（2）你认为处理好同学之间的矛盾冲突有什么意义？

第二节　组织中看待冲突的观点

如何看待组织中的冲突，主要有以下三种观点。

一、传统的观点

传统的观点假设所有的冲突都是不利的，组织中的冲突被认为是消极的，并经常被等同于暴力、破坏及非理性等贬义词，从而强化了冲突的负面形象。冲突被认为是不善沟通的管理层与员工之间缺乏透明度和信任，以及管理者未能对员工的需求做出反应的结果。自然，好的管理者会尽其所能避免冲突，而一个没有冲突的组织才是理想的组织，其中员工是快乐的，他们的工作也才是最高效的。

二、人际关系的观点

流行于20世纪40年代至20世界70年代的人际关系观点认为，冲突是所有组织中自然而然的现象。因为冲突是不可避免的，所以研究产业及劳工的心理学家认为冲突是可以被接受的。他们合理阐明了冲突的存在，冲突不能被完全消除，它甚至可能是有益的。我们应该正视组织中的冲突，因为它在任何组织中都是存在的。

三、交互的观点

交互的观点最初出现在20世纪80~90年代的社会科学文献中，其视角比之前的观点更为激进。这种交互的观点实际上鼓励冲突，并且认为表面上看似风平浪静的组织，其成员和平共处且表现出合作态度，但他们往往思想僵化，无益于组织的变革和创新。该观点强调，没有一定程度的冲突，组织就无法进行变革，无法适应瞬息万变的市场，并且无法在严峻的市场环境中生存下来。

理论上，不断出现的、适当的冲突有利于激发创造力的观点听上去不错，但实际上是这样吗？为了获得一些新的创举以赢得市场份额而让人们反目是一个好主意吗？商业记者迈克尔·沃肖（Michael Warshaw）说："千万不要低估一个好主意的力量，大多数公司的大多数人都想做正确的事情，要给他们机会，他们就会作出积极的贡献。员工为了在其从事项目或供职的组织留下他们的印记，会非常努力地工作。"但是，他认为"大多数新思想拥有者并没有权力命令人们参与其项目"。往往是由于资源稀缺、价值观分歧以及同事对公司透明化的要求，才最终导致了冲突。然而，只要适当控制，有些冲突对企业可能是有利的。关键的问题在于为什么会产生冲突以及如何管理冲突，也就是进行冲突沟通。

第三节　冲突沟通的风格

人们对于冲突的处理方式见仁见智。有些人积极、乐观地看待争吵，也有些人则不遗余力地避免正面冲突。对待冲突的不同态度恰恰反映了人们对冲突、对组织文化以及对个性的不同看法。人们通常会把冲突沟通方式称为冲突管理。下面来介绍不同风格的冲突沟通方式。

微视频
冲突沟通的风格

一、西方冲突沟通的风格

图 12.1 揭示了肯尼思·托马斯（Kenneth Thomas）关于冲突管理的观点。他通过两个维度对冲突进行了区分：合作性（cooperativeness）和武断性（assertiveness）。托马斯把合作性定义为个体尝试满足他人需求的程度，把武断性定义为个体尝试满足自身需求的程度。将合作性沿着横轴由低到高排列，将武断性沿着纵轴由低到高排列，以此作为坐标系的两个维度从而可以看出管理者应对冲突的风格。托马斯所称的"冲突处理倾向"包括竞争、协作、回避、包容和折中。

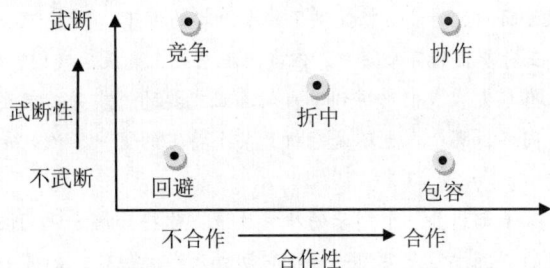

图 12.1　冲突管理的五种风格

（一）竞争

竞争风格既武断又不合作。那些为满足自己的利益而牺牲他人利益者被认为具有竞争性。这种风格在与同行争夺市场份额时很有效，但在组织内部使用就会起反作用。内部竞争经常会

产生非常大的效果，但是它通常不会促进团队合作或团队成员的合作行为。竞争在西方文化中得以很好被理解，它包括追求某种地位，并经常与权力的使用及威胁力相关。竞争是激励也是动力。我们从小就被教导要保持竞争力，因为在学校里，不管是学习还是运动都是存在竞争的，而工作之后无论在哪个行业也都是充满竞争的。当大家有了追求更高的地位的能量和意愿，竞争就是一个合适的方式。

从图 12.1 中可以看出，竞争代表着坚持己见。竞争风格对关系的在意度较低。在比赛中，我们对自己目标的追求往往意味着别人同样的目标无法实现。竞争需要资源，并且随着时间的推移，竞争者的权力可能会受到减损。竞争者们可能会发现他们之间的关系也会变得紧张。

有人把竞争对手比作鲨鱼，而谁愿意和鲨鱼一起游泳呢？

一个常见的例子是，夫妻中的一方若是在一个竞争激烈的行业做得非常成功的话，其在家中也仍会保持竞争风格。这可能会使夫妻关系变得紧张。

高度竞争的状态可传递一个信息，那就是把竞争带到某种关系中的人对这种关系并不重视。如果关系不被重视，它可能就会破裂。就像一直处在这种关系中的一个人说的那样："他从来不明白在适当时候'放弃竞争'是多么重要的一件事。"

如果我们要给竞争型冲突分配一个可能的结果，那将会是"我赢你输"。也就是说，我们只能在对方输掉的情况下赢——显然，这种方式只会产生赢家和输家。

（二）协作

协作是指双方共同努力，寻求双方都满意的解决手段。冲突的协作风格反映了同时兼顾自己的目标和他人目标的一种高级方式。在图 12.1 中，协作代表不仅坚持己见，且十分在意双方关系的维系。持这种风格者虽武断但合作。如果某些人处于潜在冲突情形却竭力满足他人需求，那就表明他们是合作的，并追求互惠互利的结果。协作风格通过阐明差异，而非迎合各种不同观点，以更好地解决问题。持这种风格者会从所有的观点中寻找双赢的解决办法。

在西方，妥协很容易被理解，但协作就没有那么容易被理解了。

玛丽·帕克·福利特（Mary Parker Follett, 1868—1933）是美国的政治哲学家、社会心理学家，同时又是一名企业管理方面的智者。她曾提供了一个简单的例子："有一天，在哈佛图书馆一个较小的房间，有人想要打开正对着我的那扇窗户，但我想把它关上。最后我们决定打开旁边另一扇窗户。这不是妥协，因为没人有损失。我们都得到了我们真正想要的。我并非想要一个封闭的房间，我只是不想直接吹着北风；同样，那个人也不是想打开某个特定的窗户，他只是想让房间里有更多的空气流动。"

另一个例子是两个孩子都想要一个橘子的冲突故事。你将如何方便、快捷地解决这个冲突？大部分人脑海中立刻浮现的解决方案是妥协——把它切成两半。但是，如果一个孩子想要橘子是因为想要榨果汁，另一个孩子只想要橘皮来做蛋糕。我们如果把橘子切成两半分给两个孩子显然并不是最优解决方案，若用协作方案来解决，两个孩子就都能得到他们真正想要的东西：一个孩子要果肉，一个孩子要果皮。

协作可能会很耗时，且确实需要当事人之间具备较高的信任水平。以协作风格处理冲突可能会产生的结果是真正的"双赢"。当争论者使用协作方式时，他们的关系将会得到加强。协作需要双方共同努力以产生新的想法和解决方案，并相互尊重。协作可以促使双方共同解决问题，也可建立起一种长期的合作关系。

（三）回避

持回避这种冲突管理风格者既不武断也不合作。

回避冲突意味着否认冲突的存在或从冲突的处理中退出。回避冲突有各种动机。回避风格对关系的在意度很低。回避是缺乏自信的表现。如果没有回避方的参与，冲突的状况是不太可能改变的，很可能会持续下去。

有些人只是没有意愿或无力应付当时的冲突。想想"鸵鸟政策"和"掩耳盗铃"这两个词，你就会对回避风格的动机有所理解了。这些回避者就像是我们常说的"缩头乌龟"。

还有些人在问题不是很重要或问题和与对方的关系都不重要时，会有意选择这种风格。在这种情况下，这种"脱离"或"走开"就说得通了。

当处在较低权力层级的人与较高权力层级的人发生冲突时，回避也可作为一种倾向性选择。回避可降低低权力层级个体的暴露风险，以及为改变冲突情况"争取时间"。

不过，较高权力层级的人也可能会主动回避冲突，因为也许他们觉得没有必要解决这个问题。

不管动机是什么，回避都可能会对人与人之间的关系产生关键作用。请记住，冲突发生在关系之中，如果不解决冲突，这种关系就会被削弱。

👓 视野拓展

专家们在对情侣的研究中发现：情侣双方应对冲突的方式决定了情侣类型。传统式情侣是相互依存的，这也符合传统的性别角色。传统式情侣当然也会有冲突，但在讨论问题时双方会考虑到关系的维系。独立式情侣既重视双方的联系，也重视个人自主权。在发生冲突时，独立式情侣会积极捍卫自己的个人立场。隔离式情侣并不相互依赖。隔离式情侣能避免冲突，这是因为更多的冲突往往都发生在密切的关系中，因为我们关心这种密切的关系，所以我们也更愿意为它而战。冲突较少发生在疏松的关系中，因为通常我们不重视这样的关系，所以很容易通过弱化这种关系来避免冲突。

（四）包容

持包容这种冲突管理风格者既不武断又很合作。试图安抚竞争对手或员工的管理者通常会为了保持良好的关系而愿意将他人的利益置于自身利益之上。

尽管存在个人的疑虑，但具有包容风格的人仍愿意为促进他人实现目标或群体和谐而"屈服"或"随大流"。对他人需求和利益一贯的迎合有时被视为另一种形式的回避冲突。

你和你年幼的侄子或侄女玩过桌游吗，如跳棋或 SORRY 游戏？你那个在某个特定年龄段的对手争强好胜，而作为成人的你想要避免麻烦时，必须尽量输——这就是包容。这意味着为了取悦他人而撇开了自己的需要。包容者就像是能带来安慰的泰迪熊。

在图 12.1 中，包容显示为"非武断的"，包容在意关系的维系。在极端情况下，为了维持关系，持包容风格的人会做任何对方想要其做的事，从某种意义上说，就是将权力主动交给对方。

在一本关于客户服务的书上，作者采访了一些客户服务机构的高管，并通过邮件对美国全国范围内的大量客户服务人员进行了调查。

　　一个大型城市社区服务中心的主任在对他的采访中提到，他可以通过一点信息就轻易地从应聘者中为客户服务岗位挑选出最优秀的人才。他说："我发现，从某种角度来说，为我工作的最优秀的一种人是酗酒者的已成年子女。在家庭功能失调和酗酒的家庭中长大的儿童（对人）一般没有什么要求，而是更倾向于满足对方。他们是那么真诚地付出、给予和照顾他人。"通过邮件对美国全国范围的客户服务人员进行的调查也透露了相同的信息。在功能失调或家长酗酒的家庭中长大的人更倾向于从事客户服务工作，也更容易从这些工作中得到满足。可以把这个作为"包容"的一个极端案例来思考——一方为了维持平和的关系总是在付出，总是在满足对方的需求。

　　冲突的包容风格常见的结果就是"输致赢"。也就是说，我们通过让自己输的方式使对方获胜。

（五）折中

　　持折中这种冲突管理风格者处于武断和合作之间。当冲突双方都表现出愿意为促进问题解决而做出一些让步时，折中就发生了。这时，没有明显的赢家或输家。双方均有控制冲突的目标并愿意接受双方都不能得到最大化满足方案的结果。

视野拓展
9个解决冲突的关键技巧

　　我们常常听到有人说"各让一步，赶紧完事儿得了"。这种不考虑冲突细节的方式，就是妥协。妥协的冲突管理风格体现了对双方意见的折中考虑。大多数人将妥协视为解决冲突的合理、适当的风格。麦克利里（McCleary，1980）认为这种"各让一步"是西方文化中特别突出的决策点，它代表了一种文化的常理。妥协是"老狐狸"们为了得到某些东西而愿意付出另外一些东西。

　　当问题真的被限定时，"各让一步"是一种合理的方式，特别是当双方拥有大致相同的权力时。然而，有时候，急于妥协也会限制更多创造性的解决方法的出现。此外，在面对那些基于明确价值观的原则性问题时，妥协并不管用。

　　在西方，即使愿意妥协，结果也可能是"双输"。

　　要记住，在一个妥协的情境下，双方同意接受的都是低于他们预期的东西。也就是说，妥协情境下的当事人双方都同意接受比预期要低的结果，这也意味着双方都输了，他们得到的只是冲突的暂时结束。

二、非西方的冲突沟通风格

　　一些学者曾批判西方式的冲突沟通风格，因其对回避的解释可视作对自我和他人的关心程度都很低。而很多专家认为，从亚洲的集体主义文化的视角来看，回避冲突常可以看作对自己和对他人有意的高度关心。

　　也有专家曾做过一项关于西非和亚洲一些国家的冲突沟通风格的综合研究。对西非和亚洲的冲突沟通风格进行研究的一个共同发现是，回避冲突是更为频繁的选择（Friedman，Chi&Liu，2006；Tjosvold&Sun，2002）。研究人员怀疑，在西非和亚洲一些国家和地区的文化中，回避意味着低自信和对关系的低在意度。

　　然而也有观点认为，和谐是西非和东亚国家的核心文化价值，和谐互动的能力是沟通能力的核心组成部分，专家们据此研究出了冲突沟通风格的新模式。

　　例如比较著名的是莱昂（Leung，1997）提出的两个和谐的动机："解体式回避"和"增强和谐"。其中"解体式回避"是指"回避行为将使关系紧张，并导致其弱化和解体"，而"增强和谐"是指"参与那些预期能增强彼此间关系的行为"。也就是说，"解体式回避"会尽可能地减少可能会破坏关系的行动与事件，而被视作被动行为，而"增强和谐"则涉及提高关系质量的积极努力。

在一个关系社会中，和谐是对错综复杂的关系和社会复杂性的维护力。安妮德（Anedo，2012）提出的一个新模式将西方的冲突沟通风格与和谐的动机整合了起来，引出了以下八种冲突风格。

（1）建设性外交。不将关系紧张化、协商解决的能力和立场，不仅能增强持续的关系，个人也能从更良好的关系中得到结果；最有可能导致的是妥协和平衡、互利的结果。

（2）包容。当"增强和谐"与"解体式回避"的程度都很高，且个人的目标不是那么重要时，接受一点小的损失就会被看作一种用来促进和谐的简单方式。

（3）建设性的争论。当"增强和谐"的程度高，"解体式回避"的程度低，而个人的目标又非常重要的时候，通过辩论和争论往往可以找到双方利益最大化的解决方案。

（4）让步式帮助。当"增强和谐"的程度高，"解体式回避"的程度低，而个人的目标又是次要的时，那么就可以作出一些让步，放弃容易引起摩擦的讨论和辩论。

（5）表面的服从。当个人目标是重要的，且这个人是倾向于高度的"解体式回避"和低程度"增强和谐"时，他会适当地缓和争端并用"给面子"的方式安抚对方，但私下里他将通过隐蔽和间接的手段追求目标。

（6）回避。当"解体式回避"的程度高、"增强和谐"的程度低，以及个人的目标不是那么重要时，人们可能倾向于简单地回避碰面和讨论。它也可能包括缓和行为、"给面子"的行为，以及一定程度上的被动不服从。其结果是为了维持关系现状的一种表面的和谐，但问题可能仍然没有得到解决。此回避风格根本的动机与西方的冲突回避风格不同。

（7）破坏性对抗。当"增强和谐"与"解体式回避"两者的程度都低但个人目标重要的时候，支配和进攻战术将会被最大化，冲突关系的状态也极少会得到重视。

（8）忽略。当"解体式回避"与"增强和谐"的程度都很低，个人的目标也不重要的时候，人们倾向于对冲突不予理会。当对当前或未来的关系都不在意时，这种风格常会别具吸引力。

与西非和东亚文化中重要的概念——"和谐"有关的冲突沟通风格的发展，不仅更准确地描述了所有先前被归类为"回避"的冲突类型，同时还点出了有关冲突沟通风格的西方理论中的"知识盲点"。

在处理组织中以冲突形式出现的挑战时，单一的冲突处理方法显然不会奏效。为了成功地处理冲突，也就是为了达到许多不同的目标及平衡各种对立的价值观，可能需要使用上述讨论过的冲突管理方式中的一种或多种。在一些情况下，我们可能需要采用包容的方式以留住某个有价值的员工；而在其他情况下，我们可能希望在对自己不是特别重要的问题上采用折中的方式以获得想要的东西；或者在另外一些情况下，我们可能会面对很多竞争者，为了不被淘汰，我们可能会选择竞争的方式；而在有些情况下，我们也可能会决定打道回府，回避争执。

🔍 案例阅读与思考

如何处理工作中的冲突

王芳和孙明在同一家广告公司的策划部门工作，两人都毕业于重点大学。王芳做事踏实干练、雷厉风行；孙明话语不多，为人稳重，但经常为部门出谋划策，两人都很受部门经理的重视。王芳有她的雄心壮志，希望能在一年内得到职位的提升，下决心和每一位同事处好关系，她虽然感觉孙明比较内敛，不好接近，但是经过几次主动接触，两人也成为融洽相处的同事。

公司接到一个大项目，给一家知名企业做一个广告策划方案。经理让部门几名不错的员工在几天后分别提出一个备选方案，王芳也被安排了这个任务，但孙明因为还有其他工作没有被安排在内。此时已经接近公司的年终评估，大家都清楚，如果能在这个大项目中表现出色会给自己的评估增色不少。王芳当然也清楚这一点，她拿出比平时更大的热情和努力专注于这个项目，经过不断思考、改进，她提出了一个让自己很满意的广告方案，她相信这个方案会得到大家的认可并最后得以实施。不出所料，在方案讨论会上，王芳绘声绘色地将自己的方案讲出来后，她看到经理赞许的目光和同事们羡慕又佩服的目光。不过在征求大家的意见时，孙明提出了一个很有创意的改进方案，而且根据这个方案，需要对王芳的原方案做出很大改动。王芳感觉，孙明像是有意在抢自己的风头，出于对自己原创方案的捍卫，她坚持了自己的方案，并指出孙明的提议实施起来有难度，但最后经理决定接受孙明的提议，并让孙明负责这个项目的进一步改进和实施。王芳一气之下决定和孙明冷战，把他作为自己最大的竞争对手，尽量回避和孙明讲话，如果是工作上的事情则用电子邮件沟通，这种工作状态已经开始影响项目的实施进度和效果。孙明并不清楚王芳如此气愤的原因，只是隐约感觉到与他在方案讨论会上提出的方案有关，他希望能尽快解决这个问题，以继续正常工作。

思考与讨论：

（1）冲突都是有害的吗？此案例中的冲突属于何种冲突？（2）这一冲突是如何产生的？（3）如果你是孙明，你觉得如何处理这个冲突会更妥当？

第四节　冲突沟通的策略与技巧

积极的沟通既能防止冲突的恶化，也能有效地解决存在的冲突，所以任何企业和组织都应当围绕冲突主动开展沟通。实施正确的冲突沟通策略，掌握冲突沟通的技巧，是实现冲突管理目标的基本保证和重要手段。

一、冲突沟通的调整策略

为保证冲突沟通的成功，我们首先要充分重视产生冲突内外部条件的影响，并进行必要的调整。冲突沟通的调整策略包括以下三个方面的内容。

微视频

解决矛盾示例

（1）评价和调整冲突源。引起冲突的原因是多种多样的：追求的目标不同、个性差异、工作方式与方法的不同、缺乏合作精神、对有限资源的竞争、文化背景和观念上的差异等。如果冲突中的一方或双方能够充分认识到引起冲突的真正根源，并采取恰当的方法进行相应的调整，往往就能消除冲突、促进合作。最常见的引起冲突的直接原因，往往是追求的目标不同和拥有资源的差异。针对这些原因，管理部门在经过充分调研、确认真正原因后，应进行合理的调整。如果冲突主要是由不同部门目标之间的差异引起的，则可以通过上一级管理部门的协调来解决冲突。如果引起冲突的原因是资源配置上的不合理，则冲突可以通过对资源的调整得到缓和，甚至消除。

（2）评价和调整本身的感知。冲突沟通过程中，冲突双方都应当随时反问自己："我的看法是否实事求是？"或者"我的感觉正确吗？"由于观念之间的差异，人们经常会产生感知上的偏差。许多冲突往往就是一方武断、混淆观点与事实、颠倒原因和结果所引起的。随着冲突沟通的深入，冲突双方也都需要验证自己对对方的感知是否客观、正确，并根据验证结果来调整自己的感知，使自己的感知更准确。

（3）评价和调整自己的态度。冲突的解决在很大程度上取决于双方的态度。信任和合作是解决冲突的基础和条件。互不信任、相互对抗，用敌对态度来消除冲突是不可能的。

冲突沟通中，一方面应尽可能了解对方的态度，另一方面也需要不断调整自己的态度。一旦发现对方具有解决冲突的诚意，自己也应采取积极的态度去解决冲突。对对方给予足够的信任将使合作变得更容易。

二、积极的谈判策略

冲突沟通中需要谈判，谋求一致的谈判更是解决冲突的重要途径，它能使冲突双方发现共同利益，建立起长期的关系，促成合作。

想要通过谋求一致的谈判解决冲突，冲突双方必须注意以下一些要点。

（1）要把人和事分开。沟通和谈判都必须把人和事区分开来。如果把注意力集中于冲突的"事"或"问题"上，而不是集中在"人"或"情感"上，往往会使冲突更容易得到解决。如果把注意力集中在"人"或"情感"上则容易导致相互对抗，而聚焦于"事"或"问题"上则往往可以避免对抗，实现合作。

微视频
冲突处理：两个孩子分梨

（2）要着眼于利益而不是立场。冲突既可能是利益分配不当引起的，也可能是立场不同引起的。在商务活动中，立场实质上是一方为获得一定利益而采取的特定解决办法，但想要获得某种利益可以用多种办法。因此，冲突沟通和谈判的目标就是找到满足双方的利益的方案。只有着眼于利益的谈判才能取得实质性的成果。

（3）要寻求双赢的可行方案。冲突双方往往会忽视双方存在的共同点。其实，双方只要承认这种共同点的存在，就可能发现双方都能接受的创造性的解决办法。因此，谈判中最重要的是要克服寻求共同点的观念上的障碍，共同挖掘出能实现双赢的方案。

（4）要坚持使用客观标准。冲突的发生意味着双方在认识、观点和利益上的差异，如果双方坚持以自己的意愿为基础来解决冲突，通常只能导致无休止的争论。要通过谋求一致的谈判解决冲突，必须坚持以独立于双方意志以外的客观标准为基础来考虑问题，评价不同方案的合理性。

三、冲突沟通的技巧

（1）倾听。主动、认真倾听是成功的冲突沟通的基础。只有认真倾听才能了解冲突背景、问题根源和对方的态度。除了倾听还应当做出必要的回应，这种回应既可以表达你对对方立场和态度的理解，缓和气氛，也可以确认对方的意见，避免误解。

李科在一家百货商店买了一套衣服，穿了一天后，他发现衣服褪色，把他衬衫的领子都染黑了。

于是，他把这套衣服带回这家商店，找到卖给他衣服的店员，告诉他情况。他想诉说事情的经过，但被店员打断了："我们已经卖出了数千套这种衣服，你还是第一个来挑刺的人。"两人正在激烈争论的时候，另外一个店员也加入进来说："这种价格的衣服就是如此，那是颜料的问题。"

"这时我简直气得发火"李科在讲述他的经历时说，"第一个店员怀疑我的诚实，第二则暗示我买了一件便宜货。我恼怒起来，正要骂他们，突然间商店经理走了过来，他安静地听我说完事情始末。我说完的时候，店员又开始插话发表他们的意见，他站在我的立场与他们辩论。他不只指出我的衬衫领子是明显地被衣服染黑的，并且坚持说，不能使人满意的东西，店里就不应出售。最后，他承认他不知道出现毛病的原因，并直率地对我说：'你要我如何处理这套衣服呢？你说什么，我就照办。'"

就在几分钟以前，我还准备告诉他们要退掉这套可恶的衣服，但是现在我却回答说：我只要你的建议，我想要知道这种情形是否是暂时的，是否有什么解决办法。他建议我再穿这套衣服一个星期，如果到那时仍然不满意，他应许说："请你拿来换一套满意的。使你这样不方便，我非常抱歉！"我满意地走出了这家商店。一星期以后这套衣服也没有褪色。我对那家商店的信任也就完全恢复了。

（2）适当地回应。冲突沟通中，正确的回应方法应当是直接、坦白、适当解释与尽量少的批评。要点如下：第一，要诚实地表达自己的感受，避免对他人或事物进行批评、责难和评价。这样做可以防止对方反感或者因自我防卫心态引发对抗情绪。第二，应简单、明确地表达自己的感受，避免使用特殊语调和言辞，以防让对方产生误解、妨碍沟通。第三，用事实说话，表明自己的感受而非对行为进行批判。在冲突的初期，应避免提出建议、忠告或处理办法，因为这可能会使对方认为你自认高人一等或轻视他人，从而对你产生反感。

（3）管理好自己的情绪。冲突沟通中，情绪一般是很难控制的，但是情绪控制又是必要的。当事人一定要通过释放、缓冲、专注和收敛等方法来控制自己的情绪。

第一，释放。可以通过与朋友、同事或家人谈谈自己的想法，使自己的情绪得到释放。

第二，缓冲。改变环境，做一些轻松的事，如通过听音乐来放松自己的情绪。

第三，专注。花点时间想想情绪从何而来、为何发生，这样也有助于缓解情绪。

第四，收敛。与他人沟通时不应把情绪投射在对方身上，避免把对方当出气筒。

（4）处理好他人的情绪，主要包括如下几点。第一，倾听。倾听对于了解他人的真实想法、观点和要求是很有帮助的。第二，尊重他人。避免因不尊重而伤害他人的感情，导致冲突进一步恶化。第三，不要报复。报复只能激化冲突。第四，适当说明自己的目标。在他人清楚地表达他的情绪时，你也可以适当地说明自己在冲突中的目标，这对于解决实际问题是很有益的。

视野拓展

应用非暴力沟通表达愤怒

当我们处于愤怒的情绪中时，批评和指责他人都无法将我们的心声传递出来。应用非暴力沟通表达愤怒，需要分四步走。

第一步，要冷静下来，人在狂怒之中很难保持理智，在激烈的情绪中我们需要静下心来深入地体会自己，避免去指责或惩罚他人。第二步，思考自己愤怒的原因。此时切记不要将自己的愤怒归咎于别人，因为这是我们自己的愤怒，而不是别人的。第三步，深入地了解自己的感受和需要。很多时候产生愤怒的情绪是因为我们的感受和需要没有被理解和满足，只有了解了自己真实的需求是什么，才能找到愤怒的根源。第四步，我们可以将自己的感受和需要表达出来。当然，在第三步和第四步之间，我们也要学会倾听他人的想法。倾听通常是相互的，当对方被倾听和得到理解的时候，他们自然也会来倾听和理解我们的感受和需要。

遇到不满的事情就愤怒，是我们的天然反应。刚开始应用非暴力沟通时，可能会不太习惯，这就需要时间和耐心去经常练习。久而久之，我们就会把非暴力沟通内化到日常的行为方式中去。

知识巩固与技能训练

一、思考与讨论

1. 大多数人不喜欢冲突，因为它有损组织功能的发挥。你同意这一观点吗？为什么？

2．在什么情况下，冲突对组织不利？在什么情况下，冲突对组织有利？

3．组织中的冲突是不可避免的吗？为什么？

4．简述西方冲突沟通的五种风格。

5．你觉得你处理冲突时倾向于哪种风格？

本章选择题

二、活动与演练

1．向你的同伴详细描述你最近经历的两次冲突。在什么范围内，你认为你的处理风格是有弹性的？

2．下一次你发现你处于某冲突场景中请思考以下问题。

（1）想象你的冲突沟通的风格是什么。

（2）想象这一特殊场景下的恰当解决方式是什么。

（3）如果不合适，尝试使用更为合适的冲突解决方法。

3．讨论哪些行为在我们的冲突沟通中是可以改进的。改进这些行为，我们需要做什么？为什么？

4．在我们改进冲突沟通的过程中，潜在的障碍是什么？为了改进，我们需要做哪些特殊的事情？

三、案例分析

某日上午，一名员工怒气冲冲来到办公室，向人力资源部进行投诉，表达了对上级管理方式的不满。当时该员工非常愤怒，说话时的声音也很大。而负责接待的人力资源部女同事，为安抚该员工情绪，非常礼貌地说："你不要激动，别生气，有问题向我们反映，我们会调查，如果属实，一定给你一个答复。"不料，该员工立即大声喊道："调查什么，难道你以为我骗你的吗？还是说你们人力资源部与管理人员一样不讲道理？我不与你谈了。"随后，不论这位女同事如何向他解释，此员工就是不再与其答话，只是自己大声抱怨无处讲理。

问题与分析：

若当时正处于办公繁忙时间，办公室内还有其他员工，为避免事态恶化，你作为人力资源部经理应该如何处理？

第十三章
Chapter 13
危机沟通

了解危机与危机沟通的概念；掌握危机沟通的基本步骤；了解危机沟通的基本步骤和策略；掌握危机沟通技巧、具备危机处理能力。

📎 **导入案例**

央视在某年"3·15"晚会上对两款惠普笔记本电脑的大规模质量问题进行了报道，惠普公司客户体验管理专员在接受采访时对惠普笔记本电脑的故障原因做出了自己的解释：学生宿舍的蟑螂太恐怖！此言一出，随即引起消费者愤怒，网友更是创造了《蟑螂之歌》调侃惠普公司。

思考与讨论：

在此危机下，你觉得惠普公司如何沟通才能更好地挽回信誉？

第一节　危机沟通概述

一、危机概述

危机是一个情境性很强的概念，很难有统一的定义。许多学者从不同角度对危机进行了定义。保罗·阿根狄说："危机是天灾人祸。它包括看得见的破坏，如生命和财产的毁灭，或者是看不到的破坏，如一个组织失去信用。"C.F.赫尔曼认为："危机是指一种情况状态，在这种情况状态中，决策主体的根本利益受到威胁，且做出决策的时间非常有限，其发生也往往出乎决策主体的意料。"

由此可见，危机实际上是一种使危机主体遭受严重损失或面临严重损失威胁的突发事件。这种突发事件往往会在很短时间内波及很广的层面，会给危机主体造成严重损失，而且由于其不确定的影响，会给人们带来压力。一般来讲，危机具有以下三个特征。

1. 意外性

危机的发生往往是难以预料的，加上人为疏忽，人们对某些存在潜在威胁的事件习以为常，因此危机的爆发经常出乎人们的意料。其爆发的具体时间、规模、态势和影响程度都是人们始料未及的。

2. 受关注性

信息时代信息传播渠道的多样化、传输的高速化、范围的全球化，都会使企业危机情境迅速公开化，成为公众关注的焦点以及各种媒体热炒的素材。同时，危机的利益相关者和广大网民对企业处理危机的态度和所采取的行动也是高度重视的。

3. 破坏性

由于危机的意外性特征，其必然会给企业造成破坏，甚至会造成混乱和恐慌，而且由于决策的时间以及掌握的信息有限，往往会导致企业决策失误，从而使企业遭受不可估量的损失。另外，危机往往具有连锁效应，会引发一系列的冲击，从而扩大事态。

正是由于危机的上述特征，任何组织都不能忽视危机管理在组织管理中的重要地位。

二、危机沟通的含义

对危机沟通是指以沟通为手段，以解决危机为目的的一连串化解危机与避免危机的行为和过程。一般来说，危机沟通包括辨别内外部的沟通受众，收集、整理各种与危机相关的信息，并以最合理的方式将这些信息传播给内外部受众，对内外部受众的质疑做出反馈等工作。危机沟通可以减轻危机对组织的冲击，并存在化危机为转机甚至商机的可能。如果不进行危机沟通，则小危机就有可能变成大危机，对组织造成重创，甚至使组织就此消亡。危机沟通既是一门科学也是一门艺术，它可以提高危机内涵中的机会成分，减少危险成分。

三、危机沟通的对象和内容

对象和内容的控制在危机沟通中非常重要。一般来讲，危机沟通的对象有五类，即内部职工、受害者、新闻媒体、上级有关部门及其他公众。组织要针对不同的沟通对象制定不同的沟通对策。除了确定沟通对象，还要确定沟通内容。未经过梳理和排序的信息是无效的，因为大多数普通受众并没有专业人员那种分析信息和理解沟通内容的能力。把所有原始信息全部透露给所有人是不明智的，这样做反而会造成沟通对象对沟通内容的误读，甚至会使危机情况雪上加霜。

视野拓展

重大危机的类型

以下几方面的危机都是重大危机的类型：

经济方面：劳动力严重缺乏，市场剧烈动荡，股价大幅下跌，收入大幅下降。

信息方面：商业机密泄露，产生严重的错误信息，关键计算机记录损坏，主要客户、供应商等信息损失。

物质方面：设备、原材料供应链断裂。

人力方面：管理层成员离职，关键技术人才流失，员工旷工、消极怠工、故意破坏等。

声誉方面：诽谤、谣言、丑闻等。

四、危机沟通者应具备的能力

通常危机沟通者是由企业高层管理者兼任的，但是应该指出的是，并非每一个高层管理者

都能胜任这一角色。一个合格的危机沟通者必须具备以下素质。

（1）具有强烈的危机意识，能够敏锐地洞察危机的发展。

（2）能够灵活应对各种复杂情况，敢于迎接挑战。

（3）口齿清楚，口才良好，善于沟通和倾听。

（4）在企业中拥有权威。

（5）富有同情心，善于运用非语言方式与人交流。

（6）在外界的压力下能保持冷静。

（7）精力充沛，能够长时间连续工作。

（8）具备危机沟通的知识和技能。

五、危机沟通的意义

对组织来说，危机一旦爆发，其破坏性能量就会迅速释放和蔓延。如果不能及时控制，危机就会急剧恶化，使组织遭受更大损失。在危机管理中，沟通是危机处理最基本的手段，它在很大程度上保证了危机管理的有效性。危机发生时，只有通过沟通才能解决信息的不充分问题，抑制危机的快速蔓延，应对受众的高度关注。

美国《危机管理》一书的作者菲克普对《财富》杂志世界排名 500 强的大企业董事长和首席执行官进行了专项调查，80%的被调查者认为，对企业来说危机是不可避免的事情。其中有 14%的人承认，曾经受到过严重危机的挑战。普林斯顿大学的诺曼·R.奥古斯丁教授认为，每一个危机既包含导致失败的根源，也孕育着成功的种子。发现、培育以及收获潜在的成功机会，是危机管理的精髓；而习惯于错误地估计形势，并使事态进一步恶化，则是不良的危机管理的典型。简而言之，如果处理得当，危机就可能会演变为"契机"。

1. 良好的危机沟通对管理者有以下一些益处

（1）增进相互理解。

（2）取得良好的管理成效。

（3）化解冲突，促进不同文化的融合。

（4）学习其他组织防范危机的经验、习惯，提升决策技能和应对危机的智慧。

（5）培养危机管理者良好的心态，克服消极情绪。

2. 良好的危机沟通对组织内部有以下一些益处

（1）协调组织中各个个体、要素和环节的关系，增强组织凝聚力。

（2）及时、良好的沟通是危机管理者激励下属、进行危机预警和扭转危机局势的基本途径和重要手段。

（3）及时、良好的沟通是组织与外部环境建立联系的桥梁。

（4）在组织并购和重组等重大发展战略的实施过程中，良好的沟通可以有效地解决组织文化整合的危机。

（5）及时、良好的沟通有助于内部员工理解管理模式的变化。

3. 良好的危机沟通对组织外部有以下一些益处

（1）及时与外界沟通，可使组织的利益相关方知晓危机事件的来龙去脉，消除其顾虑。

（2）能让社会公众知道组织在积极应对危机事件，从而形成理解组织、同情组织、支持组织的社会舆论氛围。

（3）及时沟通，可获得新闻媒体的支持。

2016 年 10 月，一名顺丰快递员在派件过程中驾驶的电动三轮车与一辆小轿车在北京某小区内的狭窄道路上发生了剐蹭。小轿车车主下车后口出恶言，还连续搧了该快递员数记耳光。而该快递员并未还手，还不停地向小轿车车主赔礼道歉。这一事件的视频很快流传到网上并在网上发酵。而顺丰集团官方微博在事发后不到 24 小时就发文表示："对于责任，我们不会因愤怒而抛弃公允；对于尊严，我们也不会因为理解而放弃追回！"随后又发布："我们已找到这个受了委屈的快递员，顺丰会照顾好这个孩子，请大家放心！"这引发了舆论同情，顺丰集团总裁王卫甚至还在其朋友圈发文称："如果这事不追究到底，我不再配做顺丰总裁！"顺丰的危机公关沟通一方面顺应了舆论风向，另一方面温暖了员工，成功赢得了公众的好感。顺丰被认为是一家懂得保护员工的"良心企业"。

第二节　危机沟通中易犯的错误类型和沟通原则

一、危机沟通中易犯的错误类型

当组织面临危机时，下列做法是不可取的。

1. 采取鸵鸟政策

当你采取鸵鸟政策的时候，你希望没人知道这事，并始终迎合那些向你提建议的人，让别人相信你会及时地做出反应，但实际上却不采取任何措施。这种做法是十分危险的，因为公众最终会发现真相，并指责组织的行为，因此可能会使组织难以继续生存和发展。

视野拓展

危机发生时的雄鹰政策和鸵鸟政策

在危机发生时，组织的危机沟通策略一般有两种：雄鹰政策和鸵鸟政策。雄鹰政策的主要特征是主动、迅速出击和果断承担责任。而鸵鸟政策是指那些不愿正视现实，抱着陈旧的观念和做法不放的政策。因为鸵鸟在遭到敌人追赶不能逃脱时，就会把头埋进沙子里，以为自己什么都看不见就会太平无事，后来人们用其表示遇到麻烦时，不是解决麻烦，而是极力躲避的行为。这两种政策最大的区别就在于对危机的沟通处理方式不同，前者是积极地进行沟通，而后者则是逃避和相关群体的积极沟通。

2. 在危机公开后才着手处理初始危机

在危机公开后才着手处理初始危机的情形与鸵鸟政策有密切的联系。这种情形意味着组织虽然没有采取鸵鸟政策，但同样在危机公开前没有采取任何措施，放任危机扩大。因为危机具有潜在的强大破坏力，等到危机公开后，其形势已经很难控制，所以，在危机公开后才进行危机处理，对组织而言是非常危险的行为。而且，因为在危机未公开前未采取任何措施，受习惯的影响，在危机公开后也可能会出现不采取措施的情况，这将会对组织利益造成巨大的损害。

微视频

失败的新闻发布会

3. 让你的声誉为你说话

即使组织在社会上树立了良好的品牌形象，但在危机面前，依然不能懈怠。一些声誉良好的组织容易形成骄傲自满的心态，误以为自身的良好声誉可以为

组织的危机处理提供帮助，甚至忽略轻度的危机事件。但公众舆论却很容易转变风向，一旦组织做出对公众利益不利的事情，公众就会忽视组织的品牌声誉，紧盯着危机本身，直至组织做出合理的解释和处理。因此，组织应该对危机时刻保持警惕，不可因为已有的品牌效应而轻视对危机事件的处理。

4. 视媒体为敌人

媒体对组织危机事件的解决具有重要作用，组织在处理危机过程中必须对媒体的作用有足够的重视。组织轻视媒体的作用，拒绝记者对危机事件进行采访，或向记者隐瞒重要的危机细节，甚至对记者进行人身攻击——这些行为都会导致记者对组织做出不利的报道，会直接影响社会舆论的走向，加大组织处理危机的难度。

5. 不采取积极、主动的态度，陷入被动回应模式

一篇对组织不利的文章可能会突然间毁掉一个组织，这并不是夸张的说法，而是强调了在危机管理过程中，组织主动出击的重要性。如果组织在危机处理过程中采取消极态度，不主动引导媒体发布对组织有利的舆论消息，媒体就会报道对组织不利的情况。这样的报道出现后，组织就不得不被迫发表声明回应。接着，另一篇报道出现，组织又得发表另一篇声明，如此陷入恶性循环。因此，组织必须在危机中主动采取措施，引导媒体发布对组织有利的消息，形成对组织有利的社会舆论环境。

6. 使用沟通对象不能理解的语言

组织在危机处理过程中，如果过多地使用行话和专业术语，就可能会令公众迷惑不解。这种自以为是的方式只会使危机更加糟糕。对大多数公众和服务于他们的媒体来说，这些行话和专业术语只会引起他们的疑问。因为他们并不是某一领域的专家。因此组织在应对危机时，必须使用公众能够理解的语言和他们沟通，避免使用公众陌生的语言。

7. 自以为无须公开事实

在组织的危机处理过程中，一些管理者没有足够的危机意识，误以为随着组织内部危机的解决，外部公众最终也会了解危机事件的真相。但事实往往并不是这样，外部公众往往会猜测危机的各种可能性，并很可能形成对组织不利的怀疑。因此，这种自以为是的想法往往会让组织遭受严重损失，甚至会影响组织的生存和发展。

8. 一味发表观点，忽视公众的感情

部分管理者在处理危机时不顾公众的感受，喜欢不断地发表自认为对组织有利的观点。这同样是对组织危机处理十分不利的行为。因为对危机事件的处理，在很大程度上是为了安抚公众。忽视公众感受，这无疑会使危机处理陷入僵局。

9. 一味发表书面声明

在危机处理过程中，只通过书面声明与公众进行沟通不是一个可行的办法。因为公众更希望看到组织有发言人代表组织当面对他们进行充分的说明。而书面声明往往会使公众误以为组织的危机处理处于不利的情形，通过书面声明来处理危机是为了躲避公众的当面指责。

📷 案例阅读与思考

某打车平台的危机公关

2018 年 5 月 6 日凌晨，某公司的空姐李某乘坐某打车平台顺风车时遇害。事发后，河南都市频道、澎湃新闻等多家媒体陆续跟进。5 月 10 日中午，该打车平台发文表示：本平台负有不可推卸的责任，向李某家人道歉；本平台已成立专项组，配合警方侦查；向公众道歉，将全面彻查各项业务。而在《新京报》发布的对李某父亲的一段采访中，李某父亲表示痛心，称该平台至今没有能"说得上话的人"（意指相关领导）跟我联系……总之，这个控诉雪上加霜，进一步引发了该打车平台的负面舆论危机……

思考与讨论：

本案例中滴滴的危机公关哪方面没做好？

二、危机沟通的原则

1. 真诚原则

真诚是沟通的基础。所有关于危机沟通的建议都会提到真诚的重要性。真诚原则包括诚实地承认发生的问题，公开正在采取的措施和可能会出现的后果，以及责任追究等。在危机发生后，组织要全面了解情况，积极查明事实真相，给利益受到损害者明确的解释，履行组织的社会责任，并尽力做出超过有关各方期望的赔偿。同时，组织要冷静地倾听受害者的意见，向其道歉，给予受害者安慰和帮助。总之，组织要真诚地对待受害者及其家属。

2. 重视利益相关者原则

利益相关者是指在危机中组织需要与之沟通的人，或者说是和危机的发生有着利害关系的人。利益相关者可以大致分为内部利益相关者和外部利益相关者。内部利益相关者就是组织内部的信息接收者，如发生危机的企业的员工、出现危机的学校的老师等。外部利益相关者就是组织外部的信息接收者，如企业的客户、供应商等。在危机沟通中，每一名利益相关者都需要接收相同的信息，内部利益相关者和外部利益相关者必须受到同样的重视。因为，危机相关的信息必须是相同的，不同的信息会造成恐慌和混乱。组织的危机处理部门应该站在利益相关者的角度考虑问题，列出所有的相关信息，将准确的信息发送给利益相关者，只有这样才能在很大程度上消除其不满与顾虑。

> 👓 **视野拓展**
> 成功的危机管理案例

3. 快速反应原则

危机沟通中经常提到"24 小时"原则，即危机发生以后的 24 小时是最关键的一段时间。组织应在危机发生后的 24 小时内启动危机管理机制，做好相应资源的协调工作，如各方舆论的搜集、基本立场的确认、官方声明的拟定等。危机沟通者必须重视沟通的快速反应。实际上，在当今的"互联网+"时代，专家普遍认为，传统的 24 小时已经太过迟缓，危机处理需要抓住危机发生后的每一秒。危机发生后，组织要以最快的速度与受害者接触，了解情况，真诚相待。组织的管理者延迟发表声明，通常会给组织带来灾难性的后果。

> 👓 **视野拓展**
> 企业应对危机的六大准则

4. 核心立场原则

核心立场原则强调组织对危机事件的基本观点和态度不动摇。危机一旦爆发，组织便应在最短的时间内针对事件的起因、可能趋向及影响（显

微视频

危机沟通：抓住重点战略

性和隐性）作出评估，并参照组织一贯秉承的价值观，明确自己的核心立场。在危机处理的过程中，不可偏离初期确定的立场。这种立场不应是暂时的、肤浅的、突兀的，而应是持久的、深思熟虑的，要与组织的长期战略和基本价值观相契合。核心立场应简单（不会产生歧义）、明确（能够清晰、准确地表述出来），同时所有参与危机管理的人员都必须深入理解、始终贯彻这一立场。

5. 计划性原则

为危机做准备的第一步就是要明白：任何组织，无论处于什么行业、什么地理位置，都可能会陷入前面讨论的危机之中。制订危机应对计划尽管不能完全避免危机，但可以最大限度地减少危机带来的损失。按照危机与危机沟通计划的相对时间关系，可以将危机应对计划分为先导性危机应对计划和反应性危机应对计划。先导性危机应对计划是指在危机发生之前就已做好应对措施的危机应对计划；反应性危机应对计划是指在危机发生后才做出应对措施的危机应对计划。先导性危机应对计划通常能起到预防和提前做好应对准备的作用。在制订先导性危机应对计划时，组织中负责危机沟通的人应该组建一个包括最易受危机影响的部门人员和几乎所有高层管理人员的智囊团，集思广益。如果危机已经发生，就需要制订反应性危机应对计划，此时需要综合考虑各个利益相关群体的反应，对事态的发展作出预测，协调组织内部各部门和组织外部的资源，积极应对危机。

案例阅读与思考

墨西哥湾漏油事件

2010年1月20日，英国石油公司租赁的位于美国墨西哥湾的一座深海钻井平台爆炸起火。36小时后，平台沉没，11名工作人员遇难。钻井平台底部油井自24日起漏油不止并引发了大规模原油污染。墨西哥湾原油泄漏事件成为美国历史上最严重的生态灾难。受墨西哥湾漏油事件影响，美国于2010年5月25日宣布将当地禁渔区域扩大2万平方千米。

时任美国众议院议长佩洛西谴责英国石油公司在漏油事件中"缺乏诚信"。时任美国总统奥巴马也批评英国石油公司该季度试图向股东发放105亿美元股息的计划，并表示会坚决向英国石油公司索赔。

在漏油事件的处理过程中，英国石油公司给外界留下了刻意淡化危害的严重性、向公众隐瞒真实信息的印象。为此，该公司耗资数千万美元在美国媒体上大做广告，想挽回受损的形象，不过效果似乎不佳。美国媒体当年6月初进行的民意测验显示，73%的美国民众认为英国石油公司在漏油事件发生后的表现"很差"或"极差"。

思考与讨论：

（1）为什么英国石油公司的一系列公关行为没有挽回其受损的形象？（2）你觉得英国石油公司应如何更好地处理这一危机？

━━━━━ 第三节　危机沟通的基本步骤和策略 ━━━━━

一、危机沟通的基本步骤

第一步：进行危机预测。

在高层领导的小组讨论会上将可能出现的危机罗列出来，如：产品可能存在缺陷的危机；

可能会造成人员死亡或者伤害的危机；可能需要召回产品的危机；某种产品过时，面临淘汰的危机；竞争对手突然大幅度调低价格等方面的危机。此外，人力资源、财务、企业声誉等方面可能存在的危机也应考虑在内。在危机预测中，对可能发生的危机采取何种应对措施应有充分的考虑。只有这样，在危机真正发生时，组织才不会手足无措、慌作一团。

微视频
危机公关实例

第二步：建立危机工作小组和危机管理中心。

潜在危机逐渐清晰时，要建立工作小组负责应对所有的危机。并制定相应的策略。危机管理团队既要包括内部资源（如人力资源），也要包括外部资源（如危机顾问）。大多数重大危机都应至少有一名高层管理人员负责，高层管理人员团队应该由两三名主要管理者组成，支持团队应该由各部门负责人和有关专家组成。团队成员要来自不同的部门或领域，这样就可以从多个方面（如法律、市场、运营）或角度（如安全、整体把握）来审视危机。

危机工作小组成立后，应对其成员进行决策和实施方案方面的训练。如果危机到来时，团队无法确定应该做什么，员工就会察觉，媒体也会注意到。进行口头模拟练习或反应训练可以让我们提前发现一些弊端并做更充足的准备,而且每名成员都要清楚沟通对整项工作的重要性。

第三步：制订危机管理计划。

同步案例
坚持危机管理模拟
训练创造奇迹

从某种程度上说，"危机管理"意味着人们希望所有危机都可以得到解决的美好意愿。危机管理过程存在于危机事件的前期、中期和后期。例如，企业可以做好以下工作：预测危机；建立危机工作小组并对其成员进行培训；设计并装备危机管理中心；为可能出现的潜在危机制订管理计划；确定在沟通活动中要传递的信息以及如何应对媒体采访。有的组织会将这些工作都纳入危机管理计划中，这样，当危机出现时，组织就可以及时实施这些计划以应对危机。这些计划可以解决如何应对谣言或媒体的错误报道、谁负责与媒体对话、对媒体说什么话之类的问题。

第四步：制定危机沟通策略。

（1）确定需要了解危机信息的公众。不让所有公众都有了解与危机有关信息的必要。怀特·塞尔（White Sell）曾说过："重要的是只与适当的公众沟通。没有必要让新闻媒体知道组织内部发生的与公众无关的事。还要为二级公众制订意外计划，因为危机可能超过最初的范围。例如，一位非常气愤的客户或竞争对手可能会突然决定召集新闻媒体，这种情况就会涉及其他公众。"

（2）确定组织的发言人。应该为组织指定一名正式发言人和一名候补发言人。通常，这项工作是由首席执行官或组织的最高管理者承担的，当然这样做有利有弊。美国危机管理协会拉里·斯米茨（Larry Smitz）主张"组织的发言人应该是可以信赖的、职位很高的人，而不是最高管理者。最好让首席执行官成为后盾，这样，某人的话需要更正时首席执行官就可以出场了。先把最好的'枪'拿出来了，就再也没有'武器'可用了。"当然，在涉及人员死亡或公共卫生的严重危机中，首席执行官必须担当发言人。通常首席执行官的出现显示了组织对于危机处理的高度重视。

提供次要信息时，可以由公关人员负责，他们可以是董事会成员、首席科研人员或审查委员会负责人。通常来说，公关人员是被指定回应所有媒体的要求、提问和其他信息的人。重要的是，组织的所有人都要知道只有指定的发言人才可以向外界发表言论。

视野拓展
美联航的危机沟通

（3）确定恰当的沟通信息和注意事项。组织应该迅速、公开、积极地传递信息，做到实事求是、从不说谎是非常重要的。当然，这并不意味着要公开机密信息或竞争性信息。因为危机涉及人们的感情，所以沟通时要注意这些因素，制定危机沟通策略和传递信息时要有同情心。

最后，所有书面沟通和口头沟通在危机中传递的信息都要清晰明了，不要有技术术语和不明确的内容。

（4）确定恰当的时机。所有危机沟通都要注意把握时机。有了危机管理计划，就可以迅速得到一些数据，这些现成的数据在需要的时候就可以公布给公众。还要做好其他充足的准备工作，比如制定政策声明、准备应对媒体的危机问答表，甚至新闻稿、宣传资料等书面资料也应该提前准备好，这样在必要时就可以向有关方面分发，不至于因手头缺乏资料而错过处理问题的最佳时机。在危机发生时，新闻媒体急于收集信息，所以如果有信息要公布，一定要利用这个机会。在媒体面前，要注意语言的组织性，传达与危机事件相关的信息，一定要做好准备，信息要清晰、简明扼要，追求新闻的时效性。

（5）确定采用主动还是被动的方式应对媒体。组织必须决定采取主动方式还是被动方式应对媒体。目前来看，先发制人的方法更容易成功，但是风险也更大。使用这种方法时，无论危机何时出现，组织都可以立即开始处理危机。事实上，组织常会在媒体还没找来得及收集信息时，就与媒体联系了。主动应对媒体时，要将可以肯定的事情、假的事情和不知道的事情分清楚。要让参与危机工作的员工分清这三种情况，因为有些人要与媒体配合，有些人要面对公众，而有些人要协助有权了解情况的管理机构工作。

在与媒体的配合方面，组织指定的发言人应该传递组织希望其传递的信息，既不能过多，也不能含糊不清，更不能让人产生怀疑。与主动方式对应的是被动方式。在发表声明前采取观望的态度，通常会起到不好作用，因为无法与当事人沟通会使媒体"浮想联翩"。在媒体眼中，被动与防卫性的沟通姿态通常是内疚的表现，主动接触媒体则更易被看作诚实。

视野拓展

美国国家半导体公司的危机处理

二、危机沟通策略

危机沟通作为危机管理的核心之一，在危机发展的不同阶段各有侧重。但是无论在危机管理的哪个阶段，如果想取得良好的危机沟通效果，都必须制定和选择合适的危机沟通策略。

威廉·班尼特首创了在国际上认可度较高的组织形象修补的危机沟通策略，如图 13.1 所示。

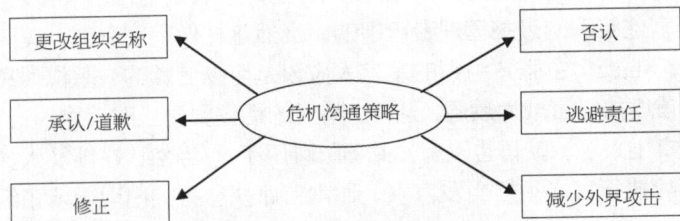

图 13.1　危机沟通策略

班尼特所说的组织形象，就是组织在社会大众及组织的利益相关者心中占有的地位。决定这种主观感受与地位的因素有很多，因此要塑造良好的组织形象绝非易事；相反，要破坏它则相对要容易得多。当危机发生的时候，难免会损及组织的声誉、形象，而声誉修补涉及说明、应付责难等复杂的过程，如何修补组织形象已成为危机沟通的重要研究课题。

1. 否认

否认主要是表示对社会造成危害的事件并非组织所为，如果确实是组织所为，组织就应当勇于担责。

否认通常分为简单否认和转移责难两种。所谓简单否认，就是直接表示"没做亏心事，不怕鬼敲门"，组织不应该承担责任。转移责难类似于金蝉脱壳、李代桃僵的策略，是为了转移利益相关者的视线。后者只有在责任确实不属于组织的情况下才能使用，否则就会弄巧成拙。2005年5月戴尔公司发生了"邮件门"事件，即某财经日报获得的一组电子邮件显示，为了争取订单，戴尔公司的销售人员使用了很不光彩的手段，戴尔就此事曾发出这样的声明：该行为只代表员工的个人行为，并非组织行为。这颇有推卸、逃避责任之嫌，并不利于危机的解决和组织形象的修补。

2. 逃避责任

如果损害的确是组织造成的，但是企业企图逃避责任，这样做的前提是不能违背道德原则。逃避责任可细化为四类：被激惹下的行为、不可能的任务、事出意外、纯属善意。

（1）被激惹下的行为。组织行为是面对挑衅的防御和正当防卫，可予以谅解，将责任归咎于对方的挑衅。

（2）不可能的任务。组织不是不愿处理，而是力所不能及，这时至少可以将风险和责任分给其他相关部门。

（3）事出意外。承认是组织所为，但是组织并非有意为之，可予以谅解，但组织必须负担相对小部分的责任。

（4）纯属善意。组织行为完全是出于善意，但是没想到后果会是这样。尽管如此，组织还是要承担相应的责任。

3. 减少外界攻击

如果确实因自身过错而导致危机，组织可以采取以下六种策略减少外界对自己的口诛笔伐，从而减少负面舆论并赢得正面形象：支援与强化、趋小化、差异化、超越、攻击原告和补偿。

（1）支援与强化。答应承担必要的责任，同时运用组织的业绩和社会贡献来唤起利益相关者昔日的情感和支持，借此抵消负面情绪。例如，2021年1月的全棉时代在卸妆产品广告引发批评之后的道歉信里就希望用"有200多个专利，填补了很多市场空白"，"永远把消费者利益放在第一位""给了用户舒适的体验"，"还做过公益"等类似的内容来获取同情、消除外界的反感。

（2）趋小化。大事化小，小事化了。尽量将事态和舆论控制在最小范围内，防止事态进一步恶化。

（3）差异化。以竞争对手作参考，表明组织处理危机的能力和方式比对手优越得多，希望利益相关者可以知足。如联想和戴尔在"邮件门"事件中的表现的确会让利益相关者把它们的作为比较一番，然后给予评判。

（4）超越。组织可以在危机时期让利益相关者明白组织对社会的贡献、对利益相关者利益的维护远远超过组织造成的损失，以期得到利益相关者和公众的谅解。

（5）攻击原告。攻击是最好的防御，如曾有小报报道高露洁牙膏会使牙龈致癌，高露洁就对该报进行了"攻击"，迫使其更正不实报道并道歉。

（6）补偿。勇于担责，对受害者进行补偿。这是最积极的沟通策略，当然代价不菲，应量

同步案例

回顾：丰田"霸道广告事件"的前前后后

力而行。

4. 修正

修正是指让利益相关者看到组织具体的改进措施和防范危机再次发生的举措，稳定利益相关者的情绪，重建信任。如肯德基在"禽流感"危机中，表明自己的鸡不会染上禽流感，并且推出猪排汉堡、鱼肉汉堡等替代品，得到了公众的认可。

5. 承认/道歉

组织主动认错并承担责任，这样组织虽然有可能面临诉讼，但是从长远和战略方面考虑是值得的，也有利于组织持续健康发展。如杜邦在"特氟龙"不粘锅事件后，就遭遇了诉讼，其具体道歉的内容涵盖五点：表明歉意、说明情况、查明原因、防止再次发生、承担责任。再如丰田针对"霸道广告"事件的道歉就十分中肯、真诚，有利于危机的化解。

6. 更改组织名称

更改组织的名称意在撇清组织的历史污点，以新面目出现。其实很多组织和组织的产品都会通过推出新产品、重新命名等类似措施，"摇身一变"给利益相关者展示崭新的面孔。

当然，在组织面临危机的时候，并非只要采取了组织危机形象修补策略中的某一项就一定可以解决问题，组织还需要继续关注危机事件的利益相关者的各种反应。如果有必要，应主动联络媒体，通过媒体告知公众组织后续将采取的相关措施，并将整个危机沟通过程作为下一次危机预防与处理的参照。

苏丹红早在1995年就被确认为致癌物。2004年6月14日，英国食品标准管理局在食品中发现苏丹红色素，随即发出警示；2005年2月23日，中华人民共和国国家质量监督检验检疫总局通知全国彻查。

2005年3月15日，肯德基的新奥尔良烤翅和新奥尔良烤鸡腿堡被检测出含有"苏丹红1号"。3月16日上午，肯德基要求所有门店停止销售新奥尔良烤翅和新奥尔良烤鸡腿堡。当天17：00，肯德基连锁店的母公司百胜餐饮集团向消费者公开道歉，时任集团总裁苏敬轼明确表示，将会追查相关供应商的责任。

3月17日，《南方都市报》《广州日报》等媒体在头版头条大篇幅刊登了关于肯德基致歉的相关报道。其他许多媒体也对肯德基勇于认错的态度表示赞赏。3月19日，肯德基连续向媒体发布了4篇声明，介绍"涉红"产品的检查及处理情况。苏敬轼发布了调查苏丹红的路径图：肯德基产品调料中发现苏丹红成分——调查这两款产品的配料来源——发现该配料来自中山基快富公司——追查所有中山基快富公司进料——锁定来自中山基快富公司的9批辣椒粉中有2批发现苏丹红成分——查实中山基快富公司是从宏芳香料（昆山）有限公司采购的原料。肯德基根据线索重新追查使用过含"苏丹红"调料的其他连锁店的产品，北京市朝阳区肯德基万惠店抽查发现香辣鸡翅、香辣鸡腿汉堡、劲爆鸡米花三种产品含苏丹红——北京的这三种产品停售。

3月23日，肯德基在全国恢复了被停产品的销售。苏敬轼说："中国百胜餐饮集团现在负责任地向全国消费者保证：肯德基所有产品都不含苏丹红成分，完全可以安心食用。"3月28日百胜餐饮集团召开新闻发布会，苏敬轼现场品尝肯德基食品。百胜餐饮集团表示决定采取中国餐饮行业史无前例的措施确保食品安全。

4月2日，肯德基开始对4款"涉红"产品进行促销活动，最高降价幅度达到3折，肯德基销售逐渐恢复了元气。4月6日，肯德基主动配合中央电视台《新闻调查》《每周质量报告》等栏目的采访，记者的关注焦点已由肯德基"涉红"问题转变为对原料和生产链的全方位追踪。至此，肯德基顺利度过了"苏丹红"危机。

第四节　面向大众媒体与自媒体时代的危机沟通技巧

一、面向大众媒体的危机沟通技巧

大众媒体与社会舆论密切相关，能够反映舆论、代表舆论、组织舆论、引导舆论，是危机沟通的重要途径，同时也是危机控制的关键着力点。媒体是一把双刃剑，既可转危为机，也可火上浇油。因此，管理者应当注重与媒体的沟通，注重掌握危机沟通技巧、积累危机沟通经验。

与媒体的危机沟通要想达到理想效果，必须注意以下策略。

（1）制订方案，预先准备。进行危机沟通之前，组织应预先拟订统一、妥当的沟通策略。应事先根据媒体要求，围绕关键和热点问题，拟订回应方案，思考在采访中可能会面对的各种问题，预先做好准备，以免在回答问题时措手不及，说出不恰当的话。此外，组织应当根据沟通表达能力、逻辑周密性、变通能力、知识结构、对危机信息的了解程度和媒体公关经验等选择发言人。

表 13.1　陈述主题的具体表述

体现关心	（1）我们正在积极与顾客达成共识 （2）我们将尽力减少顾客损失 （3）因此次事件给顾客带来的不便，我们深表歉意和遗憾
突出行动	（1）我们将彻底清查相关系统的所有环节 （2）我们将处理相关负责人
描绘全景	（1）我们将密切关注事态的发展 （2）我们将杜绝此类事情再次发生 （3）我们将努力提供更有保障、更优质的产品和服务

（2）明确陈述，表明立场。发言人的发言应当直奔主题，正面回应，不能支支吾吾、闪烁其辞，更不要被卷入与主题无关的话题。具体表述可参照表 13.1 进行。

（3）用事实说话。发言人应尽量用真凭实据来增强发言的说服力，侧重于对具体事实过程的描述和解释，切忌高谈阔论，要运用可靠的数据和事实以及准确的语言帮助公众尽可能多地了解事实，以增强所发表言论的可信度。

（4）保持话语主导权。发言人需要懂得如何把问题引向有利于组织的方向，这是一种需要锻炼和积累实践经验才能掌握的技巧。发言人可先讲述与主题相关的某一事实，而这一事实须有助于增强组织的信誉，即使用这种"桥梁法"巧妙地过渡，坚定原定的主题和相关的核心信息。

（5）变负面陈述为正面陈述。发言人切忌重复不适宜的问话，以免被人断章取义，使公众误认为你同意或接受了这些不利于危机处理的话。要通过强调自己的正面观点来反驳对方的错误认识，针对对方问话中包含的错误认识逐条反驳，要用正面的陈述重新表述问题和事实。

（6）出言谨慎。发言人对不了解的问题不要仓促回答，但要主动表示会尽早提供答案；要慎重传播意见性信息，不要对充满变数的问题发表评论；不发布不准确的消息，不对危机相关信息做缺乏根据的猜测；对无法提供的信息，应礼貌、恳切地告知原因，切忌使用"无可奉告"等容易激化矛盾的字眼。

（7）避免回答假设性问题。如采访者提及错误的信息，发言人要保持冷静、平和，并及时纠正不实信息，条理分明地予以解释和回答。如采访者提出别有用心或尖锐的问题，可以适当采用迂回、留有余地、模糊等策略审慎应对。

（8）切勿承诺过度，避免陷入被动、尴尬的境地。

案例阅读与思考

不当的危机沟通

据报道，禽流感暴发时，某负责人为了安抚公众，说："我昨天晚上还吃了鸡肉，事实上我每天都吃鸡肉。"听上去这话很有说服力，但是事实上，他的沟通并没有取得预期的效果。

思考与讨论：请你分析为什么该负责人的危机沟通没有取得预期的效果。你觉得什么说法能取得更好的效果？

二、自媒体时代的危机沟通技巧

微视频

CCTV 财富故事会 危机巨子之可口可乐：双雄争霸

自媒体时代，信息沟通具有以下特点：传播速度快；受众广，覆盖率高；交互性强；传播主体、传播对象边界模糊化。自媒体的普及使不同主体可直接对话并保障了多种形式的沟通，颠覆了之前单向的信息流动模式，改变了信息发布者和信息接收者的角色定位与权力结构。随着自媒体时代的到来，危机沟通的信息传播特点也发生了相应的变化。具体而言，主要有以下几个特点。

（1）舆情影响范围大。随着危机事件的不断发展和与之相关的网络舆情的持续扩散，舆情影响范围会大幅扩大，舆情参与主体会大幅增加。

（2）舆情扩散速度极快。随着危机事件的发展，相关舆情会在论坛、微博、微信等平台"喷涌"式增长。

（3）舆情真实性无法保障。自媒体环境下的信息发布和传播缺乏真实性考查和有效监管，在这样的媒体环境下，自媒体用户的综合素质及其发布和传播的信息质量参差不齐，为未经核实的信息和谣言提供了滋生的温床和快速扩散的条件。错误、失真的信息往往会扰乱视听，甚至误导公众，改变舆论的整体走向。

（4）舆情表达情绪化倾向严重。在"后真相时代"，网络舆情更加集中于主观感受而非客观事实，自媒体往往变成人们宣泄情绪、表达诉求的渠道，舆情表达具有强烈的非理性、情绪化的特征。在危机事件发生时，由于事件本身的性质、社会关注倾向和公众自身素养，情绪化舆论更加容易引发矛盾冲突、传染恐慌情绪。

相关研究表明，相较传统大众媒体报道，公众对自媒体信息的信赖程度越来越高。现实中，危机沟通管理也越来越多地基于自媒体平台展开，组织应当针对自媒体危机沟通做好以下几个方面的工作。

（1）借助自媒体信息渠道，收集、分析网络舆情。在危机刚发生时、危机发展和爆发中、危机结束后，组织应利用大数据监测手段对自媒体相关信息进行发布量、转发量、阅读量、点击数、评论量等的定量统计，对网络信息的来源、舆情的方向和热点进行定性的监控分析。通过舆情收集、分析，指导组织做进一步的危机预警、危机处理和善后的管理决策。

（2）应充分利用各类自媒体平台，第一时间发布真实、可靠的信息，引导和控制网络舆论，掌握舆论引导的话语权，发表澄清事实的声明（如在微博发布道歉信、整改声明、律师函等）。

（3）通过自媒体积极与公众沟通，充分表达负责的态度和对受害者的关怀和同情。

（4）争取意见领袖的理解和支持，使其发声以有效对冲误导和负面信息，并对网络舆情施加控制和影响，争取去伪存真，防止负面舆论的出现和发展。

（5）通过寻求平台监管和法律保护的方式，监督、控制虚假信息的传播。

（6）组织可以充分发挥粉丝的力量，危机发生后，组织可以通过甄别、整合与利用粉丝资源，根据危机发展阶段与舆论走向，合理利用粉丝的数据信息以协同配合，有效应对危机。

📖 知识巩固与技能训练

一、思考与讨论

1．简述危机的含义。

2．简述危机沟通的原则。

3．简述危机沟通的基本步骤。

4．危机沟通的策略有哪些？

5．面向大众媒体的危机沟通技巧有哪些？

本章选择题

二、活动与演练

3～4 人为一组，请每人详细分析一个自己了解的媒体发布的名人的危机沟通案例。分析其做得好的方面和应该改进的方面。

三、案例分析

2010 年 4 月 6 日，肯德基（中国）公司在网上推出"超值星期二"秒杀活动，原价 64 元的外带全家桶仅卖 32 元，于是在全国掀起消费热潮。但当消费者拿着从网上辛苦抢到的半价优惠券（优惠券上标明复印有效）去购买时，肯德基突然单方面宣布优惠券无效。肯德基发表声明称，由于部分优惠券是假的，所以取消优惠券兑现，并向顾客致歉，但各门店给出的拒绝理由并不一致。由于对电子优惠券的真假争论不休，部分门店店员和消费者发生了长时间的争执。全国各地的肯德基餐厅出现了大量讨说法的消费者。消费者认为肯德基忽悠了大家，在各大论坛发帖谴责，不时出现"出尔反尔，拒食肯德基"这样的言论。有网友甚至把各地的秒杀券使用情况汇总后一并向肯德基投诉。肯德基陷入了"秒杀门"。

问题与分析：

（1）请分析肯德基（中国）公司陷入"秒杀门"的原因。

（2）请指出肯德基（中国）公司在此次"秒杀门"事件中与消费者的沟通存在的问题。

（3）请你为肯德基（中国）公司设计一个公关沟通计划，来处理此次危机。

第十四章

Chapter 14

跨文化沟通

📖 **学习目标**

了解跨文化沟通的含义；认识跨文化沟通能力的重要性；了解影响跨文化沟通的主要因素；掌握跨文化沟通的原则和策略。

导入案例

中国小伙子罗力在一家美国公司驻中国办事处当部门经理，前不久他在工作中出了差错，准备去向总经理皮特道歉。在得到允许后，罗力进入总经理的办公室，还没开口就赔上笑脸。在他诚心诚意道歉的过程中，微笑一直挂在脸上。皮特望着罗力的笑脸，说道："真的吗？""绝对！我保证！"罗力说着，脸上的笑容更加明朗。皮特说："对不起，我无法接受你的道歉，我看不出你有什么不安！"罗力的脸通红，他急切地想要皮特明白自己的意思，强行微笑着说："相信我，我一定改过。"皮特更火了，说："如果你是真的难过，你又怎么会笑得出来呢？"

思考与讨论：

（1）罗力在工作中出了差错，诚心诚意道歉，为什么得不到皮特的谅解？（2）这个案例给了你什么启发？

第一节 跨文化沟通概述

随着经济全球化趋势的不断加强，很多组织的经营范围已经跨越地区、国界。一方面组织与外部的跨地区、跨国、跨文化交往活动日益频繁，与不同地区、不同国家、不同文化背景的人员的交往与日俱增；另一方面组织自身范围跨地区、跨国、跨文化的趋势也日益明显，跨文化沟通成为组织内部沟通的有效组成部分。

一、跨文化沟通的含义

🎬 **微视频**
跨文化沟通

跨文化沟通通常是指不同文化背景的人之间发生的沟通行为。因为地域不同、种族不同等因素常会导致文化差异，因此，跨文化沟通可能发生在不同的国家之间，也可能发生在不同的文化群体之间。

跨文化沟通中的核心是"文化"。关于"文化"，不同学者从不同角度提出了不同的见解和定义。赫斯科维茨（Herskois）认为广义文化是指一切人工创造的环境，也就是说，除了自然原生态之外，所有由人添加的东西都可称为文化。这个概念并没有被大多数学者采用。但赫斯科维茨对"主观文化"部分的解释，即将文化定义为"被一个群体的人共享的价值观念系统"却被广泛接受。霍夫斯泰德（Hofstede）指出，文化会影响人们关注什么、如何行动以及如何判断人和事物，他将文化比喻成人的"心理程序"。荷兰管理学者强皮斯纳（Trompennaars），在《文化踏浪》一书中提出文化应被看成某一群体解决问题和缓解困境所采用的途径和方法，而不仅仅是一套价值观念系统。在这个定义里，文化包括了主观和客观两个层面。此文化定义隐含了一个基本假设，即人类面临一些共同的问题和困境，如时间、空间、外界自然环境等。一个群体的人对时间的共同理解和感知，对外界自然环境的态度和行动，就形成了这个群体的独特文化。我国学者陈晓萍在《跨文化管理》一书中指出，文化可以被定义为"人类创造的，经过历史检验沉淀下来的物质和精神财富"。

视野拓展
中西方文化差异

综合众多学者对文化的理解以及跨文化沟通的特点，本书认为，文化是人为创造的、被他人认可的观念，它给人们提供聚合、思考自身和面对外部世界的有意义的环境，由上一代传递给下一代。

通常，我们所说的"跨文化沟通"中的"文化"并不是有关人类社会的宽泛意义上的文化概念，而是指由某一群体发展、共享并代代相传的行为方式，即某一组织特有的行为特征。文化由一个群体共享，既可以是显性的，也可以是隐性的。但无论以哪种形式存在，文化都会对生活在该群体中的人产生各方面的影响。文化虽然会随时代而变化，但其变化速度极其缓慢，代代相传是其另一个重要的特点。文化对人的影响是深入的、久远的、潜移默化的；文化不仅涵盖了认识体系、规范体系、社会关系，也包括社会组织、物质产品、语言和非语言符号。因而，跨文化沟通成为人际沟通中较为复杂的形式，所面临的困难和障碍也较多。

萨莫瓦尔（Samovar）和波特（Porter）在《文化间的沟通》一书中指出，跨文化沟通是指"文化认知力和符号系统截然不同的人之间的沟通，这种不同可能会大到足以改变沟通活动"。跨文化沟通能力就是与来自不同文化背景的人进行有效交流的能力。跨文化沟通能力较强的人能在不同文化背景中工作，具有超越本民族文化的沟通和交流能力。沟通能力包括了解自己和理解对方的能力、激励他人的能力、说服对方的能力以及具有号召力和团队精神。在国际商务交流中，仅仅懂得外语是不够的，还要了解不同文化的区别，接受与自己文化不同的价值观和行为规范。

二、跨文化沟通的类型

我们可以从政治学与文化人类学的角度来划分跨文化沟通的类型。

1. 国内的跨文化沟通与国际的跨文化沟通

国内的跨文化沟通与国际的跨文化沟通是从政治学角度来划分的。所谓国内的跨文化沟通是指沟通的双方均属于同一个国家，如中国的武汉人与北京人，由于文化习俗的不同就可能会产生一些冲突。再如综合大学里，不同地区、不同民族的同学间的交往，均属于国内的跨文化沟通。

所谓国际的跨文化沟通，是指沟通的双方来自不同的国家和地区，如中国人和美国人，由于文化习俗的巨大差异就可能会产生一些误会。

2. 种族间的沟通、民族间的沟通与跨国沟通

种族间的沟通、民族间的沟通与跨国的沟通是从文化人类学角度来划分的。所谓种族间的沟通是指沟通的双方分属于不同人种的沟通。不同人种进行跨文化沟通时，有时会产生种族偏见，这种偏见往往会导致成见与猜疑，最终阻碍有效的沟通。

> 2009 年 7 月，哈佛大学黑人教授亨利·盖茨刚从中国旅行归来，他发现用钥匙没法打开自家的前门。送他回家的出租车司机也是黑人，过来帮忙，两人开始动手撬门。行人发现两个黑人在撬门，立即报警。等警察（白人）到来时，盖茨已经在屋里了。警察让盖茨出来，盖茨不从。警察遂进屋检查盖茨的证件，盖茨则反问警察的名字和警号，警察说盖茨气势凶悍、大声喧闹、威胁警察。结果盖茨被戴上手铐，带回警察局问话。于是，发生了教授在自己家里被捕的怪事。此事引起了人们对种族偏见问题的讨论和反思。

盖茨与出租车司机都是黑人，他们之间的交流属于相同人种间的沟通；他与美国白人警察的交流属于不同人种间的沟通，这可以从"此事引起了人们对种族偏见问题的讨论和反思"中看出来。

所谓民族间的沟通是指不同民族之间的沟通。这种沟通形式多半发生在多民族的国家内，不同的民族可能会因为语言、风俗、习惯、文化的不同而在沟通过程中产生误解。

所谓跨国沟通是指发生在不同国家人们之间的沟通，也常常是跨种族、跨民族的沟通。这种沟通还往往会受到国家政策、国家之间的关系等条件的影响。

三、跨文化沟通能力的重要性

经济全球化的发展使得全球很多组织得以打破地域限制进行跨国经营，组织中可能有来自不同文化背景的员工共同工作，因此商务人员的跨文化交往活动日益频繁，这使得经济生活中的跨文化沟通成为必然。对商务人员来说，如果跨文化沟通不当，轻则会造成沟通无效，重则会造成误解和关系恶化，使组织的目标无法实现。因此，在现代商务活动中，商务人员的跨文化沟通能力也显得越来越重要。

（1）越来越多的商务人员拥有直接到国外开展商务活动的机会。随着经济全球化进程的加速，国际贸易和国际经济合作正在急剧增长。不仅大企业，就连中小企业也越来越多地参与到国际经济活动中。任何一个想要获得更大发展机会的组织都已经或计划派自己的商务人员去国外从事商务活动。跨文化沟通已经成为商务人员必备的一种技能和手段。

> 美国营销学家科特勒教授曾惋惜地指出，在国外，莽撞犯大错的都是那些在国内获得巨大成功而又忽视文化因素的企业。通用汽车公司一度颇受欢迎的雪弗兰 NOVA 汽车在墨西哥销售时遇到了麻烦，因为"NOVA"这个词在当地使用的西班牙语中听起来是"不能移动"之意。与此类似的是，百事可乐公司曾经红极一时的"与百事共同生存"的主题广告并未像预期的那样在泰国获得成功，原因是这句话用泰语翻译过来有"与百事一起从坟墓中出来"的意思。

因此，在国际市场营销中，文化因素的敏感性更强，对文化环境的漠视便成了一些企业失败的主要原因。

（2）人们在国内为跨国企业工作的机会大大增加。越来越多的跨国企业直接在我国从事生产经营活动，例如，微软、IBM 和三星等跨国企业在我国的机构每年都需要招聘新员工。外国著名企业在我国的合资企业，如广州宝洁和上海大众等也为人们提供了不少就业机会。在这些企业中工作，跨文化沟通能力往往是一种必要的能力。

（3）即使在国内企业工作，也越来越有可能需要与具有不同文化背景的人一起工作和沟通。

许多新员工在第一天上班时会发现，尽管是本土企业，但他们所在的企业、部门，甚至同一个办公室中就有来自不同文化背景的同事或合作伙伴。跨文化沟通能力对这些人来说也是必不可少的能力。

但实际情形是，许多商务人员在与具有不同文化背景的人进行沟通时表现得并不太好，原因是他们没有意识到跨文化沟通的特点和要求，也没有掌握跨文化沟通的原则和策略，即跨文化沟通能力较弱。

第二节　影响跨文化沟通的主要因素

影响跨文化沟通的因素主要包括语言差异、非语言差异、情境文化差异等，每个因素又包括若干子因素。

一、语言差异

语言是文化的重要载体之一。语言差异是不同文化最重要的区别之一，同时也是文化沟通中最大的障碍之一。

语言作为一个整体与文化产生关系，无论是文化对语言的影响，还是语言对文化的承载，二者之间的相互作用发生在语音、语义、词汇、语法、语用等几个方面。在组织中，不同语言的使用主体在进行沟通时最容易在语义和语用方面引起误会，产生跨文化沟通障碍，其根源就在于忽略了语言的迁移。文化不同，语言的使用规则就不同，一种文化的标准规范只能在其自身环境中按特定条件加以解释，而不能以此为规范来描述另一种文化，否则必然会导致跨文化沟通失败。其深层原因就在于人们缺乏对语言差异的敏感性，会无意识地进行语言迁移，而这种后果往往会引起文化冲突，影响组织内部和谐人际关系的建立，甚至会破坏组织同合作者的良好关系，使组织蒙受巨大损失。

> **同步案例**
> 波美合资企业的
> 文化冲突

在一次商务谈判中，马上就要签合同时，一位细心的中方工作人员发现合同上的报价与谈判时约定的不符，中方气愤地找到美方，美方也觉得不可思议。经过长时间的争辩，大家才弄清楚了症结所在：中方提出报价时，翻译直接用了"ton"这个单位，中方当然用的是公制质量单位，而美制质量单位中却分长吨、短吨，美方当然按照有利于自己的长吨来计算，所以误解在所难免。

再比如，比较常见的表示颜色和数字的词在不同的语言中传递象征意义或传递的微妙情感也有很大的不同，很容易引起沟通中的误解。

例如，在西方，Red是"火""血"的代表，Blue表示"没有用的"，White表示"累赘的东西"；在欧美我们常能看到"7-Up""Mild Seven"等商标；而"Three"在贝宁、博茨瓦纳被视为不吉利；"Six"在英文中象征魔鬼；比利时人忌讳蓝色；土耳其人禁止用花色物品布置房间；日本人忌讳绿色；印度人喜欢绿色等。

二、非语言差异

在跨文化沟通中，非语言交际最容易产生误解，因为非语言交际的发生，即编码和译码充满了不确定性和情境性。非语言交际是指语言以外的所有交际行为，例如，体态语、副语言、

商务沟通——策略、方法与案例

客体语和环境语等都是非语言交际的有效方式，是人们在历史和文化长期发展中积淀而成的共同习惯。

1. 非语言沟通差异

本书第三章讨论了非语言沟通在商务沟通中的重要性以及沟通策略。在跨文化环境里，非语言沟通同样重要。因此，必须关注语言以外的其他沟通方式，包括身体动作、目光接触、空间位置、声音、身体接触等方面的差异。

人们的经验和常识会增加对跨文化非语言信号的误解，因为人们更相信非语言信号所表示的信息，非语言信号更多地与我们内隐的情绪、内在的感受、潜意识相联系。

在身体语言方面，东西方有很大的不同。

礼仪方面，中国人常用握手和微笑表示友好和礼貌；欧美人习惯拥抱的礼仪形式；印度、泰国则以双手合十表示问候；阿拉伯人见到别人朝自己微笑时，会感到莫名其妙。

拉美人和阿拉伯人习惯和对方靠近交谈，频繁地触碰对方的身体；搀扶老人，中国人视为美德，欧美的老人则忌讳别人搀扶，认为有失体面；见到长辈和上级来时，中国人起立表示尊敬，而汤加人却认为坐下表示尊重。

中国人和英美人习惯点头表示赞许、肯定，而在印度、希腊等国家点头的意思刚好相反；填写表格和选票时，中国人以打"√"表示肯定，打"×"表示否定，而英语国家以打"×"表示肯定；竖起拇指，中国人表示"不错"，英美人表示"没问题"，日本人用它指代父亲、丈夫等男性角色，而在中东有些国家，竖拇指表示不友好的意思；中国人用鼓掌表示欢迎或赞赏，而俄罗斯人有时会用指头敲桌子、德国人用脚踏地板来表示欢迎或赞赏。

2. 信仰和习俗的差异

在跨文化非语言交际中，习俗和信仰的差异是多方面的。只有通过同中有异、异中有同的对比，才能克服自身文化的干扰。

> 如日本人忌讳荷花、狐狸和獾的图案，而喜欢樱花、鸭子、松、竹、梅等图案；英国人不喜欢大象，喜欢猫和狗；意大利人和西班牙人喜欢玫瑰花，而不喜欢菊花；俄罗斯人认为黄色的蔷薇花意味着绝交和不吉利；法国人和比利时人认为核桃、孔雀是不祥之物。

对中国文化和美国文化两种典型文化进行比较。我们通常认为美国文化有着浓厚的"个人主义"色彩，个人是独立于其他"个人"环境的，人与人之间的沟通是一种外在的互动，人与人之间的关系是直接的；而我国文化却有"集体主义"色彩，个人是存在于社会中的，我国社会强调修身养性，也强调说话技巧，人与人的关系更靠人与人实际产生的交往来决定。人与人之间不是纯粹的商业关系，还有千丝万缕的人情关系。

3. 思维方式的差异

世界上不同的民族之间存在不同的心理模式，不同的心理模式会产生语言运用方面的差异。民族感知差异、归因差异及社会规范差异对跨文化沟通心理产生的影响的研究表明，在跨文化交际中需要了解交际对方的民族心理特点，充分考虑到交际双方的心理差异，才能促进跨文化交际的理解与沟通。

> 1955 年，"迪士尼世界"在美国加利福尼亚州开放；1972 年，"迪士尼世界"在佛罗里达州建成；1983 年，迪士尼公司又在日本东京取得了经营上的成功。接二连三的成功，使迪士尼公司管理者的头脑发热了，他们企图将这些成功的套路搬到法国。占地 5000 英亩（约 2.023×10^7 平方米）、投资 44 亿美元的迪士尼主题公园，于 1992 年在法国巴黎正式开放。结果开业第一年就损失了 9.6 亿美元，

机灵的米老鼠最终在欧洲人面前栽了个跟斗，其主要原因便是文化上的冲突。

（1）选址时，没有慎重考虑法国人的民族情结。法国是一个历史悠久的国家，很多法国人都有强烈的民族文化自豪感，对外来文化持抵触态度，美国人声称要将欢乐送到欧洲人的家门口，人家却说"这是对欧洲文化的污染"。

（2）在决策上，错把巴黎当作加利福尼亚州，没有考虑欧洲人的休闲喜好——欧洲人喜欢在宁静的乡村消磨假期，这与热闹的迪士尼格格不入。

（3）在管理上，傲慢的美国人没有任何收敛。美国人不懂得入乡随俗，法国人敏感的心灵被粗鲁急躁、高傲自大的迪士尼公司管理者伤害了。

下面这位中国经理的经历可以让我们很好地感受到不同国家的人不同的思维方式。

西班牙一家公司的高管来广州参加中西论坛。论坛召开之日，我和司机早早到酒店等候。可是他们却迟迟都没出现。当我提醒他们论坛要求在上午 8 点半前签到时，西班牙人却说，他们那边的人平常习惯在 9 点半到 10 点才开始办公，中国人将时间安排得这么早，与会的西班牙人很难准时到场。结果，预计 9 点开始的第一场西班牙港口推介会延迟到 10:15 才开始。因为上午开始时间的推迟，原定下午 1 点开始的午餐被推迟到了下午 2 点。午餐一开始，西班牙人就迅速地按照行业、兴趣、商贸联系等凑在一起，开始讨论起彼此感兴趣的话题。

日本人严谨、守时的工作方式和西班牙人相反，日本人简直是另一个极端。上个月来访的日本某会社社长就很严谨、守时。他的行程安排在到来前一周就发给了我，并且行程安排得非常紧凑。到达广州的当天，这位社长就开始拜访广州的日本企业，并且还算好了往返和会谈的时间。拜访时，即使对方是已经非常熟悉的拜访对象，他也会带上笔记本，记录下会谈中所涉及的问题，并会给予回答时间的保证。不过，他不会也不愿意主动作出任何保证，他回答的所有答案似乎都是：了解了，会和同事商讨后再答复。而在正式会谈时，我几乎没见过他们讨论预定议题之外的内容，似乎日本人都很不喜欢应对突发情况。

理查德·D.刘易斯（Richard D. Lewis，2002）在《文化的冲突与共融》一书中，按思维方式的差异将世界文化大致分为单线活动型文化、多线活动型文化和反应型文化。

单线活动型文化是指那些用直线方式制订计划、安排日程、组织工作，在一段时间只做一件事情的文化。德国文化和瑞士文化都属于这种文化。

多线活动型文化是指那些往往根据自己的情绪和事情的重要性来安排时间的文化。意大利和拉美国家的文化都属于这种文化。

反应型文化是指那些优先考虑礼貌和礼节，静静地倾听对方的发言，并对不同的建议审慎地做出反应的文化。中国文化和日本文化都属于这种文化。

♔ **拓展游戏**

每个同学表演一个其他国家的典型的非语言沟通情境，并告诉大家它发生在哪个国家，然后让大家猜猜它表达了什么含义。（要求同学事先有所准备）

三、情境文化差异

哈尔（Hall，1976）提出文化与社会情境有关，并将各国文化分为高情境文化与低情境文化。冈边（Okabe，1987）提到日本人和美国人的沟通方式时举了一个例子：同样是想要别人关门这件事，美国人会直接说"门开着呢！请关上"；而日本人会间接地说"外面有点冷"，暗示离开的人顺手关上门。

微视频
日美商务文化差异

德维劳克斯（Deveraux）和约翰森（Johansen，1994）对民族文化就情境不同进行了总结，对一些主要国家的人按情境文化从高到低排序如下：日本人、阿拉伯人、希腊人、墨西哥人、西班牙人、意大利人、法国人、英国人、美国人、北欧人、德国人。

表 14.1　高情境文化和低情境文化之间的主要差异

高情境文化	低情境文化
依赖含蓄的沟通	依赖直接、明确的沟通
强调非语言沟通	强调明确的语言沟通
任务从属于人情关系	把人情和工作分割开来
强调集体主义和集体决策	强调个人的主动性和个人决策
以人情关系来看待雇主和员工的关系	以合约来看待雇主和员工的关系
依赖于直觉，而不是事实和统计数据	依赖于事实和统计数据
在书写和言谈中，倾向于间接的风格	在书写和言谈中，倾向于采取直接的风格
喜欢迂回或间接的推理方式	喜欢直线式的推理方法

高情境文化的大部分信息是由环境语言、非语言信号传递的，集体主义文化倾向于高情境文化沟通风格，委婉而间接。低情境文化则相反，大部分信息是由明确的语言传递的，个人主义倾向于低情境文化沟通风格，明确而直接。

高情境文化和低情境文化只是沟通风格的倾向不同，并不存在哪一种情境文化沟通效果好、哪一种情境文化沟通效果差，因为沟通效果是根据有效性和适宜性两个指标来衡量的。表 14.1 对高情境文化和低情境文化之间的主要差异进行了总结。

倍立达实业有限公司中方经理曾描述过这样一件事：在等候与帕玛斯总经理威廉（William）开会时，由于当时现场都是隔音不好的房间，大家在外面听到威廉在大声责怪设计师本（Ben，中国香港人），说本不按自己的要求设计水泥构件的安装，本据理力争，说出自己的理由……到最后本说辞职不干了。

> 📹 微视频
> 印度员工和美国老板

在此案例中，威廉是美国人，其文化背景属于低情境文化，倾向于用直接的方式表达自己想法；而本是中国香港人，拥有高情境文化，不容易接受直接责骂的方式，而更乐于接受婉转的表达方式。

第三节　跨文化沟通的原则和策略

一、跨文化沟通的原则

我们进行跨文化沟通时要注意遵循以下原则，以更好地理解和接受沟通对象的文化，消除双方文化差异对沟通带来的负面影响。

1. 尊重原则

尊重是跨文化沟通的基础。来自不同文化背景的人有不同的风俗习惯、思维方式和宗教信仰。作为领导者，如果想与拥有不同文化背景的人进行有效沟通，就必须树立尊重对方文化的意识，即尊重对方的人格和尊严、尊重对方的思想感情和言语形式、尊重对方的风俗习惯等。只有尊重别人，才会被别人尊重。

2. 平等原则

跨文化沟通应当在平等的基础上进行。所谓平等原则，就是在跨文化沟通的过程中，要克服文化优越感或自卑感。领导者应当树立这样的信念，文化是没有优劣之分的，不要因为对方来自发达地区就产生文化自卑感或因为对方来自不发达地区就产生文化优越感。不能将与自己不同的文化视为异端去征服、同化甚至希望它消失。

微视频
跨文化沟通的原则和策略

3. 属地原则

属地原则就是"入乡随俗"，即迎合沟通对象所在地的文化习惯。在进行跨文化沟通时，应从有利于沟通的角度出发，可以有选择地在饮食、着装、礼仪等方面考虑迎合属地文化。

> W 集团是美国的一家制造企业，于 2005 年在中国广东收购了一家民营企业，进入中国市场。由于 2006 年该集团在中国的业务增长不是很理想，从土耳其来的总经理决定取消作为公司额外福利的"开门利是"。"开门利是"是中国广东的一种习俗，每年公司春节休假后第一天上班都会给员工发"开门利是"，以祝福接下来的一年里顺利和平安。
>
> 2007 年 2 月 28 日，春节休假后第一天上班。早上 8 点前工人们陆陆续续来到工厂。一开始工人都开开心心地工作，但后来迟迟不见发放"开门利是"，相互之间便议论纷纷，觉得公司不重视员工的利益，各班长似乎也无视这种行为，不加以干涉。10 点 30 分，全体工人放下手头的工作，开始聚集在一起，宣称"不管利是金额是多少，不发利是就不开工"。工人们由等待变成了胁迫，罢工事件发生了。

4. 适度原则

适度原则是跨文化沟通中一项极其重要的原则，是指在跨文化沟通的过程中要做到既不完全固守，又不完全放弃本土文化，力求在本土文化和对方文化之间找到平衡点，要掌握"度"，"过度"或"不及"都会给跨文化沟通造成障碍。

二、跨文化沟通的策略

跨文化沟通策略，总体上讲就是提高对文化差异的敏感度，尊重东道国的文化和沟通习惯，具体来说包括以下两个方面。

（一）克服民族文化优越感和避免习惯性思维

如果认为自己的民族文化高人一等，就意味着构筑了一道妨碍与其他文化沟通交流的障碍。而习惯性思维则是简单地忽视个体之间的差异，给具有不同文化的独立个体贴上具有某种文化属性的标签。成功的跨文化沟通必须做到以下几点。

1. 不做无根据的猜测

在跨文化沟通中，不能认为别人有与你相同的价值观、信仰和习惯，或有与你相同的行为方式、态度和偏好。猜测对方具有什么样的文化习俗很可能会给沟通带来麻烦。除非经过调研或学习，真正了解了其文化和习俗，否则就不应妄加猜测对方文化属性的特点。

2. 不要做评价

在跨文化沟通中，评价对方文化好坏与对错的行为本身就是错误的。因此，即使对方的行为方式与你不同，也不应当认为他们的行为就是错误的。

3. 承认差别

每种文化都有其特殊性，在跨文化沟通中，我们时刻都应当牢记文化差异是普遍存在的。

（二）深刻认识不同文化在沟通方式上的差异

不同文化，尤其是东西方文化在沟通方式上最主要的差异在于，东方文化注重维护群体和谐的人际沟通，西方文化则注重创造一种强调坚持个性的人际沟通环境。东西方文化更具体的差异体现在如下一些方面。

1. 东方重礼仪，西方重独立

东方文化中，人们的身份意识和等级观念比较强。沟通中人们的行为会受到各自地位和角色的制约。陌生人之间，在谈及主题前通常首先会交换各自的背景资料，如工作单位、家庭情况和年龄等，以此确定双方的地位和相互关系，并依据这种关系来确定交谈的方式和内容。如果对方为长辈或上级，那么多由对方主导谈话的进行；同时，在出入先后及起居方面都会有一定的礼仪。如果交谈双方在地位及身份上平等，那么，交谈就会放松得多。

在西方文化，特别是美国文化中，地位观念和身份意识比较淡薄。人际交流中，在称呼和交谈的态度上较少受到地位观念和身份的限制，不像东方文化那样拘于礼仪。西方文化强调平等、个人主义和个体价值观，因此，人际沟通崇尚独立性。

2. 东方多委婉，西方多坦率

在表达方式上，东方文化喜欢委婉的表达方式，结果就比较模糊暧昧。有专家认为这可能与东方文化中的长期共居、生活空间比较狭窄有关。一方面，人们对周围的人和事都很了解，没有必要把事情说得一清二楚。采取委婉的表达方式，让对方自己去领会和判断更显得尊重对方。另一方面，群体对个人具有很大的约束力，模糊暧昧的说法也为发生问题时逃避责任提供了可能。西方人，特别是美国人，则非常看重真诚和坦率。他们认为真诚是一个人最可贵的品质。他们习惯于坦率地表达自己的观点，把坦率看作真诚的表现；相反，他们认为委婉与真诚有很大的距离，反而与假装有某些相似之处。

3. 东方重意会，西方重言传

东西方文化对人际沟通手段的作用和效果有相当不同的看法。在大多数东方国家，人们在沟通观念上并不提倡能说会道，而强调重在意会。日本人尤其是一个喜欢沉默的民族，强调个人的洞察能力。所以，日本人十分注重观察身边的环境、状况以及周围其他人的意向动态，并会据此随时调整自己的行为，做出适当的反应。

与东方文化形成鲜明对比的是，西方人很强调和鼓励口语的表达技巧。在西方文化中，人与人之间的关系和友谊是要靠交谈来建立和维持的。这从他们常把"我爱你"挂在嘴边也可以略见一斑。而东方人，比如中国人，虽然内心很有爱，却很少把"爱"说出来表达我们的情感。在西方，当人们在一起时一定要设法使谈话不断继续下去，如果出现沉默，在场的人都会感到不安和尴尬，并有一种必须继续谈话的压力。西方人的观念是，真正有才能的人不但要能思考，并且还要善于把自己的想法有效地表达出来。

4. 东方重和谐，西方重说服

东方文化注重集体主义，强调组织的团结与和谐。因此，在沟通目的上，注意摆正沟通双方的关系，强调和谐胜于说服。以日本为例，尽管人们平时喜欢沉默，在交谈时却都习惯于相互随声附和，点头称是，在随声附和的同时，还会伴随着点头哈腰等非语言行为。在交谈中如果听话的人保持沉默，不随声附和，说话的人就会以为对方没有认真听自己讲话或者没有听懂自己所说的话，会感到深深的不安。因此，听的人也要及时、恰到好处地随声附和，以表明自己在听。这种共同参与和积极配合的态度和行为体现了日本人追求和睦的人际关系、注重营造和谐气氛的心理和行为方式。

西方人在人际沟通和交流上的目的，强调信息发送者用信息影响和说服对方，也就是对对方施加影响。从古到今，整个西方传播学理论所强调的沟通目的就是施加影响、影响对方行为和改变对方行为。

5. 东方常拐弯抹角，西方常单刀直入

在陌生人之间的沟通中，东方人，如中国人，在进入正题前，习惯于先聊其他事情，再缓缓地进入主题；而西方人，特别是英美人，则喜欢单刀直入，他们会把过长的开场白看作啰唆之词或者有意不谈正题的表现。

为了达到缓缓进入主题的目的，东方人习惯于在进入主题前的开场白中表现出谦虚的态度，或者用"拉家常"的方式开始交谈，认为这样开始交谈非常自然。但在英美等西方国家，人们认为这种开场白会牵涉他们的隐私，使他们感到不快。当然，他们也不完全避免简短的"暖场"式的话语，比如英国人习惯于从谈天气开始，而美国人则习惯于从本周的橄榄球赛或棒球赛开始谈话。

6. 东方重关系，西方重问题

东方人注重关系，常常认为只要双方建立了关系，问题就会更好地解决，所以在沟通和谈判中喜欢强调那些积极的、正面的东西。东方人更认为尚未解决的问题有助于双方建立一种良好的关系。彼此之间的良好关系有助于达成双方一致认定的总体目标。东方人还认为，彼此之间一旦有了关系，双方就都会为对方考虑，问题更易解决。

西方人在沟通和谈判中会更注重尚未解决的问题和细节，他们会把精力全部集中在尚未解决的问题上，然后加以解决，这种思维方式有时可能会导致与东方人产生沟通上的冲突，因为东方人不喜欢被问到那些尖锐的、敏感的问题。西方人如果为了尽快解决问题，直接把矛头指向尚未达成共识的问题，就很可能会导致双方发生当面争执、对峙或冲突。此外，与西方人习惯于一件一件地相继处理问题不同，东方人习惯于同一时间并行地处理几个问题。

📖 知识巩固与技能训练

一、思考与讨论

1. 请说说跨文化沟通的含义。
2. 为什么跨文化沟通能力越来越重要？
3. 影响跨文化沟通的主要因素有哪些？
4. 跨文化沟通的有效策略有哪些？
5. 跨文化沟通的原则有哪些？
6. 请结合自己的实际体会，谈一谈如何提升跨文化沟通能力。
7. 从跨文化沟通的角度分析你是如何体会"入乡随俗"的。

本章选择题

二、活动与演练

评估自我文化意识，具体内容如表 14.2 所示，在"你的答案"一列中填上最能代表自己情绪的选项

（每一个因素的分数分别为 5、4、3、2、1）。

表 14.2　评估自我文化意识

5-很符合；4-较符合；3-基本符合；2-偶尔符合；1-基本不符合

序号	问题	你的答案
1	当来自其他文化的人告诉我，我所在的文化怎样影响他们时，我会倾听他们的诉说	
2	我意识到来自其他文化的人有能够带入我的生活和工作场所的新观点和看法	
3	我会向来自其他文化的人提供关于如何在我所在的文化中获得成功的建议	
4	即使在我所在的文化中有其他人反对，我也向人们提供支持	
5	我意识到我所在的文化之外的人可能会被我的行为冒犯，我问过人们我所做的或所说的事是否冒犯了他们，并在任何必要的时候进行道歉	
6	我意识到我有这种倾向：当有压力时，我可能认为自己和自己的文化是正确的，而其他文化是错误的	
7	我尊重上级，不管其来自哪里，我不会为了达到自己的目的而越过来自不同文化的上级，去找与自己所在文化相同或类似的上级交流	
8	当我处于一个跨国公司之中时，我会与每个人交往，而不仅仅是与来自自己所在文化的人在一起，或只与来自主流文化的人在一起	
9	我很愿意与主流文化之外的人共同工作，我也愿意在工作中帮助他们	
10	当我所在的文化中的人开其他文化群体的玩笑，或以否定的口气谈论他们时，我会让他们知道我并不喜欢那样	

自评答案及评分标准如下。

对选择的答案的分数进行统计，分数在 10～30 分表示自我文化意识较弱；分数在 30～40 分表示自我文化意识一般；分数在 40 分以上表示自我文化意识很强。

三、案例分析

1998 年 11 月，德国戴姆勒股份公司的梅赛德斯奔驰公司并购了美国三大汽车公司之一的克莱斯勒公司，被全球舆论界誉为"天造地设的婚姻"。戴姆勒股份公司是德国实力最强的企业，是扬名世界的"梅赛德斯"品牌的所有者，克莱斯勒则是美国三大汽车制造商中赢利能力最强、效率最高的公司。人们认为，这宗跨越大西洋的强强联合一定会造就一个驰骋世界汽车市场和所向无敌的"巨无霸"。然而，这桩"婚姻"似乎并不美满。并购后并没有实现公司预期的目标。到 2001 年，公司的亏损额达到 20 亿美元，股价也一路下滑，并且公司裁减了员工，公司的发展一直都很艰难。

大西洋两岸不同文化的差异导致的冲突是这场"婚姻危机"的根本原因。戴姆勒公司的首席执行官施伦普一开始没有意识到这两家企业无论在组织结构、薪酬制度，还是企业文化上都相差非常大，他采取德国的完全控制方式把克莱斯勒当成一个部门来看待，在公司管理制度上，董事会成员都以德国为主。但是，他却在媒体上说："这是一次平等的合并。"这使克莱斯勒的美国员工无所适从。加之，施伦普在企业合并不久就解雇了作为并购整合经理的克莱斯勒总裁，导致克莱斯勒员工产生敌对情绪，许多优秀的美国设计师、高级管理人员纷纷离职投奔了福特、通用等竞争对手。这样，也就不难理解为什么这次开始被称为"天造地设的婚姻"的合并最后竟如此失败。

问题与分析：

（1）试分析造成这次"婚姻危机"的根本原因是什么。（2）根据案例，你认为文化差异对沟通的影响是什么？（3）在这个案例中，如何才能做好跨文化沟通？

更新勘误表和配套资料索取示意图

说明 1：本书配套教学资料完成后会上传至人邮教育社区（www.ryjiaoyu.com）本书页面内。下载本书配套教学资料受教师身份、下载权限限制，教师身份、下载权限需网站后台审批，参见以下示意图。

说明 2："用书教师"，是指为学生选订本书的授课教师。

说明 3：本书配套教学资料将不定期更新、完善，新资料会随时上传至人邮教育社区本书页面内。

说明 4：扫描二维码可查看本书现有"更新勘误记录表""意见建议记录表"。如发现本书或配套资料中有需要更新、完善之处，望及时反馈，我们将尽快处理。

咨询 QQ：602983359

更新勘误及意见建议记录表

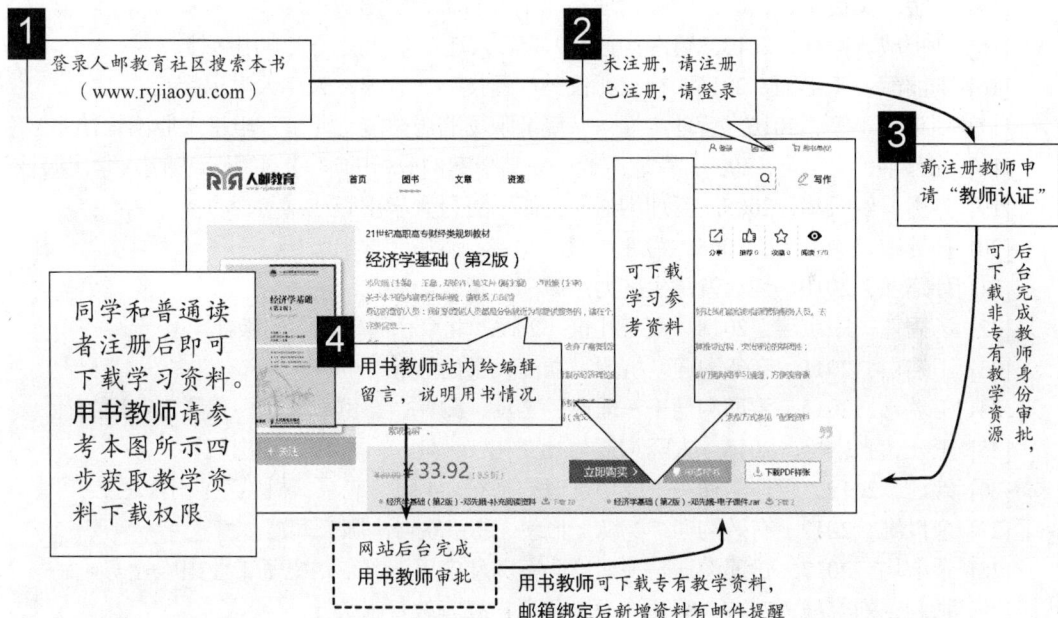

1 登录人邮教育社区搜索本书（www.ryjiaoyu.com）

2 未注册，请注册 已注册，请登录

3 新注册教师申请"教师认证"

后台完成教师身份审批，可下载非专有教学资源

可下载学习参考资料

同学和普通读者注册后即可下载学习资料。用书教师请参考本图所示四步获取教学资料下载权限

4 用书教师站内给编辑留言，说明用书情况

21世纪高职高专财经类规划教材

经济学基础（第2版）

￥33.92

网站后台完成用书教师审批

用书教师可下载专有教学资料，邮箱绑定后新增资料有邮件提醒

参考文献

[1] 安佳，2017. 冲突对话：让危机变转机的高难度沟通技巧. 北京：中国铁道出版社.

[2] 程艳霞，2019. 管理沟通：知识与技能. 2版. 武汉：武汉理工大学出版社.

[3] 崔佳颖，2010. 360度高效沟通技巧. 北京：机械工业出版社.

[4] 杜慕群，朱仁宏，2018. 管理沟通. 3版. 北京：清华大学出版社.

[5] 韩修会，2018. 沟通法则. 沈阳：沈阳出版社.

[6] 侯玉波，2018. 社会心理学. 4版. 北京：北京大学出版社.

[7] 黄琳，2019. 商务礼仪. 北京：机械工业出版社.

[8] 黄漫宇，2016. 商务沟通. 北京：清华大学出版社.

[9] 姜维，2013. 管理沟通：实践与策略. 北京：电子工业出版社.

[10] 蒋巍巍，2015. 向上管理：如何正确汇报工作. 北京：人民邮电出版社.

[11] 康青，2015. 管理沟通. 5版. 北京：中国人民大学出版社.

[12] 李博，王晓娟，2019. 商务礼仪. 北京：清华大学出版社.

[13] 李元授，2018. 人际沟通训练. 武汉：华中科技大学出版社.

[14] 蔺雷，吴贵生，2009. 服务管理. 北京：清华大学出版社.

[15] 刘福成，徐红，2013. 管理沟通. 2版. 大连：东北财经大学出版社.

[16] 刘丽萍，于艳丽，2016. 社交礼仪与沟通技巧. 天津：天津大学出版社.

[17] 刘平青，等，2016. 管理沟通——复杂职场的巧技能. 北京：电子工业出版社.

[18] 沈远平，沈宏宇，2009. 管理沟通——基于案例分析的学习. 广州：暨南大学出版社.

[19] 苏勇，罗殿军，2005. 管理沟通. 上海：复旦大学出版社.

[20] 孙健敏，徐世勇，2006. 管理沟通. 北京：清华大学出版社.

[21] 孙路弘，2010. 说话就是生产力. 厦门：鹭江出版社.

[22] 汤秀莲，宋京津，2018. 商务礼仪. 2版. 北京：清华大学出版社.

[23] 王皓白，2011. 商务沟通. 杭州：浙江大学出版社.

[24] 王瑞永，2014. 管理沟通——理论、工具、测评、案例. 北京：化学工业出版社.

[25] 王允，张岩松，2015. 人际沟通与社交礼仪. 北京：清华大学出版社.

[26] 魏江，2019. 管理沟通——成功管理的基石. 4版. 北京：机械工业出版社.

[27] 余世维，2012. 有效沟通. 2版. 北京：北京联合出版公司.

[28] 余淑均，2017. 管理沟通——理论、案例及应用. 北京：电子工业出版社.

[29] 张莉，刘宝巍，2017. 管理沟通. 北京：高等教育出版社.

[30] 赵卜成，2012. 沟通零误解——卡内基职场沟通成功法则. 北京：中信出版社.

[31] 赵洱岽，2017. 管理沟通——原理、策略及应用. 北京：高等教育出版社.